# Mikroökonomik

# Lizenz zum Wissen.

Sichern Sie sich umfassendes Wirtschaftswissen mit Sofortzugriff auf tausende Fachbücher und Fachzeitschriften aus den Bereichen: Management, Finance & Controlling, Business IT, Marketing, Public Relations, Vertrieb und Banking.

Exklusiv für Leser von Springer-Fachbüchern: Testen Sie Springer für Professionals 30 Tage unverbindlich. Nutzen Sie dazu im Bestellverlauf Ihren persönlichen Aktionscode C0005407 auf *www.springerprofessional.de/buchkunden/*

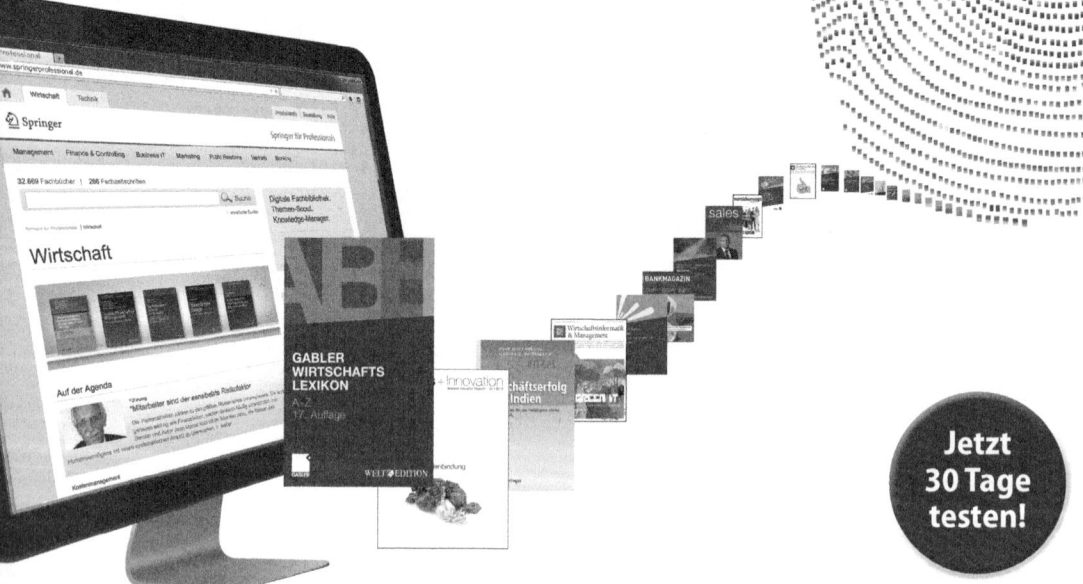

Springer für Professionals.
Digitale Fachbibliothek. Themen-Scout. Knowledge-Manager.

- Zugriff auf tausende von Fachbüchern und Fachzeitschriften
- Selektion, Komprimierung und Verknüpfung relevanter Themen durch Fachredaktionen
- Tools zur persönlichen Wissensorganisation und Vernetzung

*www.entschieden-intelligenter.de*

Springer für Professionals

Marco Wölfle

# Mikroökonomik

im Bachelor-Studium

 Springer Gabler

Prof. Dr. Marco Wölfle
Junior professor für Finanz-
und Immobilienwirtschaft
CRES – Steinbeis-Transfer-Institut
Eisenbahnstraße 56
79098 Freiburg

ISBN 978-3-642-41288-2         ISBN 978-3-642-41289-9 (eBook)
DOI 10.1007/978-3-642-41289-9

Die Deutsche Nationalbibliothek verzeichnet diese Publikation in der Deutschen Nationalbibliografie; detaillierte bibliografische Daten sind im Internet über http://dnb.d-nb.de abrufbar.

Springer Gabler
© Springer Berlin Heidelberg 2014
Das Werk einschließlich aller seiner Teile ist urheberrechtlich geschützt. Jede Verwertung, die nicht ausdrücklich vom Urheberrechtsgesetz zugelassen ist, bedarf der vorherigen Zustimmung des Verlags. Das gilt insbesondere für Vervielfältigungen, Bearbeitungen, Übersetzungen, Mikroverfilmungen und die Einspeicherung und Verarbeitung in elektronischen Systemen.

Die Wiedergabe von Gebrauchsnamen, Handelsnamen, Warenbezeichnungen usw. in diesem Werk berechtigt auch ohne besondere Kennzeichnung nicht zu der Annahme, dass solche Namen im Sinne der Warenzeichen- und Markenschutz-Gesetzgebung als frei zu betrachten wären und daher von jedermann benutzt werden dürften.

*Lektorat:* Michael Bursik, Assistenz: Janina Sobolewski

Gedruckt auf säurefreiem und chlorfrei gebleichtem Papier

Springer Gabler ist eine Marke von Springer DE. Springer DE ist Teil der Fachverlagsgruppe Springer Science+Business Media.
www.springer-gabler.de

# Vorbemerkung

Einführende Lehrveranstaltungen der Volkswirtschaftstheorie werden von vielen Studierenden als *realitätsfern* oder sehr *technisch* empfunden. Dies liegt meist an der Entwicklung von Modellen, die zum Verständnis von Sachverhalten notwendig sind. Die Volkswirtschaftstheorie greift wirtschaftswissenschaftliche Fragestellungen auf, die mittels strukturierten Analyse- und Methodenrahmen untersucht werden. Die formale Logik und Eindeutigkeit mathematischer Werkzeuge bietet hierfür geeignete Instrumente, die vor allem in der englischsprachigen wissenschaftlichen Literatur in den vergangenen Jahren zunehmende Verbreitung gefunden haben.

Hinzu kommt, dass reale Fragestellungen sich typischerweise mit *Gegenständen* befassen, die einerseits sehr komplex und andererseits von enormer gesellschaftlicher Bedeutung sind. Obgleich sich Naturwissenschaften ebenfalls der Mathematik als Analyseinstrument bedienen, bestehen wesentliche Unterschiede in der Fülle der Einsatzmöglichkeiten, da die Volkswirtschaftstheorie nicht natürliche Phänomene, sondern das Verhalten einzelner sowie deren Zusammenwirken in der Gesellschaft beschreibt.

Mit dem Untersuchungsgegenstand Wirtschaftssystem bzw. dessen Akteuren (also Menschen als Käufer und Verkäufer) ist klar, dass Experimente zur Überprüfung von Thesen nur eingeschränkt möglich sind. Menschen haben grundsätzlich eine Abneigung dagegen, sich als *Versuchskaninchen* missbrauchen zu lassen. Zudem sind viele naturwissenschaftliche Experimente durch eine Wiederholbarkeit gekennzeichnet. Ein identischer Versuchsaufbau wird verwendet, um die Stabilität eines gefundenen Ergebnisses zu untersuchen. Versuche mit unterschiedlichen Rahmenbedingungen werden durchgeführt, um die Auswirkungen der Rahmenbedingungen auf die Ergebnisse prüfen zu können.

Gerade volkswirtschaftliche Fragestellungen sind für eine Wiederholung meist ungeeignet. Es wäre beispielsweise für eine Regierung wünschenswert zu erfahren, bei welchem Steuersatz oder Steuermodell die erzielten Einnahmen am höchsten wären. Allerdings sind Experimente, die jahresweise alle möglichen Steuersätze testen, nur um diese eine Fragestellung zu beantworten, in der Praxis nicht durchführbar. Dazu kommt, dass die Durchführung eines derartigen Experiments Jahrzehnte dauern würde und damit die erzielten Ergebnisse wertlos wären. Über einen so langen Zeitraum können sich Bedingungen und Abläufe im Wirtschaftsleben wesentlich verändert haben. Gerade die späte Verfügbarkeit von Daten zu gesamtwirtschaftlichen Indikatoren macht die Überprüfbarkeit von Thesen der makroökonomischen Volkswirtschaftstheorie schwierig.

Der geschilderte Sachverhalt macht aber ebenso deutlich, dass in einem Wirtschaftssystem viele verschiedene Faktoren in komplexen und gegenseitigen Zusammenhängen stehen. Wie die regelmäßigen Finanzkrisen deutlich machen, ist eine gute Beschreibung dieser Zusammenhänge aufgrund ihrer schnellen Veränderlichkeit und ihrer Komplexität in der Praxis kaum möglich.

Dennoch werden in der Volkswirtschaftstheorie Modelle entwickelt. Ziel dieser Modelle kann es nicht sein, die Realität in ihrer Gänze zu beschreiben. Zum Vergleich greift auch eine Modelleisenbahn nicht alle Aspekte der Realität auf, sondern bildet die Realität anhand wesentlicher Merkmale (Schienen, Züge, Landschaft) ab. Auch wirtschaftswissenschaftliche Modelle folgen diesem Prinzip und verwenden wesentliche Merkmale zur Untersuchung wirtschaftswissenschaftlicher Sachverhalte. Zwar kann mit einer zunehmenden Anzahl an Faktoren die Genauigkeit und Realitätsnähe eines Modells gesteigert werden. Jedoch nimmt gleichzeitig auch die Flexibilität ab, das Modell auf andere Fragestellungen oder Veränderungen der Faktorenkonstellation anzupassen. Je mehr Faktoren verwendet und genau auf die Bedürfnisse eines bestimmten Fallbeispiels angepasst werden, umso weniger allgemeingültig kann ein Modell sein.

Wiederum eignet sich der Vergleich mit einer Modelleisenbahn, die auf einer Holzplatte angebracht ist und mittels maßstabsgetreuer Dekoration und Streckenführung eine Landschaft der Realität nachbildet. Hier lässt sich nicht ohne Aufwand der ganze Gleiskörper umbauen, während dies bei einem Paket von Schienen ohne Dekoration noch ohne weiteres möglich ist. Ein *gutes* ökonomisches Modell wird daher immer dasjenige sein, das mit einer geringen Anzahl wesentlicher Faktoren in der Lage ist, die Realität zu einem hohen Anteil zu erklären und dabei gleichermaßen flexibel auf Veränderungen reagieren zu können.

Daraus folgt auch, dass Modelle, die im Rahmen der mikroökonomischen Volkswirtschaftstheorie vorgestellt werden, nur ein reduziertes Abbild der Realität darstellen sollen. Insbesondere da zu Anfang des Lehrbuchs eine Reihe von Grundsätzen zur Entwicklung von Modellen festgelegt werden muss, werden zum Teil extreme Reduzierungen von Sachverhalten vorgenommen.

Durch das vorliegende Lehrbuch werden daher folgende Ziele verfolgt:

- Erlernen von Gegenstand und Methodik der Volkswirtschaftslehre, insbesondere der Mikroökonomik.
- Verständnis des Rationalverhaltens individueller ökonomischer Akteure, also Haushalte (Konsumenten) und Unternehmen (Produzenten).
- Analyse und Beurteilung von Marktsituationen bzw. effizienten Verhaltensstrategien basierend auf dem mikroökonomischen Instrumentarium.
- Anwendung dieser Grundlagen auf Fragestellungen der aktuellen Tagespolitik.

# Inhaltsverzeichnis

| | | |
|---|---|---|
| **1** | **Einführung, Einordnung und Überblick** | **1** |
| 1.1 | Abgrenzung | 1 |
| 1.2 | Gliederung der VWL | 2 |
| 1.3 | Gegenstand und Zielsetzung von BWL und VWL | 3 |
| | 1.3.1 Volkswirtschaftslehre | 3 |
| | 1.3.2 Betriebswirtschaftslehre | 4 |
| **2** | **Ökonomische Modellierung individuellen Verhaltens** | **6** |
| 2.1 | Perspektive der Mikroökonomik | 6 |
| 2.2 | Entscheidungen | 6 |
| 2.3 | Zielvorstellungen | 9 |
| 2.4 | Zahlungsbereitschaft | 10 |
| 2.5 | Nutzen und Indifferenzkurven | 11 |
| 2.6 | Budgetrestriktion | 13 |
| 2.7 | Kostenbegriffe und Preise | 16 |
| 2.8 | Grenzbegriffe | 17 |
| 2.9 | Fixe und versunkene Kosten | 19 |
| **3** | **Zusammenwirken von Individuen** | **21** |
| 3.1 | Tausch als Kern der ökonomischen Theorie | 21 |
| 3.2 | Märkte zur Organisation des Wirtschaftslebens | 22 |
| 3.3 | Staatliche Eingriffe | 25 |
| 3.4 | Geldmenge, Zinsen und Investition | 25 |
| 3.5 | Ein einfaches Tauschmodell | 26 |
| 3.6 | Der Wirtschaftskreislauf | 28 |
| 3.7 | Nachfrage | 30 |
| 3.8 | Produktionsmöglichkeitenkurve | 33 |
| 3.9 | PMK und Gesellschaft | 35 |
| 3.10 | PMK und Außenhandel | 36 |
| 3.11 | PMK und Technologie | 38 |
| **4** | **Konsumtheorie** | **40** |
| 4.1 | Nutzenmaximierung unter Nebenbedingung | 40 |
| 4.2 | Charakteristika des Lagrange-Verfahrens | 44 |
| | 4.2.1 Lagrange-Multiplikator | 44 |
| | 4.2.2 Grenznutzen und GRS | 45 |
| | 4.2.3 Optimalitätsbedingung | 48 |
| | 4.2.4 Wirkung unterschiedlicher Exponenten | 50 |

- 4.3 Nutzenmaximierung grafisch .................... 52
- 4.4 Komparative Statik spezifisch .................... 53
- 4.5 Komparative Statik allgemein .................... 56
- 4.6 Elastizität ................................ 58
  - 4.6.1 Preiselastizität der Nachfrage .............. 59
  - 4.6.2 Einkommenselastizität .................... 61
  - 4.6.3 Kreuzpreiselastizität .................... 62
  - 4.6.4 Charakterisierung von Gütern .............. 62
- 4.7 Substitutions- und Einkommenseffekt ............... 67
  - 4.7.1 Zerlegung nach Slutzky .................... 68
  - 4.7.2 Zerlegung nach Hicks .................... 72
- 4.8 Alternative Nutzenfunktionen .................... 75
  - 4.8.1 Substitute ............................ 76
  - 4.8.2 Komplemente ........................ 80

## 5 Erweiterungen der Konsumtheorie 86
- 5.1 Dualität ................................ 86
- 5.2 Alternative Hicks-Zerlegung .................... 91
- 5.3 Schnittstellen ............................ 92
  - 5.3.1 Shephards Lemma .................... 94
  - 5.3.2 Roys Identität ........................ 95
- 5.4 Konsumentscheidungen intertemporal ............... 96
- 5.5 Konsumentscheidungen unter Unsicherheit ............ 101
- 5.6 Grundlagen der Versicherungsmathematik ............ 104

## 6 Produktionstheorie 114
- 6.1 Kostenminimierung ........................ 115
- 6.2 Charakteristika des Lagrange-Verfahrens ............ 117
  - 6.2.1 Lagrange-Multiplikator .................... 117
  - 6.2.2 Grenzprodukt und GRTS .................... 118
  - 6.2.3 Optimalitätsbedingung .................... 119
  - 6.2.4 Wirkung unterschiedlicher Exponenten ........ 120
- 6.3 Kostenminimierung grafisch .................... 122
- 6.4 Komparative Statik ........................ 123
- 6.5 Elastizität ................................ 124
  - 6.5.1 Preiselastizität der Faktornachfrage .......... 125
  - 6.5.2 Mengenelastizität der Faktornachfrage ........ 125
  - 6.5.3 Kreuzpreiselastizität der Faktornachfrage ...... 126
  - 6.5.4 Produktionselastizität .................... 127
  - 6.5.5 Skalenelastizität ........................ 129
- 6.6 Alternative Produktionsfunktionen ................ 130
  - 6.6.1 Substitutive Produktionsfaktoren .............. 130
  - 6.6.2 Komplementäre Produktionsfaktoren .......... 132
- 6.7 Kostenfunktionen .......................... 135
- 6.8 Kostentypen .............................. 136
- 6.9 Gewinnmaximierung und Angebot ................ 138

## 7 Allgemeines Gleichgewicht 143
- 7.1 Grundlagen .............................. 143
- 7.2 Steuern, Subventionen und Transfers ............... 150

|     |                                  |     |
| --- | -------------------------------- | --- |
| 7.3 | Individuen und der Markt         | 157 |

## 8 Wettbewerbstheorie     164
    8.1 Vollkommener Wettbewerb . . . . . . . . . . . . . . . 165  
    8.2 Monopol . . . . . . . . . . . . . . . . . . . . . . . . . 167  
    8.3 Kartell . . . . . . . . . . . . . . . . . . . . . . . . . . 168  
    8.4 Bertrand-Wettbewerb . . . . . . . . . . . . . . . . . . 170  
    8.5 Cournot-Wettbewerb . . . . . . . . . . . . . . . . . . 172  
    8.6 Stackelberg-Wettbewerb . . . . . . . . . . . . . . . . 175  

## 9 Spieltheorie     179

## 10 Marktunvollkommenheiten     186
    10.1 Marktfähigkeit . . . . . . . . . . . . . . . . . . . . . . 186  
    10.2 Externe Effekte . . . . . . . . . . . . . . . . . . . . . 189  

## 11 Literatur     194

# Kapitel 1

# Einführung, Einordnung und Überblick

## 1.1 Abgrenzung

In diesem ersten Kapitel sollen verschiedene wirtschaftswissenschaftliche Bereiche kurz vorgestellt werden, um Gemeinsamkeiten und Unterschiede aufzuzeigen und die Mikroökonomik in das vorgestellte Schema einzuordnen. Dazu muss im ersten Schritt die Volkswirtschaftslehre (*VWL*) von der Betriebswirtschaftslehre (*BWL*) unterschieden werden.

Sowohl BWL als auch VWL befassen sich mit wirtschaftswissenschaftlichen Gegenständen. Im Fokus der betriebswirtschaftlichen Analyse steht der einzelne Betrieb und die optimale Erreichung seiner Ziele, wie z.B. die Suche nach Möglichkeiten, den Absatz zu steigern, die Kosten zu reduzieren, Personal besser auszulasten oder günstigere Finanzierungsbedingungen zu erreichen. Im Fokus der volkswirtschaftlichen Analyse steht das ökonomische System, das sich aus einzelnen Wirtschaftssubjekten wie den Betrieben zusammensetzt. Zwischen BWL und VWL existieren viele Schnittbereiche, da oft derselbe Gegenstand aus unterschiedlicher Perspektive und mit unterschiedlichen Zielen und folglich auch unterschiedlichen Methoden untersucht wird. Auch die VWL muss zum Verständnis des Zusammenwirkens der Wirtschaftssubjekte im System deren individuelles Verhalten einbeziehen und kann daher sowohl als Verhaltens-, als auch als Systemtheorie verstanden werden.

BWL und VWL wenden das ökonomische Prinzip auf unterschiedliche Weise an. In der BWL sollen die Ziele des Betriebs unter gegebenen Rahmenbedingungen des Systems (Gesetze, Steuersätze usw.) optimal erreicht werden. In der VWL sollen die Ziele des Systems unter gegebenen Rahmenbedingungen durch die Wirtschaftssubjekte optimal erreicht werden. Ziel für das System könnte beispielsweise eine ausreichende Versorgung der Kunden mit Waren sein. In diesem Beispiel wären die Rahmenbedingungen dann die gegebene Produktionstechnologie oder die bestehenden Kundenwünsche.

## 1.2 Gliederung der VWL

Innerhalb der Volkswirtschaftslehre lassen sich viele verschiedene Gliederungen vornehmen. Nach der verwendeten Perspektive und Methodik lässt sich in der VWL die Makroökonomik von der Mikroökonomik unterscheiden.

Die Makroökonomik analysiert Zusammenhänge auf gesellschaftlicher Ebene und folgert daraus die Auswirkungen auf beteiligte Individuen. Dabei werden Gesamtgrößen - gesellschaftliche Aggregate[1] - einer Volkswirtschaft, z. B. der Volkswirtschaft Deutschland, im *Großen* untersucht. Hier spielen Beschäftigung und Arbeitslosigkeit, Wirtschaftswachstum und Konjunktur (gemessen am Bruttoinlandsprodukt), Preisniveausteigerungen (Inflation) und Preisniveaurückgänge (Deflation), Exporte und Importe sowie deren Auswirkungen auf die gesamte Volkswirtschaft eine Rolle.

Die Mikroökonomik analysiert Anreiz-Wirkungs-Mechanismen aus der Perspektive der Individuen und schließt auf Auswirkungen auf gesellschaftlicher Ebene. Demnach widmet sich die Mikroökonomik dem Verhalten einzelner Wirtschaftssubjekte, also der Wirtschaft im *Kleinen*. Dies sind einzelne Produzenten (Unternehmen) und Konsumenten (Haushalte). Bis dahin lässt sich die Mikroökonomik nur als *Verhaltenstheorie* verstehen. Erst durch die Interaktion der Individuen, welche beispielsweise von der Teildisziplin Spieltheorie in strategischer Weise modelliert wird, kann die Mikroökonomik als *Systemtheorie* aufgefasst werden.

Die bereits genannte Spieltheorie zeigt ein Beispiel auf, wie sich aus einem der beiden methodischen Gebiete ein fortgeschrittener Analyserahmen entwickelt hat, der nicht nur zur Lösung abstrakter, sondern ganz konkreter Fragestellungen angewendet werden kann. Weitere klassische Anwendungen der Volkswirtschaftstheorie sind die Finanzwissenschaft und die Wirtschaftspolitik. Je nach Gegenstand oder Aufgabenstellung werden hierbei die methodischen Grundlagen der Makro- oder der Mikroökonomik angewendet.

In der Finanzwissenschaft werden die wirtschaftlichen Aspekte öffentlicher Haushalte behandelt. Sollen beispielsweise die Zusatzeinnahmen durch Steuererhöhungen prognostiziert werden, so müssen Anreizwirkungen auf den einzelnen Steuerzahler in Betracht gezogen und damit mikroökonomische Modelle verwendet werden. Bei Fragestellungen zur Stabilisierung der sozialen Sicherungssysteme wie der gesetzlichen Renten- oder Krankenversicherung können makroökonomische Modelle im Vordergrund stehen.

Die Wirtschaftspolitik zeigt als Anwendung ein klassisches Dilemma des Ökonomen auf. Dazu sollte kurz der Unterschied zwischen *deskriptiver* und *normativer* Analyse benannt werden: Bei der deskriptiven Analyse werden Sachverhalte untersucht und beschrieben. Es wird ein möglichst genaues Bild der Welt gezeichnet *wie sie ist*. Bei der normativen Analyse werden Sachverhalte an Zielvorstellungen / Normen ausgerichtet. Das Bild der Welt, wie sie ist, wird mit der Welt verglichen, *wie sie sein sollte*.

Aussagen der Makro- und Mikroökonomik lassen sich auch deswegen weitestgehend nicht auf die reale Welt übertragen, weil sie stark deskriptiv geprägt sind.

---

[1]Aggregate = „Anhäufungen". Arbeitnehmer und Unternehmer treffen sich auf dem Aggregat Arbeitsmarkt.

Die dort untersuchten optimalen Lösungen werden von Wirtschaftspolitikern als first-best Ergebnisse bzeichnet, wohl wissend, dass sich diese im politischen Prozess nicht immer durchsetzen werden. Wirtschaftspolitiker verwenden ökonomische Modelle, um weitere potentielle Ergebnisse, so genannte second- oder third-best Ergebnisse, innerhalb der vorliegenden Rahmenbedingenen auf deren Wünschbarkeit relativ zum first-best zu untersuchen sowie deren Wahrscheinlichkeit aufgrund der Chancen auf Durchsetzbarkeit im politischen Prozess zu quantifizieren. Sie entwickeln im Rahmen dieser Analyse auch Argumentationen für politische Meinungsführer und Entscheider.

Die teils sehr komplexen realen Fragestellungen, die in der VWL untersucht werden, zeigen auf, warum ein solides Grundverständnis makro- und mikroökonomischer Methoden wünschenswert ist und warum die meisten Studienprogramme der VWL mit diesen beiden Grundlagenfächern starten. Infolgedessen erscheinen die ersten Semester eines VWL-Studiums sehr abstrakt und technisch.

Aus der dritten möglichen Gliederung der VWL ergeben sich die so genannten Funktionallehren, zu denen z.B. die Ökonometrie zählt. In der Ökonometrie werden Methoden der Statistik auf wirtschaftswissenschaftliche Fragestellungen angewendet und vertieft. Unter den ersten wirtschaftlichen Zusammenhängen, die mittels der Ökonometrie analysiert wurden, ist die *Phillips-Kurve* besonders bekannt. Die Phillips-Kurve beschreibt einen negativen Zusammenhang zwischen Arbeitslosigkeit und Inflation: Je höher die Inflationsrate, desto geringer die Arbeitslosigkeit. Bundeskanzler a. D. Helmut Schmidt wird unter Bezugnahme auf diesen Sachverhalt oft mit den Worten „lieber fünf Prozent Inflation als fünf Prozent Arbeitslosigkeit" zitiert.

Hierin zeigt sich die Komplexität und Dynamik innerhalb des volkswirtschaftlichen Untersuchungsgegenstands *Wirtschaftssystem*. Die beschriebene Relation zwischen Arbeitslosigkeit und Inflation hängt wesentlich von den Inflationserwartungen der Individuen ab. In Folge des obigen Zitats gingen alle Individuen von steigenden Preisen in der Zukunft aus und waren deshalb bereit in der Gegenwart bereit, höhere Preise für Waren zu akzeptieren. Ein Großteil der Inflation wurde durch die Erwartungsanpassung vorweg genommen, so dass sich die Preisniveauanpassungen nicht mehr auf die Zahl der Arbeitslosen auswirken konnten.

## 1.3 Gegenstand und Zielsetzung von BWL und VWL

### 1.3.1 Volkswirtschaftslehre

Ein wesentliches Element der Volkswirtschaftstheorie ist eine logische Reihenfolge, die aus den wirtschaftlichen **Rahmenbedingungen** bestimmt, welche **Anreize** entstehen, um die **Handlungen** der Individuen zu erklären.

- Der Volkswirt versucht, das ökonomische Verhalten gesellschaftlicher Systeme zu verstehen.

- Er möchte wissen, wie das ökonomische Ergebnis gesellschaftlicher Institutionen[2] (beispielsweise marktwirtschaftlich organisierter Handelsinstitutionen) durch individuelle Handelsanreize der Wirtschaftssubjekte beeinflusst wird.

- Dazu muss er verstehen, wie und auf welche Anreize einzelne Wirtschaftssubjekte reagieren.

- Durch das Verständnis von Struktur und Zusammenhängen innerhalb bzw. zwischen Institutionen eröffnen sich Möglichkeiten, Mechanismen oder Instrumente zu entwickeln, die den gesellschaftlichen Wohlstand erhöhen.

- Somit werden grundsätzlich bestehende ökonomische Institutionen und Mechanismen ständig auf ihre gesellschaftliche Wünschbarkeit bzw. deren konkrete Ausgestaltung hinterfragt. Bestehende Institutionen und Regelungen sind für eine Analyse besonders interessant, sofern sie verbesserungswürdig sind.

### 1.3.2 Betriebswirtschaftslehre

- Der Betriebswirt interessiert sich dafür, wie konkrete Unternehmensziele (Gewinnmaximierung, Kostenersparnis) in einem gegebenen gesellschaftlichen und rechtlichen Rahmen optimal erreicht werden können. Diesen Rahmen sieht er als gegeben an. Er engagiert sich vornehmlich im Interesse der Unternehmung und nicht notwendigerweise für die Bedürfnisse der Gesellschaft oder anderer Außenstehender. Dies kann zu Konflikten führen, z. B. beim Umweltschutz oder bei der Arbeitnehmersituation in Entwicklungsländern.

- Zum Erreichen dieser Ziele werden Instrumente entwickelt, die sich eng an den Bedürfnissen der Praxis orientieren: Buchhaltung, Controlling[3], Marketing, Personalwesen usw. Sie alle sind mehr oder minder am Produktionsprozess der Firma orientiert.

- Der institutionelle Rahmen - also die Gesetze, welche eine Unternehmung betreffen - ist für den Betriebswirt häufig gegeben und begrenzt damit seinen Gestaltungsspielraum. Als institutioneller Rahmen werden z. B. auch die Unternehmenssteuer oder die wählbaren Rechtsformen wie OHG, KG, GmbH oder AG angesehen. Entsprechend nimmt die Kenntnis zeitgemäßer Regelungen und Bestimmungen im Studium der Betriebswirtschaftslehre ein höheres Gewicht als in einem volkswirtschaftlichen Studium ein. Ob

---

[2]Institution = Einrichtung. Eine Institution wird in den Wirtschaftswissenschaften auf vielfältige Weise gebraucht. Oft versteht man unter einer Institution eine rechtliche Einrichtung, z. B. ein Gesetz, welches den Handel auf einem Markt regelt. Auch der Markt selbst ist eine Institution, um Güter zu tauschen.

[3]Das Controlling kann in der Firma als Instrument der Führungsunterstützung betrachtet werden. Dabei werden Planungssysteme entwickelt, notwendige Informationen erhoben und die Umsetzung von Maßnahmen überprüft. Werden beispielsweise durch Soll-Ist- oder Soll-Wird-Analysen Abweichungen von geplanten Zielen wahrscheinlich, so wird vom Controlling ermittelt, ob diese ein kritisches Ausmaß erreichen. In diesem Fall wird die Unternehmensführung benachrichtigt und mit weiteren Informationen zur Entscheidungsfindung über mögliche Anpassungen versorgt.

diese Regelungen für die Gesellschaft als Ganzes sinnvoll oder wünschenswert sind, hat für betriebswirtschaftliche Entscheidungen lediglich eine sekundäre Bedeutung.

# Kapitel 2

# Ökonomische Modellierung individuellen Verhaltens

Im folgenden Abschnitt sollen ein paar einfache ökonomische Abstraktionen vorgestellt werden, um in die Denktechnik der Volkswirtschaftslehre einzuführen.

## 2.1 Perspektive der Mikroökonomik

In der Einführung wurde bereits dargelegt, dass der Untersuchungsgegenstand betriebs- und volkswirtschaftlicher Analysen meist durch eine Entscheidung unter Knappheit allgemein beschrieben werden kann. Ausgangspunkt oder Kern der mikroökonomischen Analyse ist meist der einzelne Akteur. Damit ist nicht immer eine einzelne Person gemeint. In deutschsprachigen Lehrbüchern dominiert hinsichtlich Entscheidungen über Konsum die Bezeichnung *Haushalt*, welche nahelegt, dass ein ökonomischer Akteur durchaus auch aus mehreren Personen bestehen kann.

Die Verwendung des Haushalts als kleinste ökonomische Einheit des Konsums hat den Vorteil, dass sich Analysen nicht auf innerfamiliäre Transfers, sondern auf die Entscheidungen des Konsumenten beziehen können. Grundsätzlich lässt sich auch formulieren, dass Kaufentscheidungen von Kindern durch innerfamiliären Transfer von Geld legitimiert sind.

In der englischsprachigen Literatur dominiert als Bezeichnung des einzelnen Konsumenten der Begriff des *Individuums*, der zur Vergleichbarkeit und wegen der Dominanz englischsprachiger Literatur in der ökonomischen Wissenschaft auch im Folgenden verwendet wird.

## 2.2 Entscheidungen

Sowohl in der BWL als auch in der VWL werden Entscheidungen unter Knappheit untersucht. Nicht immer muss Geld der knappe Faktor sein, wie die folgen-

## 2.2. ENTSCHEIDUNGEN

den Beispiele aufzeigen:

- Ein Triathlet muss bei der Zusammenstellung seines Trainingsprogramms entscheiden, wie viele Stunden er Rad fahren und wie viele Stunden er Schwimmen trainieren möchte.

  Hier ist der knappe Faktor die Zeit. Innerhalb des gegebenen Zeitrahmens wird der Triathlet die Anteile der beiden Sportarten so wählen, dass sie den größtmöglichen Trainingserfolg versprechen.

- Ein Studierender wählt sein Abendprogramm und überlegt, ob er lieber ins Kino gehen oder sich auf eine Klausur vorbereiten soll.

  Der knappe Faktor ist hierbei die Zeit. An einem Abend kann der Studierende nicht beides gleichzeitig wählen und muss entscheiden, ob die Freude durch gute Noten oder die Freude durch den Kinobesuch überwiegt.

  Neben der Entscheidung, bei welcher Verwendung die eingesetzte Zeit mehr *Freude* bewirkt, muss der Studierende noch berücksichtigen, dass für das Lernen auf die Klausur keine Kosten anfallen, während der Kinobesuch kostenpflichtig ist. Die *Freude* des Kinobesuchs muss demnach gedanklich um die dabei entstehenden Kosten gemindert werden, um fair mit dem Lernen verglichen werden zu können.

- Einer Person steht jeden Monat ein Nettoeinkommen von 1700 € zur Verfügung, welches für verschiedene Sachgüter und Dienstleistungen ausgegeben werden soll.

  Hier ist wiederum Geld der knappe Faktor, der die Menge der käuflichen Sachgüter und Dienstleistungen begrenzt. Im Vergleich zu den vorherigen Beispielen können jedoch pro Monat einzelne Sachgüter mehrmals gekauft und möglicherweise Dienstleistungen mehrmals in Anspruch genommen werden.

- Soll ein Kohlekraftwerk in eine neue Technologie zur Reduktion des $CO_2$-Ausstoßes investieren oder lieber Emissionszertifikate kaufen?

  Auch für Unternehmen stellen sich Entscheidungsfragen unter Knappheit. Sie versuchen entweder mit vorgegebenen Ressourcen (z.B. Marketingbudget) größtmögliche Erfolge zu erzielen oder die vorgegebenen Ziele (z.B. produzierte Menge an Elektrizität wie im obigen Beispiel) mit geringstmöglichem Aufwand (Ausgaben) zu erreichen.

Obgleich alle vorgestellten Beispiele völlig unterschiedliche Sachverhalte zugrunde legen, lassen sie sich mit drei Kernaspekten abstrahieren:

1. Entscheidungen verursachen Aufwand z.B. durch Zeit oder Kosten.
2. Individuen, die Entscheidungen treffen, können nur einen begrenzten Aufwand erbringen, da z.B. Zeit oder Geld nicht in unendlicher Menge zur Verfügung stehen.
3. Unterschiedliche Individuen präferieren unterschiedliche Ergebnisse.

Die Notwendigkeit der beiden erstgenannten Punkte für eine (ökonomische) Entscheidungstheorie wird sehr schnell klar, wenn analysiert wird, welche entscheidungstheoretische Relevanz für Entscheidungen ohne Aufwand oder unendliche

Kapazität (an Aufwand) entstehen: Wären alle Konsumgüter kostenlos und in unendlicher Fülle verfügbar, gäbe es für die Menschen keinen Anreiz mehr arbeiten zu gehen, da auch das Einkommen als begrenzender Faktor irrelevant würde. Auf der anderen Seite können Konsumgüter nur durch die Arbeit der Menschen entstehen und das Wirtschaftssystem könnte nicht dauerhaft existieren.

Wären diese beiden erstgenannten Punkte ausreichend, um das unterschiedliche Kaufverhalten von Kunden auf Märkten zu erklären, so ließe sich, da in der Regel für alle Kunden identische Preise gelten, allein aus unterschiedlichen Einkommen erklären, warum unterschiedliche Individuen unterschiedliche Dinge in unterschiedlichen Mengen kaufen. Es ist aber offenkundig, dass zwei Kunden selbst bei identischen Preisen und identischen Einkommen nur im Ausnahmefall ganz genau dieselben Dinge in denselben Mengen kaufen werden, weil sich jeder Mensch in seinen Wünschen unterscheidet.

Die Volkswirtschaftstheorie modelliert die Grundlagen dieser Beobachtung in zweierlei Hinsicht. Erstens wird davon ausgegangen, dass Menschen alle Alternativen, zwischen denen sie entscheiden müssen, so gut vergleichen können, dass sie Aussagen der Art treffen können: A ist besser als B.

Theoretisch wird sogar von *vollkommener Information* ausgegangen, indem angenommen wird, dass Menschen perfektes Wissen über alle Eigenschaften, Preise und Verfügbarkeiten an allen möglichen Kauforten von Dingen haben.

Zweitens wird ein Zusammenhang zwischen der (Wunsch-)Reihenfolge, in der A, B und mögliche andere Alternativen zueinander stehen, zum Wohlbefinden durch den Konsum von A, B usw. sowie zur Zahlungsbereitschaft hergestellt. Aussagen der Art - A ist besser als B - ergeben nur dann logischen Sinn, wenn sich daraus ableiten lässt, dass der betreffende Mensch sich durch den Kauf von A wohler fühlt als durch den Kauf von B. Entsprechend wird der Mensch für A auch bereit sein, mehr auszugeben. Mit anderen Worten hat er eine höhere Zahlungsbereitschaft für A als für B.

Dieser Zusammenhang bildet einen Eckstein zur Vereinfachung der ökonomischen Analysetechnik. Wenn bereits bekannt ist, dass ein Individuum A besser als B bewertet und zusätzlich bekannt wird, dass dieses Individuum B besser als C bewertet, so ist es logisch zu schließen, dass dieses Individuum A auch besser als C bewerten wird. Einzelne Individuen können damit Entscheidungen zwischen unendlich vielen (hier drei) möglichen Alternativen in paarweise Entscheidungsprobleme aufspalten und somit vereinfachen.

Die zuvor beschriebenen Sachverhalte werden als Vollständigkeit (der Präferenzen) bzw. Transitivität (der Präferenzen) bezeichnet.

Auch in der Volkswirtschaftstheorie wird in vielen Fällen so vorgegangen, indem eine Reihe von Alternativen gegliedert und in paarweisen Entscheidungssituationen untersucht wird.

## 2.3 Zielvorstellungen

Aus dem vorherigen Abschnitt wurde deutlich, dass unterschiedliche Individuen zu unterschiedlichen Entscheidungen kommen, weil sie durch unterschiedliche Wunsch- und Wertvorstellungen geprägt sind. Im gesellschaftlichen Diskurs oder der Tagespresse werden die Betriebs- und Volkswirtschaftslehre oft wegen eines angeblichen Mangels an Normen und Werten dieser beiden wissenschaftlichen Disziplinen angegriffen. Vor dem Hintergrund, dass sich beide dem ökonomischen Prinzip - der bestmöglichen Zielerreichung unter Knappheit - verschrieben haben, ist dieser Standpunkt allerdings nicht haltbar.

Die durch wirtschaftswissenschaftliche Methoden erreichbaren Ergebnisse werden neben den Knappheitsfaktoren doch maßgeblich von den vorgegebenen Zielen bestimmt. Ist einer Firma vorgegeben, größtmögliche Gewinne zu erzielen, so ergeben sich andere Handlungen, als mit der Zielvorgabe, gewisse Umweltstandards zu erfüllen oder möglichst viele Beschäftigte mit Arbeit versorgen zu können. Derartige Zielvorgaben erhalten Manager in der Regel von Gesellschaftern oder Aktionären. Die Aufgabe des Managements ist dann die bestmögliche Zielerreichung.

Das ökonomische Prinzip trifft keine Aussagen über Wunschvorstellungen einzelner. Ziel des ökonomischen Prinzips ist in der BWL wie in der VWL das Aufzeigen bestmöglicher Zielerreichung. Normative Diskussionen werden nur auf grundlegender Ebene - bei der Gestaltung der Zielvorgaben durch die jeweiligen Entscheider - oder in wirtschaftspolitischen Diskussionen um die Umsetzung aufgezeigter Maßnahmen geführt. Das ökonomische Prinzip selbst liefert keine Wertungen oder Vorteilhaftigkeitsvergleiche über Dinge wie soziale Gerechtigkeit oder angemessene Managergehälter. Das folgende Beispiel zeigt, wie schnell sich in der Realität Konflikte durch unterschiedliche Zielvorstellungen ergeben können.

**Beispiel 2.1 Gerechtigkeit oder Wohlstand?**
Angenommen, Sie treffen Entscheidungen für ein Land, in dem nur zwei Personen leben. Eine der beiden Personen ist arm (A) und hat ein Tageseinkommen von 1 €. Die andere Person ist reich (R) und hat ein Tageseinkommen von 100 €.

Durch eine besondere politische Maßnahme haben Sie als Entscheider die Möglichkeit, das Einkommen einer dieser beiden Personen zu verdoppeln, so dass sich Ihnen die folgenden beiden Alternativen bieten:

- Alternative 1: A hat 1 € und R hat 200 €.
- Alternative 2: A hat 2 € und R hat 100 €.

In Alternative 1 beträgt das Gesamtvermögen der Volkswirtschaft 201 €. Der Wohlstand insgesamt ist also in Alternative 1 deutlich größer, da in Alternative 2 das Gesamtvermögen nur 102 € beträgt.

Das Verhältnis der beiden Einkommen verändert sich durch die Politikmaßnahme ebenfalls deutlich. Vor Ihrer Entscheidung beträgt das Verhältnis der beiden Einkommen 1 zu 100. Wählen Sie die Alternative 1, verändert es sich auf 1 zu 200, während es bei Alternative 2 bei 1 zu 50 liegt.

Ihre Wahl zwischen beiden Alternativen wird maßgeblich davon abhängen, an welcher Zielvorstellung Sie sich orientieren. Alternative 2 bietet eine gleichmäßigere Verteilung der Einkommen, wobei der Wohlstand insgesamt geringer ist als bei Alternative 1. Die ökonomische Theorie bietet keine Antwort auf die Frage an, welcher der beiden konkurrierenden Zielvorstellungen Vorrang einzuräumen ist. Sie kann nur nach Festlegung der Zielvorstellungen identifizieren, wie die vorgegebenen Ziele bestmöglich erreicht werden können.

## 2.4 Zahlungsbereitschaft

Die ökonomische Theorie nimmt an, dass sich jedes Individuum eine Reihe von Zielen setzt und diese auch zueinander ins Verhältnis bringt. Aussagen der Art - A ist besser als B - ergeben sich, wenn für ein Individuum das Ziel bzw. die Alternative A wichtiger, als das Ziel B ist. Die Reihenfolge oder gegenseitige Abhängigkeit aller Ziele eines Individuums wird mit dem Fachausdruck *Präferenzen* bezeichnet und ist nichts anderes als ein Ausdruck der persönlichen Wunsch- und Wertvorstellungen.

Die Vorstellung von Präferenzen ist sehr abstrakt und soll auch gar nicht im Vordergrund stehen. Ziel ist nur ein einfaches Verständnis, wie sich die Präferenzen der Individuen zeigen. Es ist ausreichend anzunehmen, dass jedes Individuum unterbewusst verschiedene Alternativen bewertet. Zum Beispiel könnte Alternative A 70 Punkte, Alternative B 63 Punkte usw. erreichen. Ferner ist es sinnvoll anzunehmen, dass ein Individuum eine Alternative A dann der Alternative B vorziehen wird, wenn es A unterbewusst mit einer höheren Punktezahl bewertet hat. Durch diese Annahme sind sogar Aussagen der Art möglich, dass Alternative A mit 70 Punkten dem Individuum doppelt so wichtig wie eine mögliche Alternative C mit 35 Punkten ist.

An diesen beispielhaft aufgezeigten Bepunktungen sind viele Ansatzpunkte für Kritik möglich:

- Niemand wird bei (Kauf-)Entscheidungen bewusst oder unbewusst derartige Bepunktungen vornehmen.
- Selbst wenn Menschen derartige Bepunktungen vornehmen würden, sind sie oft nicht in der Lage, aus Unterschieden von nur einem Punkt Aussagen darüber zu treffen, ob Alternative A besser als Alternative B oder umgekehrt ist.
- Präferenzen sind etwas Subjektives und zwischen unterschiedlichen Individuen nicht zu vergleichen.

Besonders der letzte Punkt ist zum Verständnis der Präferenzen wichtig. Angenommen, ein anderes Individuum bewerte die Alternative A mit 140 Punkten, so ließe sich nicht daraus schließen, dass es A doppelt so gut bewertet, wie die Person mit den zuvor dargestellten Präferenzen. Wenn allerdings noch die Information hinzu gefügt wird, dass die zweitgenannte Person der Alternative C 70 Punkte zuweist, dann kann geschlossen werden, dass auch die zweite Person die Alternative A doppelt so gut bewertet wie Alternative C. Erst durch relative Bewertungen werden also Vergleiche möglich.

Um aus den zuvor vorgestellten abstrakten Vergleichen zu ökonomisch relevanten Aussagen über die Marktteilnehmer zu kommen, kann die beispielhaft vorgestellte Bepunktung mit der Zahlungsbereitschaft der Marktteilnehmer in Verbindung gebracht werden. Beide Personen bepunkten die Alternative A doppelt so hoch wie die Alternative C, so dass sich folgern lässt, dass sie bereit sind, für Alternative A einen doppelt so hohen Betrag wie für Alternative C auszugeben. Mit anderen Worten manifestiert sich die Zahlungsbereitschaft durch das Kaufverhalten der Marktteilnehmer. Wenn ein Individuum für eine Theaterkarte bereit ist, den doppelten Preis einer Kinokarte zu bezahlen, dann lässt sich folgern, dass dieses Individuum den Theaterbesuch wenigstens doppelt so gut bewertet wie den Kinobesuch (unabhängig vom zugrunde liegenden Bepunktungsschema). In der Regel formulieren Ökonomen dann, dass das Individuum durch den Theaterbesuch den doppelten *Nutzen* erhält.

## 2.5 Nutzen und Indifferenzkurven

Die vorgestellte Bepunktung als Grundlage der Zahlungsbereitschaft ist eine gute Gedankenstütze, um sich dem Konzept des Nutzens zu nähern. Das Verhalten von Individuen wird bestimmt durch deren Präferenzen für Güter. Daraus leitet sich eine Wertschätzung bzw. gleichbedeutend eine Zahlungsbereitschaft für diese Güter ab.

Das Verhalten von Individuen auf Basis ihrer Präferenzen bzw. Wertschätzungen wird strukturiert untersucht und beschrieben durch das Konzept des Nutzens. Durch die zuvor erläuterten Annahmen der Vollständigkeit und der Transitivität der Präferenzen können Wertschätzungen in eine formale Form gebracht werden, die als Nutzenfunktion bezeichnet wird. Aus den Annahmen ergibt sich auch, dass zunehmender Konsum auch immer zu zunehmendem Nutzen führt.

Zur Vereinfachung wird weiterhin davon ausgegangen, dass das Individuum nur zwischen zwei Gütern ($x$ und $y$) wählen kann. Die Mengen dieser beiden Güter stiften dem Individuum einen gewissen Nutzen in Höhe von $u(x,y)$. Beispielhafte Nutzenfunktionen lauten:

**Beispiel 2.2 Verschiedene Nutzenfunktionen**

$$u_A(x,y) = x \cdot y \qquad (2.1)$$
$$u_B(x,y) = x^2 \cdot y^1 \qquad (2.2)$$
$$u_C(x,y) = x^{\frac{1}{3}} \cdot y^{\frac{2}{3}} \qquad (2.3)$$
$$u_D(x,y) = x + y \qquad (2.4)$$
$$u_E(x,y) = min\{x;y\} \qquad (2.5)$$

Die Nutzenfunktionen $u_A$ bis $u_C$ sind durch eine multiplikative Verknüpfung der Mengen von $x$ und $y$ charakterisiert und unterscheiden sich deutlich von den beiden Funktionen $u_D$ und $u_E$.

Nur bei Funktion $u_D$ ist es möglich, vollständig auf den Konsum eines der beiden Güter zu verzichten. Selbst wenn von einem der beiden Güter $x$ oder

$y$ Null Einheiten konsumiert werden, kann das Individuum den Konsum des anderen Gutes einen positiven Nutzen erreichen. Da beide Güter vollständig als Ersatz des anderen Gutes zur Verfügung stehen, werden diese Arten der Nutzenfunktionen auch als substitutive Nutzenfunktionen bezeichnet.

Durch die funktionale Form von $u_E$ wird immer der kleinere der beiden Werte ausgewählt. Dies ist typischerweise dann der Fall, wenn zwei Güter immer in Verbindung (komplementär) zueinander konsumiert werden sollen. Vor $x$ und $y$ könnten auch Multiplikatoren stehen. Würde diese funktionale Form eingesetzt, um den Konsum von Tassen Kaffee zu beschreiben, für die gilt, dass je Tasse immer zwei Löffel Zucker verwendet werden sollen, so müsste die zur Verfügung stehende Menge an Zucker ($y$) halbiert werden, um auf die Anzahl der gezuckerten Tassen zu kommen und in der geschweiften Klammer käme vor der Variable $y$ noch der Multiplikator $\frac{1}{2}$ vor. Diese Form der Nutzenfunktion wird als komplementäre Nutzenfunktion und die Güter $x$ und $y$ werden als Komplementärgüter bzw. Ergänzungsgüter bezeichnet.

$u_A$ bis $u_C$ bewegen sich zwischen diesen Extremen einer vollständigen Ersetzbarkeit bzw. eines fixierten Einsatzverhältnisses. Abhängig von der Höhe der Exponenten kann der Nutzen konstant gehalten werden, indem $x$ durch $y$ ersetzt wird (oder umgekehrt). Je extremer jedoch ein Gut durch das andere ersetzt wird, umso schwieriger wird es weiter zu ersetzen und damit auf das andere Gut verzichten.

Beispielhaft lässt sich der Nutzen von 1 in der ersten Funktion $u_A$ mit folgenden Kombinationen von $x$ und $y$ erreichen:

**Beispiel 2.3 Identisches Nutzenniveau durch verschiedene Güterkombinationen**

$$u_A(x,y) = x \cdot y = 1 \tag{2.6}$$

$$u_A(x,y) = 1 \cdot 1 = 1 \tag{2.7}$$

$$u_A(x,y) = 2 \cdot \frac{1}{2} = 1 \tag{2.8}$$

$$u_A(x,y) = 4 \cdot \frac{1}{4} = 1 \tag{2.9}$$

Damit ergeben sich aus der Nutzenfunktion zwei Möglichkeiten der Interpretation: In ihrer eigentlichen Darstellung lässt sich aus der Nutzenfunktion ablesen, wie hoch der erreichte Nutzen für verschiedene Werte von $x$ und $y$ ist. Wird der Nutzen bei einem gewissen Niveau fixiert (oben im Beispiel liegt der Nutzen konstant bei 1), so kann durch Variation entweder von $x$ oder von $y$ ermittelt werden, welche Tauschbereitschaft eine einzelne Person zwischen diesen beiden Gütern hat. Die grafische Veranschaulichung dieses Konzepts wird als Indifferenzkurve bezeichnet. Die verschiedenen Kombinationen von $x$ und $y$ bilden Punkte einer Kurve, auf der das Individuum indifferent ist, weil jeder Punkt denselben Nutzen stiftet. Dem Individuum im vorherigen Beispiel ist es egal, ob es den Nutzen von 1 durch je eine Einheit von $x$ und $y$ erreicht oder durch eine der Kombinationen in den beiden folgenden Zeilen.

Abbildung 2.1: Beispielhafte Indifferenzkurve

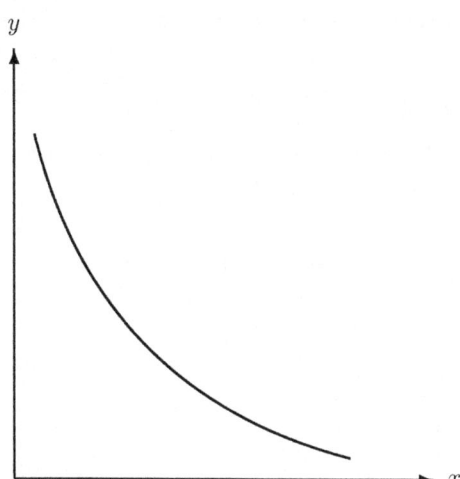

Abbildung 2.1 skizziert grafisch den Verlauf, der sich aus den zuvor geschilderten Kombinationen von $x$ und $y$ ergibt. Tauscht ein Individuum die Güter gegeneinander, so bewegt es sich unter den Annahme gleichbleibenden Nutzens entlang der Indifferenzkurve.

**Aufgabe 2.1 Nutzenfunktion und Indifferenzkurven**
Gegeben sei folgende Nutzenfunktion $u(x,y) = x^2 \cdot y$
1. Bestimmen Sie den Nutzen, wenn von beiden Gütern je zwei Einheiten zur Verfügung stehen.
2. Wie verändert sich der Nutzen, wenn von $y$ nur noch eine Einheit zur Verfügung steht?
3. Bestimmen Sie rechnerisch drei Möglichkeiten, denselben Nutzen wie in der letzten Teilaufgabe zu erreichen, dabei aber eine andere Kombination der Mengen von $x$ und $y$ zu verwenden.

## 2.6 Budgetrestriktion

Die oben beschriebenen Funktionen erfüllen die mathematische Eigenschaft der Monotonie. Größere Mengen von $x$ oder $y$ führen in der obigen Darstellung immer zu höheren Nutzenwerten. Die zuvor beschriebenen Entscheidungen werden von den Individuen aber unter Knappheit getroffen. In der Regel steht Individuen ein begrenztes Budget an Geld, Zeit oder anderen Ressourcen zur Verfügung. Die Individuen maximieren ihren Nutzen stets unter Beachtung bzw. vollständiger Ausschöpfung dieser Restriktion.

**Definition 2.1 Budgetfunktion**
Die Budgetfunktion beschreibt formal die verschiedenen Möglichkeiten des Individuums, sein Einkommen $m$ für den Einkauf von $x$ und $y$ aufzuteilen. Dabei müssen die Preise der beiden Güter $p_x$ und $p_y$ berücksichtigt werden.

$$m = p_x \cdot x + p_y \cdot y \tag{2.10}$$

Die Budgetfunktion kann in einem x-y-Koordinatensystem gut dargestellt werden:

Abbildung 2.2: Budgetfunktion

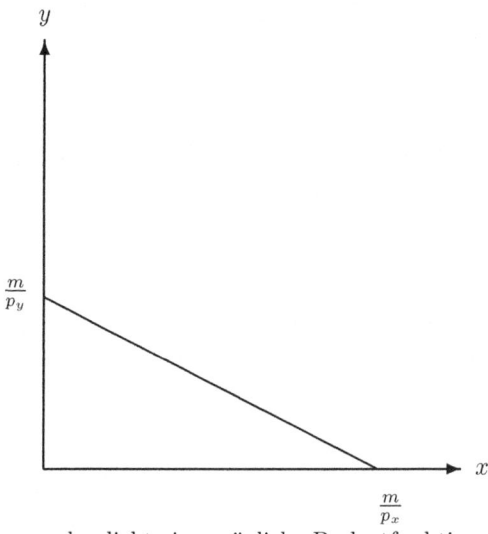

Abbildung 2.2 veranschaulicht eine mögliche Budgetfunktion. Formal lässt sich diese bestimmen, indem die Grundgleichung aus der Definition nach der Variablen $y$ aufgelöst wird.

$$\begin{align} m &= p_x \cdot x + p_y \cdot y \tag{2.11} \\ m - p_x \cdot x &= p_y \cdot y \tag{2.12} \\ p_y \cdot y &= m - p_x \cdot x \tag{2.13} \\ y &= \frac{m}{p_y} - \frac{p_x}{p_y} \cdot x \tag{2.14} \end{align}$$

In Gleichung 2.14 wird $y$ in die Punkt-Steigungs-Form der Budgetfunktion gebracht. Auf der y-Achse beginnt die Funktion beim Punkt $\frac{m}{p_y}$ und verändert sich je Einheit von $x$ um die Steigung $\frac{p_x}{p_y}$. Die formale Darstellung lässt sich dann wie folgt interpretieren: Für gegebenes Einkommen $m$ sowie Preise $p_x$ und $p_y$ ergibt sich die Menge an $y$, die gekauft werden kann, aus der Menge an $x$ (die in die Funktion eingesetzt wird).

**Beispiel 2.4 Punkte auf der Budgetfunktion**
Gegeben sei ein Einkommen von $m = 100$ und Preise $p_x = 5$ bzw. $p_y = 10$.

Würden 10 Einheiten von $x$ gekauft werden, so ergibt sich,

$$y = \frac{m}{p_y} - \frac{p_x}{p_y} \cdot x \qquad (2.15)$$

$$y = \frac{100}{10} - \frac{5}{10} \cdot 10 \qquad (2.16)$$

$$y = 10 - 5 = 5 \qquad (2.17)$$

dass das verbleibende Einkommen ausreicht, um 5 Einheiten von $y$ zu kaufen.

Würde ein Individuum das verbleibende Einkommen nur zum Kauf von 3 Einheiten statt der 5 möglichen Einheiten nutzen, so würde es sich nach den vorherigen Definitionen nicht ökonomisch rational verhalten. Durch die Annahme der Monotonie ist ausgeschlossen, dass das Einkommen nicht voll ausgeschöpft wird. Das hier verbleibende Einkommen in Höhe von 20 € könnte dazu genutzt werden, weitere Einheiten von $x$ oder $y$ zu kaufen und damit den Nutzen des Individuums zu steigern.

Auf die Grafik bezogen, lässt sich festhalten, dass alle Punkte unterhalb der Budgetfunktion durch ein rationales Individuum nicht gewählt werden, weil in diesen Punkten das verfügbare Einkommen und damit das Potential an erreichbarem Nutzen nicht voll ausgeschöpft werden. Punkte, die oberhalb der Budgetfunktion liegen, sind mit dem vorhandenen Einkommen bei den gegebenen Preisen nicht erreichbar. Nur die Punkte auf der Budgetfunktion können von einem rationalen Individuum gewählt werden.

Veränderungen an der Budgetfunktion ergeben sich nur, wenn sich eine der drei exogenen Größen (Einkommen oder die beiden Preise) verändert. Steigt das Einkommen $m$, so verschiebt sich die Budgetfunktion parallel nach außen. Umgekehrt verschiebt sich die Funktion nach innen, wenn das Einkommen sinkt. Steigt der Preis von $x$, so wird die Funktion steiler (der Achsenabschnitt auf der x-Achse verschiebt sich nach links). Steigt der Preis von $y$, so wird die Funktion flacher (der Achsenabschnitt auf der y-Achse verschiebt sich nach unten).

**Aufgabe 2.2 Budgetfunktion**
Gegeben sei die Budgetfunktion in der allgemeinen Form: $m = p_x \cdot x + p_y \cdot y$.
1. Berechnen Sie die spezifische Form für ein Einkommen von $m = 200$ und Preise $p_x = 5$ bzw. $p_y = 10$.
2. Welche Menge an $y$ kann gekauft werden, wenn 10 Einheiten von $x$ gekauft werden?
3. Welche Menge an $y$ kann gekauft werden, wenn 20 Einheiten von $x$ gekauft werden?
4. Welche Menge an $x$ und $y$ kann gekauft werden, wenn das gesamte Einkommen nur für den Kauf von $x$ verwendet werden soll?
5. Welche Menge an $x$ kann gekauft werden, wenn 3 Einheiten von $y$ gekauft werden?
6. Verwenden Sie die Nutzenfunktion $u(x,y) = x \cdot y$, um zu veranschaulichen, welcher Nutzen sich bei den Mengenkombinationen von $x$ und $y$ aus dem zweiten und dritten Aufgabenteil ergibt. Welche Kombination sollte das Individuum bevorzugen?

## 2.7 Kostenbegriffe und Preise

Das Konzept von Zahlungsbereitschaft und Nutzen lässt sich auch in eine andere Richtung weiterentwickeln: Zur Zahlungsbereitschaft kann auch so formuliert werden, dass Individuen für diejenige Alternative die höchste Zahlungsbereitschaft haben werden, die ihnen am Wichtigsten ist und sie infolgedessen genau in dieser Reihenfolge Sachgüter und Dienstleistungen einkaufen. Da Individuen aber Entscheidungen unter Knappheit (der zeitlichen oder finanziellen Ressourcen) treffen müssen, können sie in der Regel nicht alle Alternativen verfolgen. Aus diesem Sachverhalt entsteht der ökonomische Begriff der *Opportunitätskosten*.

**Definition 2.2 Opportunitätskosten**
Individuen erhalten durch unterschiedliche Alternativen unterschiedlich hohen Nutzen. Sie verfolgen die Alternativen in der Reihenfolge der Nutzenhöhe. Müssen sie sich unter Knappheit zwischen verschiedenen Alternativen entscheiden, so lässt sich der entgangene Nutzen nicht gewählter Alternativen als Kosten interpretieren.
Angenommen ein Individuum messe einer Alternative E den Nutzen 7 und einer Alternative F den Nutzen 4 bei. Muss sich dieses Individuum zwischen beiden Alternativen entscheiden, so wird es sich für Alternative E entscheiden und einen Nutzen von 7 erhalten. Der Nutzen von 4 entgeht dem Individuum und wird als Opportunitätskosten bezeichnet.

Bei der Wahl verschiedener Alternativen entstehen den Individuen aber auch *echte* Kosten. Die zuvor angestellten Überlegungen zur Formulierung der Nutzenbewertung durch die Zahlungsbereitschaft eignen sich sehr gut, weil die Zahlungsbereitschaft als Eurobetrag direkt mit tatsächlich entstehenden Kosten bzw. Preisen in Verbindung gebracht werden kann. Dazu sind nur geringfügige Anpassungen notwendig.

In der Definition wurde deutlich, dass die Alternative E durch den höheren Nutzen bzw. die höhere Zahlungsbereitschaft von 7 € vom Individuum gegenüber der Alternative E mit einer Zahlungsbereitschaft von 4 € vorgezogen wird. Wird Alternative E nun zum Preis von 6 € angeboten und Alternative F zum Preis von 1 €, dann wird Alternative F gewählt:

$$u(E) = 7 - 6 = 1 \tag{2.18}$$
$$u(F) = 4 - 1 = 3 \tag{2.19}$$
$$u(F) > u(E) \tag{2.20}$$

Gleichung (2.20) zeigt, dass unter Berücksichtigung der zu bezahlenden Preise der Nutzen der Alternative F den Nutzen der Alternative E übersteigt.

Es ist wichtig, den Unterschied zwischen Zahlungsbereitschaft und Preisen hervorzuheben. Abhängig von der subjektiven Nutzenbewertung legt jedes Individuum für sich selbst eine Zahlungsbereitschaft fest. Die Zahlungsbereitschaft kann also als der Eurobetrag verstanden werden, den eine Person maximal für ein Gut *bezahlen würde*. Für alle Individuen gelten aber identische Preise auf dem Markt. Preise beschreiben den Eurobetrag, den eine Person für ein Gut *bezahlen wird*, sofern sie über eine ausreichende Zahlungsbereitschaft verfügt. Ist die Zahlungsbereitschaft eines Individuums geringer als der Preis des Gutes, wird sie es nicht kaufen.

Aus dem Verhältnis von Zahlungsbereitschaft und Preis lässt sich auch die Vorteilhaftigkeit des Marktes feststellen. Ein Eisliebhaber, der 3 € für eine Kugel Eis ausgeben würde, profitiert stärker von einem Preis von 0,80 € als eine andere Person, die nur eine Zahlungsbereitschaft von 1 € hat.

$$f_1 = 3 - 0,80 = 2,20 \tag{2.21}$$
$$f_2 = 1 - 0,80 = 0,20 \tag{2.22}$$

Die obigen Gleichungen zeigen, dass Person 1 von seiner Zahlungsbereitschaft 2,20 € für andere Zwecke spart, während es bei Person 2 nur 0,20 € sind. In späteren Abschnitten werden aus dieser Logik Maßstäbe zur Beurteilung von unterschiedlichen Marktsituationen entwickelt.

## 2.8 Grenzbegriffe

Ökonomische Entscheidungen basieren auf so genannten Grenzbegriffen. Ein Individuum mag sich zwar dafür interessieren, wie hoch sein derzeitiger Nutzen ist. Ebenso wird ein Unternehmen Interesse an der Höhe des derzeitigen Gewinns entwickeln. Dennoch bieten diese beiden Bestandsgrößen keinen Anhaltspunkt, um ökonomische Entscheidungen treffen zu können.

Die Volkswirtschaftstheorie nimmt an, dass Individuen ihren Nutzen maximieren und Unternehmen ihre Gewinne maximieren. Der Manager eines Unternehmens wird daher Entscheidungen bzw. Maßnahmen nicht auf die aktuelle Höhe seines Gewinns beziehen sondern sich die Frage stellen, ob durch eine Entscheidung zusätzlicher Gewinn (= positiver Grenzgewinn) entsteht, der Gewinn gleich bleibt (= kein Grenzgewinn) oder ob der Gewinn sinkt (=negativer Grenzgewinn).

$$Gewinn = Umsatz - Kosten \tag{2.23}$$
$$\Pi(X) = R(X) - C(X) \tag{2.24}$$
$$\frac{\partial \Pi(X)}{\partial X} = \frac{\partial R(X)}{\partial X} - \frac{\partial C(X)}{\partial X} \stackrel{!}{=} 0 \tag{2.25}$$

Die obigen Gleichungen beschreiben die mathematische Veranschaulichung der zuvor geschilderten Überlegungen. Für das Unternehmen kann der Gewinn berechnet werden, indem die Summe aller Kosten von der Summe aller Umsätze in Gleichung (2.23) abgezogen wird. Dazu wird in Gleichung (2.24) angenommen, dass die Umsätze und Kosten von der produzierten Menge $X$ abhängen. Damit hängt auch der Gewinn von $X$ ab.

In Gleichung (2.25) ist die Ableitung der Funktion nach $X$ dargestellt. Der dargestellte Grenzgewinn von $X$ beschreibt die Veränderung der Gewinnfunktion

$\Pi(X)$ durch eine Veränderung der produzierten Menge $X$ um eine kleinstmögliche Einheit. Mit anderen Worten beantwortet die Gleichung die Frage, wie sich der Gewinn der Firma verändert, wenn die produzierte Menge verändert wird. Der gewinnoptimale Punkt ist dann gefunden, wenn die Firma durch eine Veränderung der produzierten Menge ihren Gewinn nicht weiter steigern kann.

**Beispiel 2.5 Gewinnoptimierung**

Angenommen, eine Firma produziere Äpfel, die sie zum Stückpreis von 0,50 € auf dem Markt verkaufen kann. Für die Produktion der Äpfel verwendet die Firma eine begrenzte Menge an Apfelbäumen, bei denen sie den Ertrag durch zusätzlichen Einsatz von Düngemitteln steigern kann. Mit zunehmendem Einsatz sinkt die Produktivität des Düngemittels. Der erste Apfel kann durch den Einsatz von einem Liter Düngemittel hergestellt werden. Nach zehn Äpfeln kann ein weiterer Apfel nur durch fünf zusätzliche Liter Düngemittel hergestellt werden. Die zusätzlichen Kosten je Mengeneinheit der Äpfel (einschließlich Düngemittel) steigen demnach mit der produzierten Menge wie folgt an:

0,20 - 0,25 - 0,35 - 0,50 - 0,70 - 0,95

$$\frac{\partial \Pi(1)}{\partial X} = 0,50 - 0,20 = 0,30 \tag{2.26}$$

$$\frac{\partial \Pi(2)}{\partial X} = 0,50 - 0,25 = 0,25 \tag{2.27}$$

$$\frac{\partial \Pi(3)}{\partial X} = 0,50 - 0,35 = 0,15 \tag{2.28}$$

$$\frac{\partial \Pi(4)}{\partial X} = 0,50 - 0,50 = 0,00 \tag{2.29}$$

$$\frac{\partial \Pi(5)}{\partial X} = 0,50 - 0,70 = -0,20 \tag{2.30}$$

Die Gleichungen zeigen die Entwicklung der Grenzgewinne, ausgehend vom ersten produzierten Apfel. Mit dem ersten produzierten Apfel wird ein Grenzumsatz von 0,50 € bei Grenzkosten von 0,20 € erzielt, so dass der Grenzgewinn der ersten produzierten Einheit mit 0,30 € positiv ist und zu einer Steigerung des Gesamtgewinns führt. Ähnlich ergibt sich auch bei der Berechnung des Grenzgewinns für die zweite und dritte produzierte Einheit ein Grenzgewinn von 0,25 € bzw. 0,15 €.

Mit der vierten produzierten Einheit sinkt der Grenzgewinn auf Null, so dass der Unternehmer nach den vorherigen Ausführungen sein Gewinnmaximum erreicht hat. Er erreicht hier einen Gewinn von 0,70 € (= 0,30 + 0,25 + 0,15 + 0,00).

Der Grenzgewinn der fünften Einheit ist negativ. Würde der Unternehmer fünf Äpfel produzieren, so wäre sein Gewinn nur noch 0,50 € (= 0,30 + 0,25 + 0,15 + 0,00 + -0,20).

Zusammenfassend kann festgehalten werden, dass der Unternehmer den maximalen Gewinn erreicht, wenn der Grenzgewinn Null entspricht. Ähnlich wird auch das Individuum seinen Nutzen maximieren, indem eine Untersuchung des Grenznutzens durch den Konsum weiterer Sachgüter und Dienstleistungen stattfindet.

**Definition 2.3 Grenzkosten**
... beschreiben die Kosten, die zusätzlich entstehen, wenn eine (kleinstmögliche) Einheit mehr produziert und entsprechend auch verkauft wird.

**Definition 2.4 Grenzumsatz**
... beschreibt den Umsatz, der zusätzlich entsteht, wenn eine (kleinstmögliche) Einheit mehr produziert und entsprechend auch verkauft wird.

**Definition 2.5 Grenzgewinn**
... beschreibt den Gewinn, der zusätzlich erzielt wird, wenn eine (kleinstmögliche) Einheit mehr produziert und entsprechend auch verkauft wird.
Der Grenzgewinn entspricht dem Grenzumsatz abzüglich den Grenzkosten.
Der Gewinn ist dort minimal, wo der Grenzumsatz den Grenzkosten entspricht.

**Aufgabe 2.3 Gewinnoptimierung durch Grenzbetrachtung**
Verwenden Sie folgende Umsatzfunktion $R(X) = 100 \cdot X$ und folgende Kostenfunktion $C(X) = X^2$.
1. Bestimmen Sie die Gewinnfunktion.
2. Bestimmen Sie die gewinnoptimale Menge.
3. Bestimmen Sie den daraus resultierenden Preis.
4. Bestimmen Sie den erreichbaren Gewinn.
5. Wie ändern sich die Werte der vorherigen Teilaufgaben, wenn der Umsatz $R(X) = (200 - X) \cdot X$ beträgt?

## 2.9 Fixe und versunkene Kosten

In der Regel unterscheidet der Unternehmer zwischen zwei Arten von Kosten. *Fixkosten* sind Kosten, die nicht von der produzierten Menge abhängen, während *variable Kosten* durch die produzierte Menge beeinflusst werden. Für den beispielhaft veranschaulichten Apfelproduzenten sind Kosten wie die Miete der Verwaltungsbüros oder Versicherungsbeiträge nicht ausschlaggebend für die Menge der produzierten Einheiten.

**Definition 2.6 Fixkosten**
... sind Kosten, die nicht von der produzierten Menge abhängen.

**Definition 2.7 Variable Kosten**
... sind Kosten, die von der produzierten Menge abhängen. Variable Kosten steigen mit der produzierten Menge an.

Aus dieser Unterscheidung heraus, lässt sich nachvollziehen, warum Unternehmen (kurzfristig) auch bei negativem Ergebnis anbieten bzw. warum ein negatives Ergebnis sogar optimal sein kann. Angenommen der Unternehmer könnte aus dem Verkauf von Äpfeln, wie oben geschildert, einen maximalen Gewinn von 0,70 € erzielen, müsste aber grundsätzlich einen mengenunabhängigen Mitgliedsbeitrag zur Berufsgenossenschaft von 1 € entrichten, so verbliebe er mit einem Verlust von 0,30 €. Mit anderen Worten wäre das optimale Ergebnis = -0,30 €. Der Unternehmer hat keinen Anlass, nicht zu produzieren, weil der Beitrag zur Berufsgenossenschaft auch ohne Produktion zu entrichten wäre und damit sein Verlust sogar 1 € betragen würde. Also kann auch ein negativer Gewinn wenigstens kurzfristig optimal sein.

Ähnlich sind Kosten zu beurteilen, die bereits ausgegeben sind. Die so genannten *versunkenen Kosten* können nicht mehr beeinflusst werden und spielen daher für die Ermittlung des optimalen Gewinns keine Rolle.

**Beispiel 2.6 Die Rolle versunkener Kosten im Wettbewerb**
Ein Hersteller A von Mikrochips hat Jahre und 2 Millionen Euro in die Entwicklung einer effizienten Fertigungstechnik investiert. Bei der Produktion entstehen variable Kosten ($VC(X)$) von 5 € je Einheit. Der Hersteller erwartet über den Produktlebenszyklus insgesamt 500.000 Einheiten des Mikrochips zu verkaufen und berechnet folgerichtig, dass er jede Einheit des Mikrochips wenigstens 4 € über den variablen Kosten verkaufen muss, um seinen Forschungs- und Entwicklungsaufwand zu amortisieren:

$$\frac{2.000.000}{500.000} = 4 \qquad (2.31)$$

Da nun ein weiterer Hersteller B Mikrochips gleicher Leistungsfähigkeit und Qualität zu 7 € pro Einheit auf dem Markt anbietet, spielen die versunkenen Kosten des Anbieters A eine untergeordnete Rolle. In seiner Entscheidung betrachtet er nur, welche variablen Kosten durch die produzierten Einheiten anfallen. Da diese mit 5 € je Einheit geringer sind als der Preis, zu dem B anbietet, kann A unterbieten und seinen Forschungs- und Entwicklungsaufwand wenigstens teilweise amortisieren. Die Alternative für A, gar nichts zu verkaufen, wäre ökonomisch noch weit weniger sinnvoll.

# Kapitel 3

# Zusammenwirken von Individuen

Hinsichtlich des individuellen Verhaltens kann die Mikroökonomik als Verhaltenstheorie verstanden werden. Da aber durch Markttransaktionen die Handlungen einzelner zusammentreffen, sollten aus dem gemeinsamen individuellen Verhalten auch Grundsätze über deren Zusammenwirken gefolgert werden müssen.

## 3.1 Tausch als Kern der ökonomischen Theorie

Eines der ältesten ökonomischen Prinzipien ist die Theorie der *komparativen Vorteile*.

**Beispiel 3.1 Komparative Vorteile**
Angenommen, die beiden Länder Spanien und Portugal produzieren nur die Güter Wein ($W$) und Touristenartikel ($T$). Je Arbeitsstunde werden in Portugal 10 Einheiten von $W$ und 20 Einheiten von $T$ hergestellt. In Spanien werden je Arbeitsstunde 20 Einheiten von $W$ und 40 Einheiten von $T$ hergestellt.

Offensichtlich hat Spanien absolute Vorteile hinsichtlich der Produktion beider Güter, da je Arbeitsstunde von beiden Gütern in Spanien mehr Mengeneinheiten produziert werden können.

Portugal kann mit einer eingesetzten Arbeitsstunde doppelt so viele Touristenartikel produzieren wie Wein, da $\frac{T}{W} = \frac{20}{10} = 2$. In Spanien beträgt das Verhältnis $\frac{T}{W} = \frac{40}{12} = 3,\bar{3}$ und weist auch auf eine höhere relative Produktivität bei Touristenartikeln hin.

Die Bedeutung der relativen Produktivität lässt sich mittels folgenden Beispiels veranschaulichen: Es ist davon auszugehen, dass die Zahl der Arbeiter eines Landes und damit mehr oder minder auch die zur Verfügung stehenden Arbeitsstunden nur geringfügig verändert werden können. Bei einer fest gegebenen Menge an verfügbaren Arbeitsstunden kann eines der beiden Länder seine

Produktion nur verändern, indem Arbeitszeit aus der Weinproduktion in die Produktion von Touristenartikeln verlagert wird oder umgekehrt.

Wird beispielsweise in Spanien eine Arbeiterstunde aus der Produktion von $W$ in die Produktion von $T$ verlagert, so werden in Spanien 12 Einheiten von $W$ weniger produziert, während 40 Einheiten von $T$ mehr produziert werden. Sofern Handel zwischen Spanien und Portugal möglich ist, können die 40 Einheiten von $T$ aus Spanien mit Portugal gehandelt werden und dort zu einer Einsparung von 2 Arbeiterstunden führen, die aus der Produktion von $T$ in die Produktion von $W$ verlagert werden. In Portugal werden in 2 Arbeiterstunden 20 Einheiten $W$ produziert. Im Saldo ergibt sich bei gleichbleibender Menge von $T$ eine Zunahme der Weinproduktion von 8 Einheiten.

Grundlage der im Beispiel aufgezeigten Zunahme der Gesamtproduktion ist die Möglichkeit beider Länder, miteinander zu handeln. Nur weil Spanien und Portugal zu viel bzw. zu wenig produzierte Mengen miteinander tauschen können, sind sie in der Lage, sich auf diejenige Produktion zu spezialisieren, bei der es die höchste relative Produktivität (= die größten komparativen Vorteile) hat.

Das Beispiel zeigt auch, dass absolute Vorteile weit weniger bedeutend für die Spezialisierung sind als komparative Vorteile. Portugal spezialisiert sich auf die Produktion von Wein, obwohl pro Arbeiterstunde nur 10 Einheiten produziert werden, während in Spanien 12 Einheiten produziert werden könnten.

Andere Beispiele für komparative Vorteile lassen sich aber auch im ganz alltäglichen Leben finden. Die Durchschnittsperson käme nicht darauf, aus finanziellen Gründen Mehl und alle weiteren Zutaten für ein Brot selbst herzustellen, diese zuzubereiten und letztlich ein Brot zu backen, statt es beim Bäcker zu kaufen. Die Zeit, die für alle diese Arbeitsschritte notwendig wäre, wird diese Person in der Regel für eine andere Tätigkeit einsetzen, mit der sie wesentlich mehr verdient als die Ersparnis bei eigener Herstellung.

## 3.2 Märkte zur Organisation des Wirtschaftslebens

Gerade während Wirtschaftskrisen stehen Märkte und marktwirtschaftliche Systeme immer wieder in der Kritik. Eine Ursache dieser Kritik liegt darin, dass die Marktergebnisse während der Krisen nicht den Wünschen und Zielen der Marktteilnehmer entsprechen. In vielen Fällen ist die Kritik in der Lage, Mängel und Schwächen im bestehenden System aufzudecken, die dann auch behoben werden können. In ebenso vielen Fällen handelt es sich aber auch um einzelne Beobachtungen, die eine Reihe von Systemanpassungen verursachen, bei denen vor dem Hintergrund der bestehenden Krise Fragen der Verhältnismäßigkeit völlig ausgeblendet werden. Viele Ökonomen bemerken in Zeiten von Krisen eine Tendenz zur *Überregulierung* im Glauben, dass durch bessere Regeln das System perfektioniert werden könne.

Die Sorge der Ökonomen lässt sich leicht verstehen, wenn man sich vor Augen führt, dass Individuen auf Anreize reagieren. Veränderungen im System wirken sich auf drei Personengruppen unterschiedlich aus. Möglicherweise ist eine Reihe

## 3.2. MÄRKTE ZUR ORGANISATION DES WIRTSCHAFTSLEBENS

von Personen von den Änderungen nicht betroffen. Manche Personen mögen sogar von den Veränderungen profitieren, während es fast immer auch eine Reihe von Personen geben wird, die durch die Veränderungen negativ betroffen sind. Diese Personen haben den Anreiz, ihr Verhalten anzupassen, um möglichst wenig negative Auswirkungen durch die Systemveränderung zu erfahren.

Die ökonomische Theorie erhebt für die Marktwirtschaft keinen Anspruch auf Alleingültigkeit. Ganz bewusst sind mit Sachgütern und Dienstleistungen auch in den Ausführungen dieses Lehrbuchs nur diejenigen Fälle gemeint, die sich zweifelsfrei auf Märkten handeln lassen. Nur in diesen Fällen wird auf die Überlegenheit des Marktmechanismus gegenüber anderen Organisationsformen hingewiesen. Im späteren Verlauf wird insbesondere auch auf die Fälle hingewiesen, in denen der Marktmechanismus ganz oder teilweise versagt. Hier soll nur ein kurzes Fallbeispiel gegeben werden, um die Grundgedanken des Marktmechanismus aufzugreifen.

**Beispiel 3.2 Marktmechanismus**

Angenommen auf einem begrenzten *Markt* existieren je drei Anbieter und drei Nachfrager. Jeder Anbieter möchte genau eine Einheit des Gutes verkaufen. Jeder Nachfrager möchte genau eine Einheit des Gutes kaufen. Nur der Organisator des Marktes ist über die jeweiligen Mindestpreise und Zahlungsbereitschaften informiert. Anbieter A muss einen Mindestpreis von 2 € verlangen, Anbieter B einen Mindestpreis von 4 € und Anbieter C einen Mindestpreis von 6 €. Nachfrager D hat eine (maximale) Zahlungsbereitschaft von 3 €, Nachfrager E von 5 € und Nachfrager F von 7 €.

Der Organisator muss nun entscheiden, in welcher Reihenfolge er die einzelnen Anbieter und Nachfrager zuordnen möchte. Er analysiert dazu zwei Varianten. In **Variante 1** ordnet er jedem Anbieter den Nachfrager mit der nächstgrößeren Zahlungsbereitschaft zu:

Tabelle 3.1: Marktmechanismus Variante 1

| Nachfrager | D | E | F |
|---|---|---|---|
| Zahlungsbereitschaft | 3 | 5 | 7 |
| Stückkosten | 2 | 4 | 6 |
| **Anbieter** | **A** | **B** | **C** |

Tabelle 3.1 zeigt, dass Anbieter A mit Stückkosten von 2 € dem Nachfrager D mit einer Zahlungsbereitschaft von 3 € zugeordnet wird. Da bisher keine weiteren Annahmen getroffen wurden, werden sich die beiden Marktteilnehmer auf einen Preis zwischen diesen beiden Werten einigen. Der *Bereich* für mögliche Einigungen ist 1 € (=3 € - 2 €) groß. Durch Verhandlungen über den Preis teilen sie unter sich quasi die möglichen Gewinne des Tauschs auf. Einigen sich beide bei einem Preis von 2,50 €, so hat der Anbieter 0,50 € über seinen Stückkosten und der Nachfrager 0,50 € unter seiner Zahlungsbereitschaft gehandelt. 1 € möglicher Handelsgewinne würden so gleichmäßig unter beiden aufgeteilt.

Da auch bei den Paaren BE und CF je 1 € an Tauschgewinnen entsteht, kann insgesamt festgehalten werden, dass 3 € an Tauschgewinnen durch den Marktmechanismus der Variante 1 entstehen. Insgesamt finden in dieser Variante 3 Transaktionen statt (AD, BE und CF). Da sich jedes der drei Paare in einer anderen Spanne einigen muss, entstehen unterschiedliche Preise in jeder Transaktion.

In **Variante 2** ordnet der Organisator dem günstigsten Anbieter denjenigen Nachfrager mit der höchsten Zahlungsbereitschaft zu:

Tabelle 3.2: Marktmechanismus Variante 2

| Nachfrager | F | E | D |
|---:|:---:|:---:|:---:|
| Zahlungsbereitschaft | 7 | 5 | 3 |
| Stückkosten | 2 | 4 | 6 |
| Anbieter | A | B | C |

Tabelle 3.2 zeigt, dass dem Anbieter A jetzt der Nachfrager F zugeordnet wird und somit eine größere Spanne für Tauschgewinne zwischen 7 € und 2 € entsteht. Allein die Tauschgewinne dieses ersten Handels sind bereits größer als die gesamten Tauschgewinne in Variante 1. Einschließlich der Tauschgewinne aus dem Paar BE entstehen in Variante 2 insgesamt Tauschgewinne von 6 €. Da der Nachfrager D nur eine Zahlungsbereitschaft von 3 € bei gegenüberstehenden Stückkosten von 6 € hat, kommt kein drittes Paar zustande.

Im Vergleich zu Variante 1 entstehen nur 2 statt 3 Transaktionen. Allerdings finden alle Transaktionen zu einheitlichen Preisen statt. Der Mittelwert zwischen 7 € und 2 € entspricht mit 4,50 € dem Mittelwert zwischen 5 € und 4 €.

Beide Varianten haben Vor- und Nachteile und zeigen wiederum Konflikte zwischen Gerechtigkeits- und Effizienzzielen auf: Variante 1 sorgt für eine größtmögliche Zuteilung der zur Verfügung stehenden Menge. Variante 2 sorgt für größtmögliche Tauschgewinne unter ausdrücklichem Ausschluss einzelner. Sie entspricht eher den Prinzipien, die auf Wettbewerbsmärkten angewendet werden: Anbieter mit geringen Stückkosten haben eine höhere Wahrscheinlichkeit einen Handelspartner zu finden, als Anbieter mit höheren Stückkosten. Nachfrager, die eine hohe Zahlungsbereitschaft zeigen, haben eine höhere Wahrscheinlichkeit einen Handelspartner zu finden, als Nachfrager mit einer niedrigen Zahlungsbereitschaft.

Es zeigt sich auch, dass die zu Eingang des Lehrbuchs benannten Anreiz-Wirkungs-Mechanismen wesentlich zur Erklärung der Ergebnisse beitragen. Angenommen, Nachfrager F gäbe in Variante 1 nur eine Zahlungsbereitschaft von 3 € an und würde somit das Verhalten von Nachfrager D nachahmen, so würde er möglicherweise auch dem Anbieter A mit Stückkosten von 2 € zugeordnet und müsste nur einen Preis von 2,50 € statt wie zuvor 6,50 € bezahlen. Selbst Organisationsformen, die wie Variante 1 als Zielsetzung eine maximale Zuteilung verfolgen, müssen daher nicht notwendigerweise zu gerechten Ergebnissen führen.

## 3.3 Staatliche Eingriffe

Im Hinblick auf das Beispiel des letzten Abschnitts wurde bisher weniger hervorgehoben, dass der Marktmechanismus durch die Verfolgung des Wettbewerbs in der Regel nur sehr wenig äußerer Steuerung bedarf. Allerdings besitzt die Überlegenheit des Wettbewerbs keine Allgemeingültigkeit. Es lassen sich Situationen darstellen, in denen nicht für alle Sachgüter und Dienstleistungen, die konsumiert werden, der Markt ein geeignetes Verteilungsinstrument darstellt. Z.B. wäre niemand einverstanden, wenn Atemluft unter Wettbewerbsprinzipien zugeteilt würde.

Auch aus anderen Gründen sind Markteingriffe keineswegs dem Sozialismus vorbehalten. Gerade in den Entwicklungen der IT-Branche hat sich gezeigt, dass staatliche Eingriffe zur Festlegung von Normen und Standards einen funktionsfähigen Markt erst ermöglicht haben.

Darüber hinaus kann es aufgrund bestimmter Eigenschaften eines Gutes zu starken Ungleichgewichten zwischen Anbietern und Nachfragern kommen. Üblicherweise finden sich für derartige Situationen gesetzliche Festlegungen des Staates, die zum Schutz des Schwächeren ausgestaltet sind und das Ziel verfolgen, ein Gleichgewicht herzustellen. Im Bürgerlichen Gesetzbuch oder auch im Bundesarbeitsgesetz finden sich eine Reihe von Vorschriften zum Schutz von Mietern oder Arbeitnehmern.

Staatliche Behörden untersuchen Märkte regelmäßig, um potentielle Ungleichgewichte zwischen Anbietern und Nachfragern aufzuspüren. Ist ein Ungleichgewicht auf einem Markt bekannt, so kann es zu wettbewerblichen Kontrollen oder schützenden Eingriffen des Staates kommen. In der Vergangenheit war es nicht unüblich, das Angebot auf monopolistischen Märkten zu verstaatlichen, um die Nachfrager zu schützen. Im Falle der Deutschen Bahn kommen noch zwei Aspekte hinzu: Erstens können die enormen Infrastrukturinvestitionen der Deutschen Bahn durch den Staat leichter getragen werden als durch die meisten privatwirtschaftlichen Eigentümer. Zweitens kann der Staat als Eigentümer die *Leistungsverpflichtung* der Deutschen Bahn leichter umsetzen. Viele Strecken in Randgebieten mit geringem Fahrgastaufkommen werden weiter betrieben, weil die Deutsche Bahn als staatliches Unternehmen die dort lebenden Menschen mit ihrer Leistung versorgen muss. Da in diesen Regionen nicht kostendeckend gearbeitet werden kann, müssen die entstehenden Defizite durch innerbetriebliche Quersubventionierung über Profite von Strecken mit höherem Fahrgastaufkommen gedeckt werden. Als Alternative zur Versorgung derartiger Strecken böten sich ansonsten nur staatliche Subventionen an.

## 3.4 Geldmenge, Zinsen und Investition

Der Staat greift nicht nur in Märkte für Sachgüter und Dienstleistungen ein, sondern überwacht mittels der Zentralbank auch die Geldströme von Individuen und Unternehmen. Wir wissen, dass das im Umlauf befindliche Geld von der Zentralbank ausgegeben wurde. Wird beispielsweise von einem Unternehmen mehr Geld für die Investition in eine neue Fabrik benötigt, so wendet sich dieses Unternehmen an eine Geschäftsbank. Diese kann Kredite aus drei möglichen Quellen vergeben: Einlagen von Sparern, eigene Kredite bei anderen Banken oder Kredite bei der Zentralbank. Besteht auf dem Kreditmarkt eine große Nachfrage nach Geld, so wird sich eine Geschäftsbank letztlich an die Zentralbank wenden, um dort Geld zu leihen. Auf diesem Weg kommt zusätzliches Geld in Umlauf.

Der Unternehmer entscheidet über den Bau der neuen Fabrik, indem er von den erwarteten zusätzlichen Umsätzen die zusätzlichen Produktionskosten sowie die zur Finanzierung nötigen Zinszahlungen des Kredits abzieht. Je höher der Zinssatz, den die Zentralbank von der Geschäftsbank verlangt, umso weniger Projekte von Unternehmern lohnen sich. Der so genannte Leitzins der Zentralbank stellt also ein Steuerungsinstrument für den Investitionsmarkt dar.

Bei der Ausgabe weiterer Kredite und der damit verbundenen, so genannten *Geldschöpfung*, muss die Zentralbank aber weitere Aspekte berücksichtigen: Auf die Zwecke der Kreditvergabe z.B. zu Konsumzwecken hat die Zentralbank wenig Einfluss über den Zins und muss daher die Geschäftsbanken und die Geldverwendung auch auf der Mikroebene überwachen. Ein zu hohes Volumen an Investitionskrediten kann zum Aufbau von Überkapazitäten in der Produktion führen, so dass möglicherweise den Kosten der Finanzierung die vormals erwarteten Umsätze nicht gegenüberstehen und Kapital in der Volkswirtschaft vernichtet wird. Die Zentralbank beschäftigt zu diesem Zwecke eine Reihe volkswirtschaftlicher Statistiker, die sich mit der Messung makroökonomischer Größen befassen.

Befindet sich zu viel Geld im Umlauf, werden die Menschen tendenziell weniger preissensibel. Wenn das (nominale) Einkommen von Menschen zunimmt, werden sie viel schneller bereit sein, Preissteigerungen zu akzeptieren oder gar neue Dinge kaufen, für die sie noch gar kein Preisgefühl entwickelt haben. In dieser Situation ist es für Unternehmen leichter, höhere Preise durchzusetzen.

## 3.5 Ein einfaches Tauschmodell

Das folgende Modell soll mittels eines einfachen Beispiels deutlich machen, welche Anreize und Verbesserungsmöglichkeiten für zwei Individuen entstehen, die Güter miteinander tauschen. Das Modell besteht zur Vereinfachung nur aus zwei Individuen (A und B), die zwei verschiedene Güter (Cola (C) und Hamburger (H)) miteinander tauschen können. Tausch mit anderen Individuen oder die Produktion weiterer Güter ist nicht möglich.

Anfangs besitzt Individuum A 2 Liter Cola und keine Hamburger. Individuum B besitzt 4 Hamburger und keine Cola.

Die individuellen Anfangsausstattungen werden in den Zeilen der Tabelle 3.3 veranschaulicht und zeigen auf, dass insgesamt 2 Einheiten Cola und 4 Einheiten Hamburger in der Ökonomie zur Verfügung stehen. Innerhalb dieser gegebenen, unveränderlichen Anfangsausstattung müssen sich die beiden Individuen beim Tausch einigen. Mittels der Edgeworth-Box wird die Anfangsausstattung der Individuen aus individueller Perspektive veranschaulicht.

## 3.5. EIN EINFACHES TAUSCHMODELL

Tabelle 3.3: Anfangsausstattung Edgeworth-Box Ökonomie

| Ausstattung | C | H |
|---|---|---|
| Individuum A | 2 | 0 |
| Individuum B | 0 | 4 |
| **Gesamt** | 2 | 4 |

Als Ausgangspunkt kann ein modifiziertes Koordinatensystem verwendet werden. Würde A alle verfügbaren Güter der Ökonomie besitzen, so könnte A maximal 2 Einheiten Cola und 4 Einheiten Hamburger konsumieren. Die maximalen Kantenlängen seines Koordinationssystems betragen demnach auf der C-Achse 2 und auf der H-Achse 4 Einheiten. Entsprechend umgekehrt lässt sich auch für B annehmen, dass er maximal 2 Einheiten Cola und 4 Einheiten Hamburger konsumieren könnte, falls ihm alle Güter gehören.

Die Konsummöglichkeiten beider Individuen stehen sich gegenüber. Angenommen, A konsumiert von den 2 verfügbaren Einheiten Cola 1,5 Einheiten, so ist klar, dass er 0,5 Einheiten durch Tausch an B abgegeben hat. Entsprechendes gilt für B, so dass sich die Koordinatensysteme (und deren Achsen) für die beiden Individuen als Punktspiegelung gegenüber stehen. Abbildung 3.1 veranschaulicht diese Überlegungen.

Abbildung 3.1: Edgeworthbox für Person $A$ und Person $B$

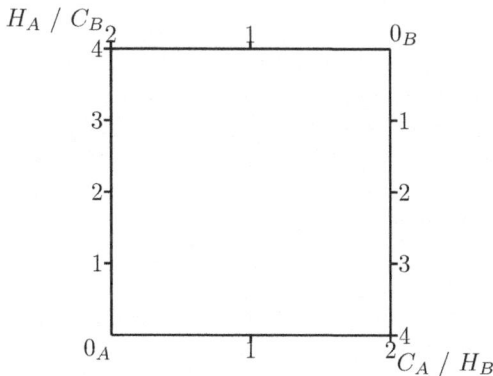

In der Abbildung wird unten links der Nullpunkt in Bezug auf Individuum A veranschaulicht. Sein Konsum an Cola wird auf der unteren horizontalen Achse abgetragen. Dieser steht dem Konsum an Cola durch Individuum B entgegen und wird durch entgegenläufige Zahlen in der oberen horizontalen Achse deutlich. Entsprechendes gilt für die beiden vertikalen Achsen, die den Konsum an Hamburgern durch A (links) und B (rechts) veranschaulichen.

Anfangs befinden sich beide Personen unten rechts in der Abbildung. Für A ergeben sich die Koordinaten (2,0) und für B die Koordinaten (0,4). Da die Anfangsausstattungen sehr unausgewogen verteilt sind, ist es leicht anzunehmen, dass die Individuen Anreize zum Tausch von Gütern haben: A möchte möglicherweise Cola abgeben, um Hamburger zu erhalten. B möchte möglicherweise Hamburger abgeben, um Cola zu erhalten.

In diesem Fall lässt sich also durch die Edgeworth-Box eine grafische Veranschaulichung für die Verbesserungsmöglichkeiten der beiden Individuen durch Tausch erhalten. Ein mögliches Endergebnis des Tausches liegt im Mittelpunkt der Edgeworth-Box, wenn beide Individuen je einen Liter Cola und zwei Hamburger konsumieren.

## 3.6 Der Wirtschaftskreislauf

Eines der ältesten ökonomischen Modelle, welches bis heute in seinen Grundzügen Bestand hat, ist der Wirtschaftskreislauf zur Veranschaulichung der Zusammenhänge zwischen makroökonomischen Bestands- und Flussgrößen. Auf der einen Seite stehen die Haushalte oder Individuen als Nachfrager von Gütern den Unternehmen als Anbieter der Güter auf der anderen Seite gegenüber. Da die entsprechenden Transaktionen von Gütern mit Geld beglichen werden, ist klar, dass jedem Güterstrom zwischen Anbietern und Nachfragern ein entsprechender Geldstrom gegenüber steht.

Um jedoch produzieren zu können, müssen die Unternehmen Produktionsfaktoren einkaufen. Das können Vorprodukte wie Maschinen oder Rohstoffe, die zur Produktion notwendig sind, sein. Aber auch Arbeiter müssen beschäftigt werden. Auf dem Faktormarkt (Markt für einen „Produktionsfaktor") sind die Unternehmen also die Nachfrager und letztlich die Haushalte die Anbieter. Auf diesem Weg kommt auch das Geld von den Unternehmen *zurück* zu den Haushalten. Sowohl physisches Kapital als auch Humankapital gehören schließlich irgendeinem Haushalt, so dass das Kreislaufdiagramm eigentlich aus zwei gegenläufigen Strömen besteht.

Abbildung 3.2: Ein einfacher Wirtschaftskreislauf

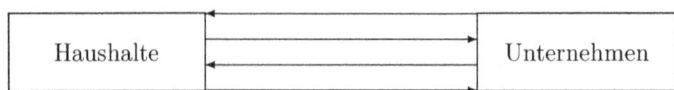

Das Modell in Abbildung 3.2 zeigt nur einen kleinen Teil der tatsächlichen wirtschaftlichen Aktivität, so dass zahlreiche Erweiterungen, wie beispielsweise in Abbildung 3.3 denkbar sind.

## 3.6. DER WIRTSCHAFTSKREISLAUF

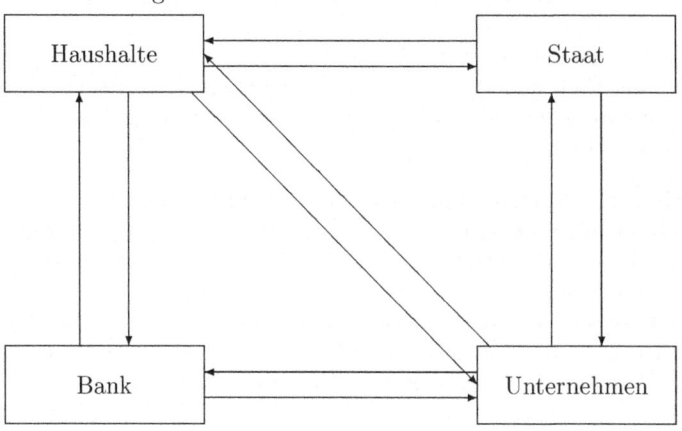

Abbildung 3.3: Ein erweiterter Wirtschaftskreislauf

In Abbildung 3.3 werden zur Übersichtlichkeit nur noch die Geldströme zwischen den verschiedenen Marktteilnehmern dargestellt. Haushalte und Unternehmen werden ergänzt durch Banken, denen in der Wirtschaft die Rolle eines Transformators zukommt. Banken und andere Finanzintermediäre sammeln Geld bei Haushalten und Unternehmen, um es an andere Haushalte und Unternehmen zu leihen. Sie transformieren dabei die Höhe der Summen sowie deren Fristen.

**Beispiel 3.3 Summentransformation**
Angenommen für eine Investition würden 5.000 € benötigt. In einer Bank fände sich aber kein einzelner Kunde, der über Spareinlagen in dieser Höhe verfügt. Finden sich allerdings 5 Sparer mit Einlagen zu je 1.000 €, so kann der Unternehmer mit dem notwendigen Kapital für seine Investition versorgt werden. Die fehlende Summe kann die Bank oder der Finanzintermediär durch die Spareinlagen anderer Haushalte oder Unternehmen bereit stellen.

**Beispiel 3.4 Fristentransformation**
Soll eine Investition über eine Laufzeit von 10 Jahren finanziert werden, während die Sparer der Bank nur für einen Zeitraum von 3 Monaten anlegen möchten, so könnte die Bank die Finanzierung dennoch realisieren, wenn sie davon ausgeht, dass nach 3 Monaten weitere Sparer zur Verfügung stehen, die für die Sparer der ersten drei Montae *einspringen*. Statt durch Rückzahlung aus der 10-Jahres-Investition begleicht sie die Forderungen der *alten* Sparer aus den Spareinlagen der *neuen* Sparer.

Aus den beiden Beispielen zeigt sich, dass Banken im Wirtschaftssystem wie ein Katalysator wirken. Eine Reihe von Investitionen käme ohne Banken gar nicht zustande. Daraus erklärt sich auch das besondere Interesse der Wirtschaftspolitik an einem funktionsfähigen Bankensektor bzw. die intensiven Bemühungen der Regierung zur Unterstützung und Rettung von Banken in Krisenzeiten.

## 3.7 Nachfrage

Um darstellen zu können, wie sich die nachgefragte Menge eines Gutes verhält, wenn sich der Preis ändert, wird die Nachfragefunktion vorgestellt. Dabei ist es wichtig, zu unterscheiden zwischen der nachgefragten Menge und der Nachfrage oder Nachfragefunktion:

**Definition 3.1 Nachgefragte Menge und Nachfrage**
Die **nachgefragte Menge** beschreibt die Menge eines Gutes, die zu einem gegebenen Preis nachgefragt wird; z.B. 5 Stück zu 1 € pro Stück oder 10 Stück zu 0,50 € pro Stück.
Die **Nachfrage** oder **Nachfragefunktion** eines Gutes beschreibt dagegen den allgemeinen Zusammenhang zwischen Menge und Preis eines Gutes. Sie ist die grafische Veranschaulichung aller möglichen Preis-Mengen-Kombinationen.
Die nachgefragte Menge ist also ein Punkt auf der Nachfragefunktion. Die Nachfragefunktion ist eine Zuordnungsregel.

Abbildung 3.4: Lineare Nachfragefunktion

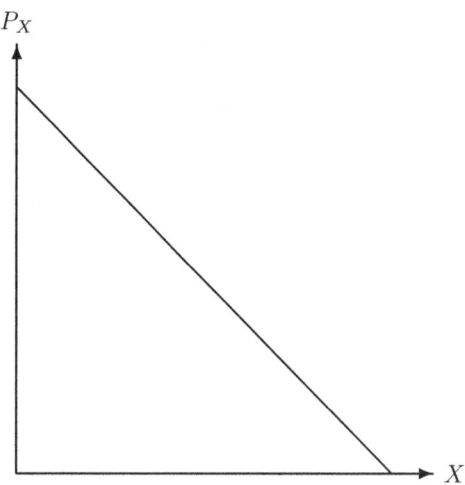

Wie Abbildung 3.4 zeigt, beschreibt die Nachfrage also die Zuordnung der nachgefragten Menge $X$ zum jeweils gegebenen Preis $P_X$. Entscheidend für das Nachfrageverhalten von Individuen sind, wie zuvor dargelegt, deren Einkommen und Präferenzen. Dabei kann angenommen werden, dass die Nachfrage für ein Gut dann steigt, wenn die Individuen stärkere Präferenzen dafür haben. Ähnlich würde die Nachfrage auch steigen, wenn die Individuen ein höheres Einkommen zur Verfügung haben. Die beiden geschilderten Sachverhalte würden sich grafisch durch eine Rechtsverschiebung der Funktion darstellen. Zu denselben Preisen würde dann eine größere Menge nachgefragt. Entsprechend kann umgekehrt argumentiert werden, dass mit sinkenden Einkommen oder Präferenzen die Nachfrage nach links verschoben wird.

## 3.7. NACHFRAGE

Ein paar zentrale Punkte der Abbildung sind charakteristisch für die Nachfragefunktion. So wird der Achsenabschnitt an der vertikalen Achse ($P_X$-Achse) als Reservationspreis oder Prohibitivpreis bezeichnet. Damit ist derjenige Preis gemeint, der durch seine Höhe dafür sorgt, dass die nachgefragte Menge auf Null sinkt. Mit anderen Worten ist der Reservationspreis die Antwort auf die Frage, ab einer Unterschreitung welchen Preises die Individuen damit beginnen, ein Gut nachzufragen.

Entsprechend ist auch der Schnittpunkt mit der horizontalen $X$-Achse charakteristisch, weil hiermit die Menge bezeichnet wird, die maximal vom Markt abgenommen werden kann. Weitere Preisreduktionen können nicht mehr vorgenommen werden, da bereits davon ausgegangen wird, dass der Preis auf Null gesunken ist. Mit anderen Worten beschreibt der Schnittpunkt diejenige Menge, die auch durch Preisreduzierungen nicht mehr überschritten werden kann.

Beide vorgestellten Extreme werden auf dem Markt aber nur selten realisiert, weil in beiden Punkten der Umsatz auf Null gesunken ist.

**Definition 3.2 Umsatz**
Umsatz $R(X)$ ergibt sich aus dem Produkt von Preis $P_X$ mit der zu diesem Preis verkauften Menge $X$:

$$R(X) = P_X \cdot X \tag{3.1}$$

Sind entweder Preis oder Menge gleich Null, so ist auch der Umsatz gleich Null. Positiver Umsatz kann anhand der Nachfragefunktion nur zwischen den beiden Achsenschnittpunkten erzielt werden. Der maximale Umsatz hängt dabei vom Zusammenhang zwischen Preis und Menge ab.

Abbildung 3.4 zeigt ein paar vereinfachende Besonderheiten. So muss der Verlauf der Nachfragefunktion nicht immer einer Gerade entsprechen. Konvexe oder konkave Formen sind ebenso denkbar.

Abbildung 3.5: Konvexe Nachfragefunktion

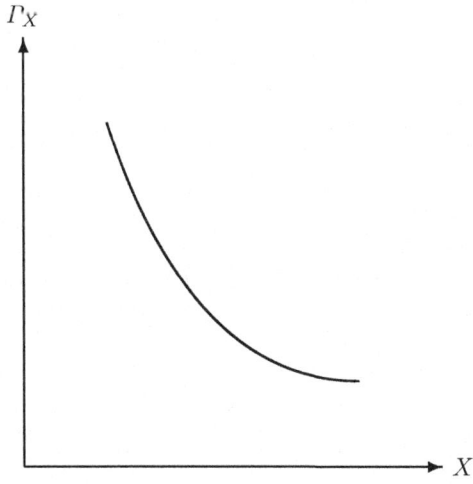

Die konvexe Nachfragefunktion in Abbildung 3.5 besitzt keinen Schnittpunkt mit der vertikalen Achse, so dass gefolgert werden kann, dass die Individuen unabhängig vom Preis immer eine Mindestmenge des betreffenden Gutes nachfragen werden. In ihrem Verlauf von oben nach unten wird die Kurve immer flacher. Im unteren Bereich führen selbst kleine Preisreduzierungen zu großen Steigerungen der nachgefragten Menge. Die Preissensibilität der Individuen verändert sich demnach entlang des Kurvenverlaufs.

Zur Vereinfachung und ökonomischen Interpretation wird in der Regel ein linearer Kurvenverlauf untersucht. Der fallende Verlauf der Nachfragefunktion wird daher verwendet, weil er für die meisten Konsumgüter gilt. Dennoch sind ein paar Besonderheiten erwähnenswert:

Für manche *Güter* hängt die nachgefragte Menge gar nicht vom Preis ab. Dies gilt z.B. für alle lebensnotwendigen Medikamente. Die Nachfragefunktion entspricht in diesem Fall einer vertikalen Gerade über der derzeit nachgefragten Menge. Auch für Güter wie Benzin, Zigaretten oder Alkohol lässt sich die Nachfrage durch eine Funktion veranschaulichen, die sehr steil bis fast vertikal ist. Die folgende Abbildung 3.6 stellt den Fall einer vertikalen Nachfragefunktion (rigide Nachfrage) grafisch dar:

Abbildung 3.6: Rigide Nachfragefunktion

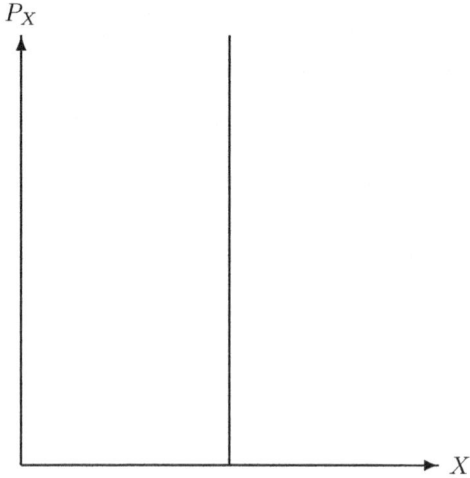

Grundsätzlich ist die Nachfragefunktion umso steiler, je weniger preissensibel die Individuen sind. Güter, bei denen die Nachfrager gar nicht auf Preisänderungen reagieren, haben im umgekehrten Fall eine horizontale Nachfragefunktion. Typischerweise herrscht diese Situation auf Märkten mit starkem Wettbewerbsdruck unter den Unternehmen. Aus Sicht des einzelnen Unternehmens kann dann jede Menge abgesetzt werden, aber nur zum Preis, der sich auf dem Markt gebildet hat. Einzelne Firmen können keine höheren Preise durchsetzen, weil alle Nachfrager sich am Angebot der günstigeren Konkurrenz orientieren und nur dort kaufen werden. Durch die Konkurrenzsituation hat sich ein Preis herausgebildet, der auf Grenzkostenniveau liegt, so dass durch weitere Reduzierungen für die einzelne Firma nur Verluste entstehen können. Als nunmehr einziger Anbieter auf dem Markt würde diese Firma dann alle Nachfrager auf sich vereinigen und durch die Höhe der Verluste insolvent werden. Dieser Fall wird als elastische Nachfrage bezeichnet und ist in der folgenden Abbildung 3.7 veranschaulicht:

Abbildung 3.7: Elastische Nachfragefunktion

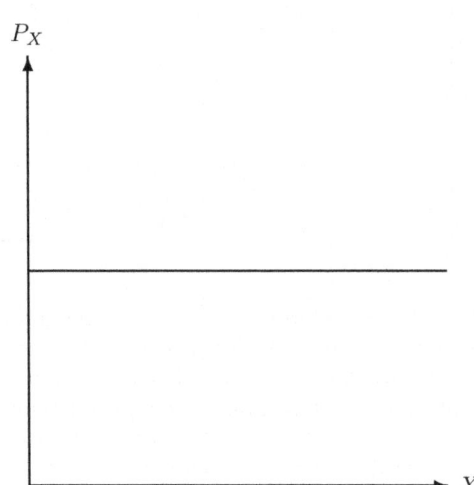

## 3.8 Produktionsmöglichkeitenkurve

Die Produktionsmöglichkeitenkurve (PMK) veranschaulicht, welche Mengen zweier Güter durch unterschiedliche Verteilung der Produktionskapazität eines Landes produziert werden können. Da es sich um eine kurzfristige Betrachtung handelt, wird angenommen, dass die Produktionskapazität unveränderlich ist und entweder zur Produktion des einen oder zur Produktion des anderen Gutes verwendet werden kann. Weiterhin wird am ökonomischen Prinzip festgehalten, indem mit den gegebenen Mitteln der größtmögliche Erfolg erzielt werden soll. Mit anderen Worten wird durch das ökonomische Prinzip die volle Auslastung der Produktionsfaktoren Arbeit und Kapital unterstellt.

Abbildung 3.8: Produktionsmöglichkeitenkurve

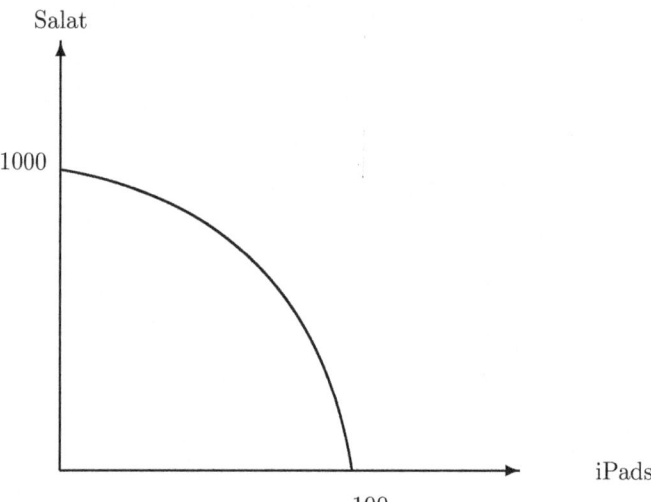

Um den Aufbau der PMK zu erläutern, wird wie in Abbildung 3.8 beispielhaft angenommen, dass in einem Land mit der gegebenen Kapazität nur die beiden Güter *Salat* oder *iPads* produziert werden können. Die Konstruktion der PMK lässt sich leicht nachvollziehen, indem die beiden Schnittpunkte der Kurve mit den Achsen untersucht werden. Wird die volle Produktionskapazität für iPads verwendet, so werden zwangsläufig keine Salate produziert. Dies ist der mit 100 Mengeneinheiten bezeichnete Schnittpunkt mit der horizontalen Achse. Neben dem Schnittpunkt der PMK mit der vertikalen Achse findet sich entsprechend der Wert von 1000 Salaten, die theoretisch produziert werden können.

Natürlich handelt es sich bei der Modellannahme, es gäbe nur die beiden Güter iPads und Salat, um eine starke Vereinfachung, dennoch ist auch hier davon auszugehen, dass die Individuen immer eine Mischung der Güter und selten einen der beiden extremen Punkte (nur iPads oder nur Salate) konsumieren werden. Angenommen, die Hälfte der Produktionskapazität sollte für iPads und die andere Hälfte für Salat verwendet werden, so könnte man annehmen, dass entsprechend die Hälfte der 1000 Salate und die Hälfte der 100 iPads produziert werden. Abbildung 3.8 zeigt aber, dass dieser Punkt unterhalb der Kurve liegt.

Ihre konkave Form (Krümmung nach außen) erhält die PMK durch einen Effekt, der sich ähnlich wie in der Erläuterung der Komparativen Vorteile durch die Spezialisierung der Arbeitnehmer erklären lässt. Ausgehend vom Schnittpunkt mit der vertikalen Achse bei 1000 Salaten, könnte die Produktionskapazität jeweils so reduziert werden, dass die produzierte Menge an Salat in Schritten zu je 100 Salaten - also 10% - abnimmt. Eine effiziente Umverteilung von Arbeitern aus der Produktion von Salat in die Produktion von iPads wird dabei die Eignung eines Arbeiters zur Produktion eines Gutes relativ zur Eignung für die Produktion des anderen Gutes berücksichtigen. Arbeiter, die besonders ungeeignet für die Produktion von Salat oder besonders geeignet für die Produktion von iPads sind, sollten vorrangig umverteilt werden.

Mit anderen Worten führt die Reduzierung von 1000 auf 900 produzierte Salate zu einer Steigerung der relativen Produktivität des einzelnen Arbeiters in der Salatproduktion, weil hinsichtlich Salat relativ unproduktive Arbeiter nunmehr in der Produktion der iPads eingesetzt werden. Umgekehrt werden vorrangig diejenigen Arbeiter für iPads eingesetzt, die dort die höchste relative Produktivität entfalten, so dass mit der ersten Umverteilung der Prodktionskapazität der größte Produktionszuwachs bei den iPads erzielt wird.

## 3.9 Produktionsentscheidung einer Gesellschaft

Nach der Untersuchung, welche Produktionsmöglichkeiten einer Gesellschaft grundsätzlich zur Verfügung stehen, fehlt noch ein Analyserahmen zur Untersuchung, welche Kombination an Gütern tatsächlich in einer Gesellschaft gewählt wird. Dazu wird das Konzept der Produktionsmöglichkeitenkurve mit dem zuvor eingeführten Modell der Indifferenzkurven kombiniert. Hierfür wird angenommen, dass sich aus den individuell beschriebenen Indifferenzkurven eine gesellschaftliche Indifferenzkurve entwickeln lasse. Die gemeinsamen Präferenzen der Individuen werden demnach mit den Produktionsmöglichkeiten der Gesellschaft synchronisiert.

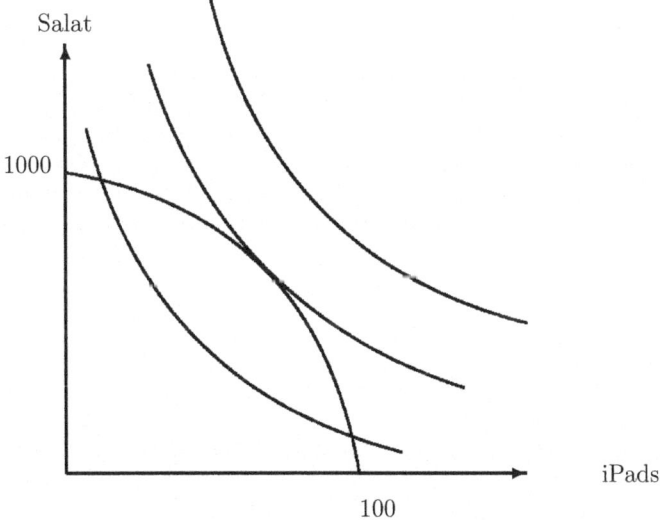

Abbildung 3.9: PMK und gesellschaftliche Indifferenzkurven

In Abbildung 3.9 ist erneut die zuvor untersuchte Produktionsmöglichkeitenkurve abgebildet. Daneben finden sich drei Indifferenzkurven mit identischer Gestalt. Aus der Untersuchung der Indifferenzkurven ist bekannt, dass alle Punkte einer Indifferenzkurve denselben Nutzen stiften. Wird nun die Indifferenzkurve, die am weitesten links unten (Süd-West-Richtung) in der Abbildung liegt, mit den darüber liegenden Indifferenzkurven verglichen, lässt sich an den Achsen ablesen, dass bei den darüber liegenden Indifferenzkurven größere Mengen an

Gütern (hier Salat und iPads) konsumiert werden. In Bezug auf Nutzen und Indifferenzkurven besagt die Monotonieannahme, dass mehr (konsumieren) immer besser ist, so dass ein Individuum oder die Gesellschaft insgesamt immer mit einer höheren (Nord-Ost-Richtung) Indifferenzkurve immer auch einen höheren Nutzen verbinden wird.

Die drei dargestellten Indifferenzkurven sind aber nur beispielhafte Darstellungen **einer** gesellschaftlichen Nutzenfunktion. Höhere Nutzenniveaus könnten durch parallel nach Nord-Osten verschobene Indifferenzkurven dargestellt werden. Auch Zwischenschritte sind denkbar.

Wie wird nun das gesellschaftliche Optimum gefunden? Die Indifferenzkurven bilden durch das Niveau, die Höhe des Nutzens und durch ihren Verlauf die Tauschbereitschaft der Individuen ab. Zusammenfassend könnte formuliert werden, dass die Indifferenzkurven die Wünsche der Konsumenten darstellen, während die Produktionsmöglichkeitenkurve die verschiedenen Kombinationen an Gütern abbildet, die mit gegebenen Ressourcen in einer Gesellschaft hergestellt werden können.

Daraus lässt sich ableiten, dass die oberste der drei Indifferenzkurven für die Gesellschaft unerreichbar ist. Zwar würden die Individuen den dort erreichten Nutzen den beiden anderen Niveaus vorziehen. Allerdings teilt diese Indifferenzkurve keinen Punkt mit der Produktionsmöglichkeitenkurve.

Die beiden unteren Indifferenzkurven teilen zusammen drei Punkte mit der Produktionsmöglichkeitenkurve. Zwar wären die beiden Schnittpunkte der untersten Indifferenzkurve mit der Produktionsmöglichkeitenkurve für die Gesellschaft mögliche Punkte, in denen konsumiert werden könnte. Es wäre für die Gesellschaft jedoch sinnvoller, den Tangentialpunkt mit der mittleren Indifferenzkurve zu wählen, weil hier mit den gegebenen Mitteln ein größerer Nutzen entsteht.

## 3.10 Produktionsentscheidung und Außenhandel

Aus der Untersuchung der Budgetfunktion in Abbildung 2.2 ist bereits bekannt, dass Kauf auf Märkten mit der Preisrelation $\frac{p_x}{p_y}$ stattfindet, die sich in der Steigung der Budgetfunktion widerspiegelt. Nicht nur im Tausch bzw. Kauf zwischen zwei Individuen, sondern auch zwischen Ländern bzw. hier Gesellschaften ergibt sich ein solches Preisverhältnis, welches sich in die zuvor geschilderte Analyse einfügen lässt.

Abbildung 3.10: Produktionsmöglichkeitenkurve und Außenhandel

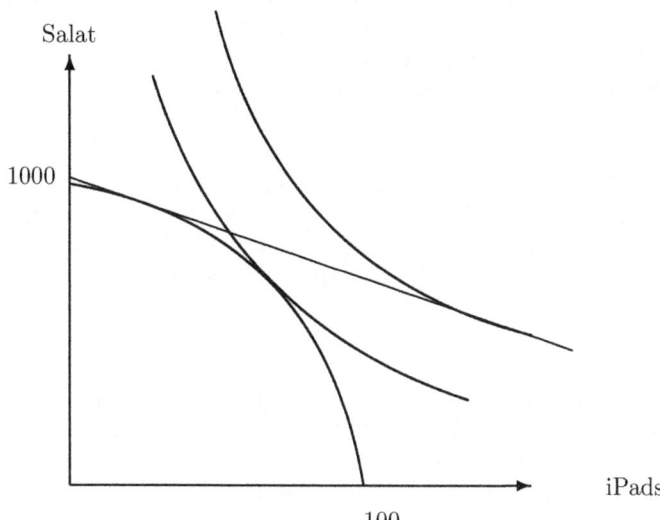

Abbildung 3.10 ergänzt die vorherigen Überlegungen um die Weltmarktpreisgerade und zeigt neue Möglichkeiten für die Gesellschaft auf. Ohne Außenhandel müssen gesellschaftliche Produktion und gesellschaftlicher Konsum identisch sein. Selbst wenn Lagerhaltung der Güter möglich ist, gilt wenigstens langfristig diese Gleichgewichtsbeziehung.

Durch die Einführung der Weltmarktpreisgerade in die Abbildung fallen gesellschaftliche Produktion und gesellschaftlicher Konsum auseinander. Ausgehend vom vorherigen Optimum im Tangentialpunkt der mittleren Indifferenzkurve mit der Produktionsmöglichkeitenkurve, verschiebt sich die gesellschaftliche Produktion nach links in den Tangentialpunkt der Produktionsmöglichkeitenkurve mit der Weltmarktpreisgerade. Die Produktion der Gesellschaft hat sich verlagert, so dass weniger iPads produziert werden, um die vorhandenen Produktionskapazitäten für die Produktion von mehr Salat zu nutzen.

Im dargestellten Modell wird sich ein Land durch Außenhandel zwar spezialisieren. Die Spezialisierung wird aber nur im Extremfall so stark ausfallen, dass nur noch eines der beiden Güter produziert wird. Um eine derartig starke Spezialisierung herbeizuführen, müsste die Weltmarktpreisgerade die Produktionsmöglichkeitenkurve nicht in deren Verlauf, sondern in einem der beiden Achsenabschnitte schneiden.

In Abbildung 3.10 hat sich aber auch der Konsum verlagert. Durch den Verkauf des zusätzlich produzierten Salats können iPads eingekauft werden, die auf dem Weltmarkt relativ effizienter angeboten werden, als dies mit den eigenen Produktionskapazitäten möglich gewesen wäre. Durch Handel gemäß der Weltmarktpreisgerade kann nun die bisher unerreichbare Indifferenzkurve erreicht werden.

Auch die Mengen der Importe und Exporte lassen sich aus dem Schaubild ablesen: Werden die beiden Tangentialpunkte in der Abbildung nach unten auf die iPad-Achse abgetragen, so zeigt sich unterhalb des Tangentialpunktes von Produktionsmöglichkeitenkurve mit der Weltmarktpreisgerade die Menge an iPads, die im Inland produziert wird. Unter dem Tangentialpunkt zwischen oberer Indifferenzkurve mit der Weltmarktpreisgerade liegt die Menge der iPads, die im Inland konsumiert wird. Die Differenz dieser beiden Mengen muss die Menge der importierten iPads darstellen.

Entsprechend umgekehrt lassen sich die beiden Tangentialpunkte in die vertikale Achse der Salate abbilden, um die Menge der Salate zu ermitteln, die produziert und konsumiert wird. In diesem Fall übertrifft die produzierte Menge die konsumierte Menge, so dass sich spiegelbildlich ein Export an Salat ergeben muss.

Welche Varianten sind denkbar? Natürlich könnten Produktionsmöglichkeitenkurven und Indifferenzkurven andere Krümmungen und Lagen aufweisen. In Bezug auf den Außenhandel könnte es aber auch sein, dass die Weltmarktpreisgerade nicht so flach wie im obigen Beispiel verläuft, sondern so steil ist, dass sie die Produktionsmöglichkeitenkurve rechts vom alten Optimum tangiert und die vorherigen Überlegungen entsprechend umgekehrt werden müssten.

**Aufgabe 3.1 Produktionsmöglichkeitenkurve und Außenhandel**
Verwenden Sie den zuvor eingeführten Analyserahmen und zeichnen Sie den Fall einer Weltmarktpreisgerade, die so steil ist, dass sie die Produktionsmöglichkeitenkurve rechts vom alten Optimum tangiert. Kennzeichnen Sie die konsumierten und produzierten Mengen an iPads bzw. Salat und ermitteln Sie dabei auch die jeweils im- und exportierten Mengen.

## 3.11 Produktionsmöglichkeitenkurve und technischer Fortschritt

In Bezug auf die Produktionsmöglichkeitenkurve lässt sich technischer Fortschritt als eine Erweiterung der Möglichkeiten verstehen. Mit den gegebenen Ressourcen können mehr Waren hergestellt werden. Dabei lässt sich unterscheiden, ob sich der technische Fortschritt proportional auf alle Güter auswirkt oder ob im Extremfall nur mehr von einem einzigen Gut produziert wird. Angenommen, technischer Fortschritt würde sich proportional auf alle Güter verteilen, so würde sich die Produktionsmöglichkeitenkurve parallel nach außen verschieben.

Abbildung 3.11: Produktionsmöglichkeitenkurve und technischer Fortschritt

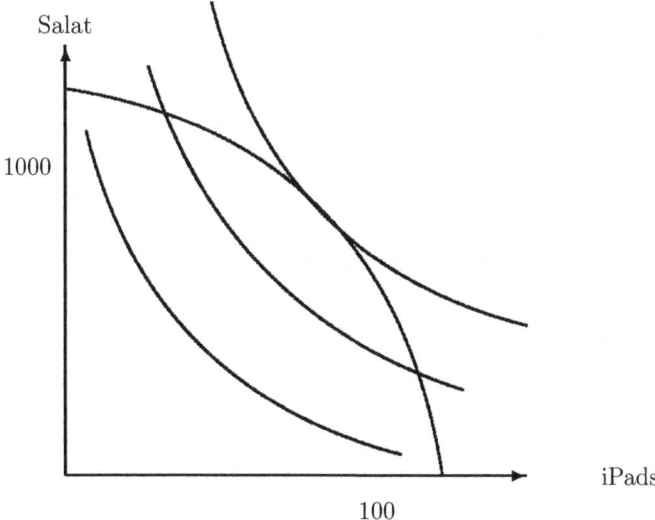

Durch den technischen Fortschritt lässt sich auch die obere Indifferenzkurve erreichen.

**Aufgabe 3.2 Produktionsmöglichkeitenkurve und technischer Fortschritt**

Gehen Sie von der ursprünglich konstruierten Produktionsmöglichkeitenkurve aus und zeichnen Sie dort technischen Fortschritt so ein, dass er entweder nur auf die Produktion von iPads oder nur auf die Produktion von Salat wirkt. Beachten Sie bei beiden Zeichnungen, dass der technische Fortschritt ausgehend vom alten Optimum dafür sorgen soll, dass statt der mittleren Indifferenzkurve die obere erreicht wird.

# Kapitel 4

# Konsumtheorie

Aus den Überlegungen, wie sich einzelne Individuen verhalten, lässt sich eine Theorie über deren Konsumentscheidung entwickeln. Individuen streben danach, größtmöglichen Nutzen zu erreichen. Bei der Untersuchung der Nutzenfunktionen und Indifferenzkurven wurde deutlich, dass das Niveau des erreichten Nutzens maßgeblich von den Präferenzen des einzelnen Individuums abhängt. Haben zwei Personen zwar dieselbe Menge an Gütern, jedoch unterschiedliche Präferenzen, so werden sie dadurch auch ein unterschiedliches Nutzenniveau erreichen. Umgangssprachlich könnte so formuliert werden: Weil die beiden Personen, die zur Verfügung stehenden Güter unterschiedlich gerne mögen, werden sie durch dieselbe Menge dieser Güter auch unterschiedlich glücklich.

Wie lässt sich aus diesen Grundlagen eine Entscheidungstheorie entwickeln? Zur Vereinfachung stehen nur die beiden Güter $x$ und $y$ zur Verfügung, unter denen ein zu betrachtendes Individuum wählen kann. Die Präferenzen des Individuums entsprechen den zuvor getroffenen Annahmen (Monotonie, Vollständigkeit und Transitivität) und lassen sich daher als Nutzenfunktionen bzw. daraus abgeleitet durch Indifferenzkurven dartstellen. Unterschiedliche Präferenzen äußern sich durch unterschiedliche Nutzenfunktionen, so dass Vergleiche zwischen Individuen und folglich deren Verhalten auf Märkten durch unterschiedliche Nutzenfunktionen charakterisiert werden können.

Aus den Überlegungen zur Budgetrestriktion wurde aber auf der anderen Seite auch deutlich, dass jedem Individuum nur ein begrenztes Einkommen zur Verfügung steht. Für diesen ersten Analyseschritt wurden Sparmöglichkeiten ausgeschlossen. Da das Individuum danach strebt, seinen Nutzen zu maximieren, wird es sein volles Einkommen ausschöpfen. Wäre nach der Kaufentscheidung noch Einkommen übrig, so könnte das Individuum das übrige Geld zum Kauf weiterer Güter verwenden und dadurch seinen Nutzen steigern.

## 4.1 Nutzenmaximierung unter Nebenbedingung

Ziel der Konsumententheorie ist die Untersuchung und Erklärung des Verhaltens von Konsumenten auf Märkten. Mittels verfügbarem Einkommen wird das

## 4.1. NUTZENMAXIMIERUNG UNTER NEBENBEDINGUNG

Individuum bei gegebenen Marktpreisen diejenige Kombination von $x$ und $y$ nachfragen, welche zum größtmöglichen Nutzen führt. Das folgend dargestellte Verfahren führt also zur (individuellen) Nachfrage nach den Gütern $x$ und $y$, die abhängen vom Einkommen $m$ und den Preisen $p_x$ sowie $p_y$.

Die Nutzenmaximierung unter Nebenbedingung beginnt üblicherweise mit der Darstellung des Optimierungskalküls. Hierfür wird beispielhaft die einfache Nutzenfunktion $u(x,y) = x \cdot y$ sowie die bereits bekannte Budgetrestriktion $m = p_x \cdot x + p_y \cdot y$ verwendet.

$$max \quad u(x,y) = x \cdot y \tag{4.1}$$
$$NB \quad m = p_x \cdot x + p_y \cdot y \tag{4.2}$$

Gleichung (4.1) stellt das Ziel des Optimierungskalküls - die Nutzenmaximierung - dar. Gleichung (4.2) legt die Nebenbedingung fest. Sie lässt sich einerseits als das Gleichgewicht von begrenztem Einkommen und der Summe der Ausgaben für $x$ und $y$ interpretieren und andererseits umformen, so dass klar wird, dass das Einkommen vollständig ausgeschöpft wird. Wird der Term auf der rechten Seite abgezogen, so ergibt sich:

$$NB \quad m - p_x \cdot x - p_y \cdot y = 0 \tag{4.3}$$

Gleichung (4.3) hat sowohl sachlogisch als auch mathematisch sinnvolle Eigenschaften zur Nutzenmaximierung unter Nebenbedingung. Die Nebenbedingung ist nun so umformuliert, dass der zur Verfügung stehende Geldbetrag $m$ voll für die Ausgaben der beiden Güter ausgeschöpft werden muss. Andernfalls ginge die Gleichung nicht mit Null auf der rechten Seite auf.

Mathematisch sinnvoll an Gleichung (4.3) ist, dass *Null* zu jeder anderen Funktion hinzuaddiert oder von dieser abgezogen werden kann, ohne deren Funktionswert zu verändern. Auch wenn Gleichung (4.3) mit einer beliebigen Zahl multipliziert wird, ergibt ihr Funktionswert immer wieder Null. Ein beliebiger Multiplikator von Gleichung (4.3) könnte 5, 128 oder -7 sein. Als Platzhalter für diese genannten und alle anderen möglichen (unbekannten) Zahlen wird in der Mathematik üblicherweise $\lambda$ verwendet. Gleichung (4.4) stellt eine modifizierte Form von Gleichung (4.3) dar.

$$NB \quad \lambda \left[ m - p_x \cdot x - p_y \cdot y \right] = 0 \tag{4.4}$$

Wird nun die Zielfunktion (4.1) um die modifizierte Nebenbedingung (4.4) ergänzt, so ändert sich zwar die mathematische Form, nicht aber der Funktionswert von Gleichung (4.1).

$$\mathcal{L}(x,y,\lambda) = x \cdot y + \lambda \left[ m - p_x \cdot x - p_y \cdot y \right] \tag{4.5}$$

Gleichung (4.5) unterscheidet sich nur geringfügig von der ursprünglichen Zielfunktion. Diese modifizierte Zielfunktion wird unter Bezugnahme auf ihren Entwickler als Lagrange-Funktion bezeichnet und ist Ausgangspunkt für die Nutzenmaximierung unter Nebenbedingung.

Mathematisch handelt es sich bei Gleichung (4.5) um eine Gleichung mit drei endogenen $(x, y, \lambda)$ und drei exogenen $(m, p_x, p_y)$ Variablen. Exogene Variablen sind nicht systeminhärent, sondern werden von außen vorgegeben und stehen daher nicht im Kern der Optimierung. Nur die endogenen Variablen sind Gegenstand der Optimierung, da nur sie vom Individuum beeinflusst werden können.

Anders formuliert: Ziel der Optimierung ist die Maximierung des Nutzens unter den gegebenen Rahmenbedingungen des Einkommens und der Preise. Am Ende der Optimierung steht die Nachfrage des Individuums nach den beiden Gütern $x$ und $y$. Einkommen und Preise können nicht vom Individuum beeinflusst werden. Allerdings kann das Individuum entscheiden, wie es sein Einkommen auf die beiden Güter $x$ und $y$ verteilt. Die Entscheidung unterschiedlicher Individuen unterscheidet sich, wenn deren Präferenzen unterschiedlich sind.

Soll mittels Gleichung (4.5) der Nutzen des Individuums maximiert werden, so muss nach den Variablen abgeleitet werden, über die das Individuum entscheiden kann $(x, y, \lambda)$. Der Nutzen, den das Individuum in Bezug auf eine der genannten Variablen erreichen kann, ist bei der nachgefragen Menge (Funktionswert) maximal, wo die erste Ableitung nach dieser Variablen Null wird. Aus Gleichung (4.5) ergeben sich also drei Ableitungen, aus denen optimale Werte von $x, y$ und $\lambda$ bestimmt und synchronisiert werden müssen. Im obigen Beispiel lauten die Ableitungen wie folgt:

$$\frac{\partial \mathcal{L}(x,y,\lambda)}{\partial x} = y + \lambda(-p_x) \stackrel{!}{=} 0 \qquad (4.6)$$

$$\frac{\partial \mathcal{L}(x,y,\lambda)}{\partial y} = x + \lambda(-p_y) \stackrel{!}{=} 0 \qquad (4.7)$$

$$\frac{\partial \mathcal{L}(x,y,\lambda)}{\partial \lambda} = [m - p_x \cdot x - p_y \cdot y] \stackrel{!}{=} 0 \qquad (4.8)$$

An den drei partiellen Ableitungen fällt auf, dass Gleichung (4.8) konstruktionsbedingt immer dieselbe Form haben wird. Es handelt sich dabei um die modifizierte Nebenbedingung.

Formal handelt es sich bei den drei Gleichungen (4.6) bis (4.8) um ein lineares Gleichungssystem mit drei unabhängigen Zeilen und drei Unbekannten. Durch Kombination der Zeilen werden die partiellen Ableitungen synchronisiert und das Gleichungssystem nach den einzelnen Unbekannten gelöst. s, werden die beiden Gleichungen (4.6) und (4.7) so umgestellt, dass alle Elemente ab und einschließlich $\lambda$ abgezogen werden und sich damit von der linken auf die rechte Seite der Gleichung bewegen.

$$y \stackrel{!}{=} \lambda \cdot p_x \qquad (4.9)$$

$$x \stackrel{!}{=} \lambda \cdot p_y \qquad (4.10)$$

## 4.1. NUTZENMAXIMIERUNG UNTER NEBENBEDINGUNG

Bei dieser Umformung sind die Minuszeichen vor den Preisen nivelliert worden. Daher sind die beiden Gleichungen (4.9) und (4.10) auch kompakter darstellbar. Um die beiden partiellen Ableitungen (also die optimal nachgefragten Werte von $x$ und $y$ in Einklang zu bringen, werden die Gleichungen (4.9) und (4.10) dann durch einander geteilt.

$$\frac{y}{x} = \frac{\lambda \cdot p_x}{\lambda \cdot p_y} \qquad (4.11)$$

In Gleichung (4.11) lässt sich schnell erkennen, dass $\lambda$ gekürzt werden kann. Danach sollte die Gleichung noch nach einer der beiden Entscheidungsvariablen $x$ oder $y$ aufgelöst werden. (Hinweis: Mathematisch macht es keinen Unterschied, ob nach $x$ oder $y$ aufgelöst wird. Das Endergebnis der Berechnung wird dasselbe sein. In beiden Fällen werden die individuellen Nachfragen nach $x$ und $y$, allerdings auf unterschiedlichem Rechenweg bestimmt.)

$$\frac{y}{x} = \frac{p_x}{p_y} \qquad (4.12)$$

$$y = \frac{p_x}{p_y} \cdot x \qquad (4.13)$$

In Gleichung (4.13) wurde nach $y$ aufgelöst, da hierfür weniger Rechenschritte erforderlich sind. Um nun einerseits formal das lineare Gleichungssystem mit drei Unbekannten zu lösen und andererseits das begrenzte Einkommen in die Nutzenmaximierung einbeziehen zu können, muss Gleichung (4.13) noch in Gleichung (4.8) bzw. deren umgeformte Version eingesetzt werden.

$$m - p_x \cdot x - p_y \cdot y \stackrel{!}{=} 0 \qquad (4.14)$$
$$m = p_x \cdot x + p_y \cdot y \qquad (4.15)$$
$$m = p_x \cdot x + p_y \cdot \frac{p_x}{p_y} \cdot x \qquad (4.16)$$
$$m = p_x \cdot x + p_x \cdot x \qquad (4.17)$$
$$m = p_x \cdot x \, (1 + 1) \qquad (4.18)$$
$$m = 2 \cdot p_x \cdot x \qquad (4.19)$$
$$\frac{1}{2} \frac{m}{p_x} = x \qquad (4.20)$$
$$x = \frac{1}{2} \frac{m}{p_x} \qquad (4.21)$$

Nach dem Einsetzen zeigt sich im letzten Term von Gleichung (4.16), dass $p_y$ gekürzt werden kann. Danach kommt der Ausdruck $p_x \cdot x$ auf der rechten Seite doppelt vor. Um den Folgeschritt ganz ausdrücklich darzustellen, wird $p_x \cdot x$ ausgeklammert, so dass sich in den beiden folgenden Gleichungen (4.18) und (4.19) $2 \cdot p_x \cdot x$ ergibt.

Ziel der Nutzenmaximierung unter Nebenbedingung mittels des Lagrange-Verfahrens war die Bestimmung der individuellen Nachfrage nach den beiden Gütern $x$ und $y$. Daher wird Gleichung (4.19) nach $x$ aufgelöst, indem durch alle verbleibenden Elemente auf der rechten Seite (2 und $p_x$) geteilt wird. Nach zwei Umformungen ergibt sich mit Gleichung (4.21) die individuelle Nachfrage nach $x$.

Bereits in Kapitel 3.7 wurde zwischen der Nachfrage des Marktes insgesamt und der Nachfrage eines Marktteilnehmers (individuell, wie hier) unterschieden). Daneben wurde der Unterschied zwischen Nachfrage und nachgefragter Menge erläutert. Bei Gleichung (4.21) handelt es sich um die Nachfrage im Sinne der beschriebenen *Zuordnungsregel*, bei der jedem verfügbaren Einkommen $m$ und jedem gegebenen Preis $p_x$ eine nachgefragte Menge (Punkt auf der Nachfragefunktion) zugeordnet wird.

Da das Individuum sein Einkommen aber auf beide Güter $x$ und $y$ verteilt, ist nun noch die Nachfrage nach $y$ zu bestimmen. Hierfür wird Gleichung (4.21) in die zuvor bestimmte Gleichung (4.13) eingesetzt:

$$x = \frac{1}{2}\frac{m}{p_x} \tag{4.22}$$

$$y = \frac{p_x}{p_y} \cdot x \tag{4.23}$$

$$y = \frac{p_x}{p_y} \cdot \frac{1}{2}\frac{m}{p_x} \tag{4.24}$$

$$y = \frac{1}{2}\frac{m}{p_y} \tag{4.25}$$

Die individuelle Nachfrage nach $y$ in Gleichung (4.25) ergibt sich durch Kürzen von $p_x$ und ist symmetrisch zu Gleichung (4.21) aufgebaut.

## 4.2 Charakteristika des Lagrange-Verfahrens

Im Vordergrund der obigen Rechnung stand ein tieferes Verständnis der Methode zur Nutzenmaximierung unter Nebenbedingung. Das vorgestellte Verfahren besitzt weitere mathematische Charakeristika, die sich ökonomisch interpretieren lassen und in den folgenden Abschnitten vorgestellt werden.

### 4.2.1 Lagrange-Multiplikator

Der Lagrange-Multiplikator $\lambda$ wurde im Sinne eines Platzhalters für eine beliebige Zahl (zuvor 5, 128 oder -7) vorgestellt. Beim Teilen der Gleichung (4.9) durch Gleichung (4.10) wurde $\lambda$ heraus gekürzt, so dass seine Bedeutung nicht zwingend zum Verständnis des Verfahrens notwendig ist. Mathematisch lassen sich wenigstens die beiden ersten Ableitungen (Gleichungen (4.9) und (4.10)) auch ohne $\lambda$ reproduzieren. Die dritte partielle Ableitung, welche in Gleichung (4.8) wieder zur Budgetrestriktion führt, wäre aber ohne $\lambda$ nicht möglich.

$\lambda$ lässt sich aber auch inhaltlich interpretieren. Dazu wird noch einmal auf die Lagrange-Gleichung zurückgegriffen.

## 4.2. CHARAKTERISTIKA DES LAGRANGE-VERFAHRENS

$$\mathcal{L}(x, y, \lambda) = x \cdot y + \lambda \left[ m - p_x \cdot x - p_y \cdot y \right] \tag{4.26}$$

Wird nun die Perspektive des Individuums kurz ausgeblendet und nicht nach einer endogenen Variable abgeleitet, sondern nach der exogenen Variable Einkommen $m$, so kann die Bedeutung des $\lambda$ leicht nachvollzogen werden:

$$\frac{\partial \mathcal{L}(x, y, \lambda)}{\partial m} = \lambda \tag{4.27}$$

Die Ableitung der Lagrange-Funktion entspricht $\lambda$. Zur Interpretation des Ergebnisses: Die Lagrange-Funktion ist hier nur eine modifizierte Nutzenfunktion. Wird die Ableitung einer Funktion nach einer Variable bestimmt, so wird untersucht, um wieviele Einheiten sich der Wert der Funktion verändert, wenn sich die Variable, nach der abgeleitet wurde, um einen (infinitesimal) kleinen Wert verändert. In diesem Falle entspricht die Ableitung der Lagrange-Funktion nach $m$ also der Veränderung des Nutzens, wenn das Einkommen um eine möglichst kleine Einheit verändert wird. Gleichung (4.27) zeigt auf, dass dieser Wert genau $\lambda$ entspricht.

$\lambda$ kann also als Grenznutzen des Geldes interpretiert werden. Etwas ausführlicher formuliert, beantwortet $\lambda$ die Frage: Um wie viele Einheiten steigt der Nutzen eines Individuums, wenn die Nebenbedingung (Budgetrestriktion) um eine kleinstmögliche Einheit (1 €) gelockert wird?

(Hinweis: Die vorgestellte Ableitung ist nicht Gegenstand des Verfahrens, weil die Beeinflussung des Einkommens für das Individuum nur schwer möglich ist. Dennoch ist es aus ökonomischer oder gesellschaftlicher Perspektive wichtig zu analysieren, ob und wie viel die Individuen zufriedener werden, wenn das Einkommen steigt. Umgekehrt kann es fast noch wichtiger sein, welche negativen Auswirkungen auf die Zufriedenheit der Individuen entstehen, wenn das Einkommen durch eine Steuererhöhung zurück geht.)

### 4.2.2 Grenznutzen und Grenzrate der Substitution

Bei Gleichung (4.5) handelt es sich um eine modifizierte Nutzenfunktion, die aus der ursprünglichen Nutzenfunktion $u(x, y) = x \cdot y$ entstanden ist. Beim Lagrange-Verfahren wird ermittelt, wie das Individuum sein Einkommen bei gegebenen Preisen aufteilt, um $x$ und $y$ nachzufragen. Darin eingeschlossen ist ein Abwägen zwischen den beiden Gütern auf Basis des jeweiligen Grenznutzens. Wie im vorherigen Teilabschnitt 4.2.1 der Grenznutzen des Einkommens ermittelt und interpretiert wurde, kann auch der Grenznutzen in Bezug auf die beiden Güter $x$ und $y$ untersucht werden.

$$u(x,y) = x \cdot y \tag{4.28}$$

$$\frac{\partial u(x,y)}{\partial x} = y \tag{4.29}$$

$$\frac{\partial u(x,y)}{\partial y} = x \tag{4.30}$$

Auf den ersten Blick erscheint es paradox, dass aus der Ableitung der Nutzenfunktion nach der Variablen $x$ in Gleichung (4.29) das Ergebnis $y$ bestimmt wird und umgekehrt bei der Ableitung nach $y$ in Gleichung (4.30) das Ergebnis $x$ ist. Gerade darin zeigt sich aber die Natur der Funktion, wie sie in den Zahlenbeispielen in den Gleichungen ab (2.6) dargestellt wurde. Die zusätzliche Zufriedenheit durch ein weiteres $x$ hängt davon ab, wie hoch $y$ derzeit ist. Angenommen $y = 0$, so kann der Nutzen selbst durch unendlich viel $x$ nicht gesteigert werden. Liegt $y$ bei 1, so würde jedes zusätzliche $x$ mit 1 multipliziert auf den Nutzen wirken. Liegt aber $y$ bei 2, so wäre jedes zusätzliche $x$ doppelt so wirksam. Umgekehrtes gilt entsprechend für den Grenznutzen in Bezug auf $y$.

In Gleichung (4.11) wurden beim Lagrange-Verfahren die beiden Grenznutzen ins Verhältnis gesetzt. Dieses Verhältnis wird in der Mikroökonomik als *Grenzrate der Substitution* (kurz: GRS) bezeichnet. Wie sich aus dem Namen und der mathematischen Definition vermuten lässt, handelt es sich bei der GRS um die individuelle Bereitschaft des Individuums, das Gut $x$ gegen das Gut $y$ zu tauschen, die anhand des Zusatz- bzw. Wenigernutzens der Güter ermittelt wird.

$$GRS = -\frac{\frac{\partial u(x,y)}{\partial x}}{\frac{\partial u(x,y)}{\partial y}} = -\frac{y}{x} \tag{4.31}$$

Wie Gleichung (4.31) zeigt, wird die GRS üblicherweise mit einem Minus definiert, um auszudrücken, dass der Grenznutzen der beiden Güter beim Tausch gegenläufig sein muss. Mehr Mengeneinheiten von einem Gut bzw. mehr Nutzen durch den Konsum eines Gutes ist bei voll ausgeschöpftem Einkommen nur durch weniger Mengeneinheiten vom anderen Gut bzw. weniger Nutzen durch das andere Gut möglich. Die optimale Verteilung des Einkommens auf die beiden Güter ist dann erreicht, wenn sich durch Austausch eines Gutes gegen das andere Gut der Nutzen nicht weiter steigern lässt.

Die in Gleichung (4.31) ermittelte GRS besitzt weitere Eigenschaften:

1. Die GRS ist die Steigung der Indifferenzkurven, welche in Abschnitt 2.5 vorgestellt wurden.

2. Der Verlauf der vorgestellten Indifferenzkurven zeigt, dass die Steigung in jedem Punkt der Kurve einen anderen Wert einnimmt, da die Kurve im oberen Bereich sehr steil und im unteren Bereich sehr flach verläuft. So weist auch Gleichung (4.31) in jedem Punkt der Kurve und entsprechend für unterschiedliche Kombinationen von $x$ und $y$ unterschiedliche Werte auf.

## 4.2. CHARAKTERISTIKA DES LAGRANGE-VERFAHRENS

Um den zweitgenannten Punkt zu verdeutlichen, wird das Zahlenbeispiel aus Abschnitt 2.5 gekürzt wiederholt und zur Berechnung der GRS verwendet.

**Beispiel 4.1 Identisches Nutzenniveau durch verschiedene Güterkombinationen**
Verschiedene Güterkombinationen, die bei der gegebenen Nutzenfunktion zum Nutzenniveau von 1 führen:

$$u(x,y) = 1 \cdot 1 = 1 \tag{4.32}$$

$$u(x,y) = 2 \cdot \frac{1}{2} = 1 \tag{4.33}$$

$$u(x,y) = 4 \cdot \frac{1}{4} = 1 \tag{4.34}$$

Entsprechende Werte der GRS:

$$GRS = \frac{y}{x} = \frac{1}{1} = 1 \tag{4.35}$$

$$GRS = \frac{y}{x} = \frac{2}{\frac{1}{2}} = 4 \tag{4.36}$$

$$GRS = \frac{y}{x} = \frac{4}{\frac{1}{4}} = 16 \tag{4.37}$$

Die Berechnungen zeigen erhebliche Unterschiede der GRS entlang der Indifferenzkurve. In der Mitte der Indifferenzkurve, wo die Mengen von $x$ und $y$ eher ausgewogen sind, wird in Gleichung (4.32) der Wert von 1 ermittelt. Je weiter der Wert von $y$ reduziert wird, um so stärker muss der Wert von $x$ gesteigert werden, um den Nutzen konstant zu halten. Der einseitigen Halbierung der Menge in den beiden folgenden Gleichungen steht eine jeweilige Verdoppelung der anderen Menge gegenüber. Bei der Entwicklung der GRS wird der Verdoppelungseffekt jedoch potenziert. Die GRS von Gleichung (4.33) bzw. Gleichung (4.34) vervierfacht sich jeweils bei den beiden Schritten. Die Tauschbereitschaft des Individuums, weitere $y$ abzugeben, um durch $x$ kompensiert zu werden, nimmt überproportional ab.

Wie lässt sich die GRS als Faustregel interpretieren?

**Definition 4.1 Grenzrate der Substitution**
Die GRS ist definiert durch folgende Gleichung:

$$GRS = -\frac{\frac{\partial u(x,y)}{\partial x}}{\frac{\partial u(x,y)}{\partial y}} \tag{4.38}$$

Die GRS setzt den Grenznutzen pro weiterer Einheit $x$ ins Verhältnis zum Grenznutzen einer aufgegebenen Einheit von $y$. Mittels GRS wird also bestimmt, wie viele Einheiten von $x$ gebraucht werden, um den Nutzenverlust durch die Aufgabe einer Einheit von $y$ zu kompensieren, wenn der Nutzen des Individuums konstant gehalten werden soll.

**Aufgabe 4.1 GRS 1**
Ermitteln Sie die Grenzrate der Substitution für folgende Nutzenfunktionen:

1. $u(x,y) = x^2 \cdot y$
2. $u(x,y) = x^{\frac{2}{3}} \cdot y^{\frac{1}{3}}$
3. $u(x,y) = x \cdot y^2$
4. $u(x,y) = 2 \cdot x \cdot y^2$

## 4.2.3 Optimalitätsbedingung

Bisher wurde mittels Lagrange-Verfahren dargestellt, welche Kauf- oder Nachfrageentscheidung das Individuum trifft und wie es sich bei dieser Nachfrageentscheidung mit der Tauschbereitschaft des Individuums verhält. Darüber hinaus modelliert das Lagrange-Verfahren aber auch, wie es zu dieser Nachfrageentscheidung kommt. Dazu wird Gleichung (4.11) aus dem zuvor gerechneten Beispiel noch einmal aufgegriffen:

$$\frac{y}{x} = \frac{\lambda \cdot p_x}{\lambda \cdot p_y} \qquad (4.39)$$

$$\frac{y}{x} = \frac{p_x}{p_y} \qquad (4.40)$$

Gleichung (4.39) entstand, nachdem die Lagrange-Funktion jeweils nach den Variablen $x$ und $y$ abgeleitet wurde und die beiden Ableitungen durch einander geteilt wurden. Da es sich bei der Lagrange-Funktion jedoch nur um eine modifizierte Nutzenfunktion handelt, wurde quasi ein modifiziertes Grenznutzenverhältnis gebildet. Die Gleichungen (4.39) und (4.40) zeigen (auf der linken Seite), dass dabei ein identisches Verhältnis gebildet wird, wie im vorherigen Abschnitt, als bei der Definition der GRS die beiden (unmodifizierten) Grenznutzen gegenüber gestellt wurden.

$$GRS = \frac{\frac{\partial u(x,y)}{\partial x}}{\frac{\partial u(x,y)}{\partial y}} = \frac{y}{x} = \frac{p_x}{p_y} \qquad (4.41)$$

In Gleichung (4.41) wurde zur Übersichtlichkeit nur die Definition der GRS auf der linken Seite ergänzt. Es zeigt sich also, dass während des Lagrange-Verfahrens mittels der GRS das Verhältnis der Grenznutzen genau dem Verhältnis der Preise gegenüber gestellt wird. Da die Preise der beiden Güter gut als Tauschmöglichkeiten auf dem Markt interpretiert werden können und die GRS das individuelle Tauschverhältnis darstellt, lässt sich Gleichung (4.41) so interpretieren, dass durch sie das Gleichgewicht zwischen Möglichkeiten auf dem Markt und individuellen Präferenzen hergestellt wird. Durch eine kleine Umformung lässt sich das Gleichgewicht möglicherweise besser interpretieren:

## 4.2. CHARAKTERISTIKA DES LAGRANGE-VERFAHRENS

$$\frac{\frac{\partial u(x,y)}{\partial x}}{p_x} = \frac{\frac{\partial u(x,y)}{\partial y}}{p_y} \tag{4.42}$$

Gleichung (4.42) zeigt, dass im Optimum das Verhältnis von Grenznutzen zum Preis eines Gutes zwischen $x$ und $y$ identisch sein muss. Warum kann eine andere Situation nicht optimal sein? Angenommen der Preis beider Güter betrage jeweils 1 € und der Grenznutzen der beiden Güter betrage bei der aktuell nachgefragten Menge 2 für das Gut $x$ und 1 für das Gut $y$, so stellt sich folgende Situation ein:

$$\frac{\frac{\partial u(x,y)}{\partial x}}{p_x} = \frac{2}{1} > \frac{1}{1} = \frac{\frac{\partial u(x,y)}{\partial y}}{p_y} \tag{4.43}$$

Ausgehend von obiger Ungleichung, sollte das Individuum seine Nachfrageentscheidung überdenken. Kauft das Individuum bei der Situation in Gleichung (4.43) eine weitere Einheit von $x$, so steigt sein Nutzen um 2 Einheiten. Kauft das Individuum eine weitere Einheit von $y$, so steigt sein Nutzen nur um 1 Einheit. Mit zunehmender Menge eines Gutes sinkt aber dessen Grenznutzen. Nachdem also das Individuum weitere Einheiten von $x$ gekauft hat, sinkt dessen Grenznutzen möglicherweise auf 1,75.

Zuvor wurde bereits beschrieben, dass nach der verwendeten Nutzenfunktion $u(x,y) = x \cdot y$ der Grenznutzen eines Gutes entscheidend von der derzeit verwendeten Menge des anderen Gutes abhängt. Während der Grenznutzen von $x$ durch den Kauf weiterer Einheiten zurückgeht, steigt der Grenznutzen von $y$ möglicherweise an. Angenommen der Grenznutzen von $y$ sei durch den Kauf weiterer Einheiten von $x$ auf 1,25 gestiegen, so ergibt sich folgende Situation:

$$\frac{\frac{\partial u(x,y)}{\partial x}}{p_x} = \frac{1,75}{1} > \frac{1,25}{1} = \frac{\frac{\partial u(x,y)}{\partial y}}{p_y} \tag{4.44}$$

Auch nach der Situation in Gleichung (4.44) liegt der Grenznutzen von $x$ (relativ zum Preis) über dem Grenznutzen von $y$ (relativ zum Preis), so dass das Individuum weitere Einheiten von $x$ kaufen sollte. Erst nach einer weiteren Reduzierung des Grenznutzens von $x$ und gegenläufigen Steigerung des Grenznutzens von $y$, wird der Kaufanreiz nicht mehr bestehen, weil dann die Grenznutzen wie in Gleichung (4.45) genau ausgeglichen sind.

$$\frac{\frac{\partial u(x,y)}{\partial x}}{p_x} = \frac{1,5}{1} = \frac{1,5}{1} = \frac{\frac{\partial u(x,y)}{\partial y}}{p_y} \tag{4.45}$$

**Aufgabe 4.2 GRS 2**
Gegeben sei folgende Nutzenfunktion $u(x,y) = x^{\frac{1}{2}} \cdot y^{\frac{1}{2}}$

1. Bestimmen sie die Grenzrate der Substitution.
2. Welchen Wert nimmt Sie ein, wenn von jedem Gut 2 Einheiten zur Verfügung stehen?
3. Welchen Nutzen erreicht das Indviduum bei dieser Gütermengenkombination?
4. Verwenden Sie die Preise $p_x = 1$ und $p_y = 1$, um zu überlegen, ob der derzeitige Konsum von jeweils 2 Einheiten optimal ist, und bestimmen Sie gegebenenfalls Verbesserungsmöglichkeiten für das Individuum.

### 4.2.4 Wirkung unterschiedlicher Exponenten

Im einführenden Beispiel des Kapitels wurde das folgende Optimierungskalkül gelöst:

$$max \quad u(x,y) = x \cdot y \qquad (4.46)$$
$$NB \quad m = p_x \cdot x + p_y \cdot y \qquad (4.47)$$

Dabei ergaben sich die folgenden (individuellen) Nachfragefunktionen:

$$x = \frac{1}{2}\frac{m}{p_x} \qquad (4.48)$$
$$y = \frac{1}{2}\frac{m}{p_y} \qquad (4.49)$$

**Aufgabe 4.3 Nutzenmaximierung 1**
Verwenden Sie die Nutzenfunktion $u(x,y) = x^2 \cdot y$ und die Nebenbedingung $m = p_x \cdot x + p_y \cdot y$.

1. Stellen Sie das Optimierungskalkül auf.
2. Schreiben Sie das Optimierungskalkül als Lagrange-Funktion.
3. Bestimmen Sie die individuellen Nachfragefunktionen nach $x$ und nach $y$.

Aus dem Ergebnis des letzten Aufgabenteils lässt sich ein erster Eindruck über die Wirkung anderer Exponenten der Nutzenfunktion auf die Nachfrage der Individuen erhalten. Stehen sich die Exponenten nicht wie zuvor 1 zu 1 gegenüber, sondern wie hier 2 zu 1, so ist das Verhälsnis der Ausgaben für die beiden Güter entsprechend 2 zu 1. Zuvor wurde jeweils die Hälfte des Einkommens für die beiden Güter $x$ und $y$ ausgegeben.

$$x = \frac{2}{3}\frac{m}{p_x} \qquad (4.50)$$

$$y = \frac{1}{3}\frac{m}{p_y} \qquad (4.51)$$

Die vorliegenden Ergebnisse zeigen, dass hier zwei Drittel des Einkommens für $x$ ausgegeben wird, während nur ein Drittel für $y$ verwendet wird. Noch einmal sei darauf verwiesen, dass der Anteil des Einkommens nicht mit der Anzahl der Güter verwechselt werden darf, die gekauft werden. Zuvor wurde gezeigt, dass bei denselben Exponenten unterschiedliche Mengen an Gütern gekauft werden, wenn diese unterschiedlich teuer sind. Bei unterschiedlichen Exponenten kann dieser Effekt stärker werden, wenn das Gut mit dem relativ höheren Exponenten auch gleichzeitig das teurere ist. Hat beispielsweise das Gut $x$ einen doppelt so hohen Einkommensanteil wie $y$, weil sein Exponent in der Nutzenfunktion doppelt so groß ist wie der Exponent von $y$, so kann es trotzdem sein, dass von $x$ dieselbe Menge wie von $y$ gekauft wird, wenn $x$ doppelt so teuer ist wie $y$.

**Aufgabe 4.4 Nutzenmaximierung 2**
Verwenden Sie die Nutzenfunktion $u(x,y) = x^{\frac{2}{3}} \cdot y^{\frac{1}{3}}$ und die Nebenbedingung $m = p_x \cdot x + p_y \cdot y$.

1. Stellen Sie das Optimierungskalkül auf.
2. Schreiben Sie das Optimierungskalkül als Lagrange-Funktion.
3. Bestimmen Sie die individuellen Nachfragefunktionen nach $x$ und nach $y$.

Die Lösung dieser zweiten Aufgabe zeigt ein weiteres Charakteristikum der Exponenten. Trotz unterschiedlicher Exponenten im Vergleich zur ersten Aufgabe, werden dieselben Nachfragefunktionen ermittelt. Die Größe der Exponenten in beiden Aufgaben ist unterschiedlich. Allerdings sind die Verhältnisse identisch. In beiden Fällen stehen sich die Exponenten im Verhältnis zwei Drittel zu ein Drittel gegenüber. Der Anteil der Einkommens, welcher für die Nachfrage eines bestimmten Gutes ausgegeben wird, bestimmt sich also nicht aus der Höhe der Exponenten, sondern nur aus deren Verhältnis.

In der Diskussion der Präferenzen und Nutzenfunktionen wurde deutlich, dass der Nutzen, den Individuen verschiedenen Gütern beimessen, nicht zwischen Personen vergleichbar ist, weil Menschen unterschiedliche Bewertungsmaßstäbe zugrunde legen. Durch Kaufentscheidungen wird aber eine gewisse Vergleichbarkeit hergestellt.

Individuen haben offensichtlich dann vergleichbare Präferenzen und Wertschätzungen für Güter, wenn das Verhältnis der Exponenten identisch ist. Haben sie auch noch identische Einkommen, werden sie tatsächlich dieselbe Menge kaufen. Ihre persönliche Nutzenbewertung mag sich aber unterscheiden. Für das Individuum aus der ersten Aufgabe ergibt sich ein anderer Nutzen als für das Individuum aus der zweiten Aufgabe. Sie kaufen zwar dieselbe Menge von $x$, potenzieren diese aber in einem Fall mit 2 und im anderen Fall mit $\frac{2}{3}$ und erhalten dadurch entsprechend andere Nutzenwerte.

**Aufgabe 4.5 Nutzenmaximierung 3**
Verwenden Sie die Nutzenfunktion $u(x,y) = x^{\frac{2}{5}} \cdot y^{\frac{3}{5}}$ und die Nebenbedingung $m = p_x \cdot x + p_y \cdot y$.

1. Stellen Sie das Optimierungskalkül auf.
2. Schreiben Sie das Optimierungskalkül als Lagrange-Funktion.
3. Bestimmen Sie die individuellen Nachfragefunktionen nach $x$ und nach $y$.
4. Welche Menge an $x$ und $y$ kauft das Individuum mit einem Einkommen $m$ von 100 und bei Preisen $p_x = 5$ und $p_y = 10$.
5. Welchen Nutzen erreicht das Individuum dann?

**Aufgabe 4.6 Nutzenmaximierung 4**
Verwenden Sie die Nutzenfunktion $u(x,y) = x^{\frac{4}{5}} \cdot y^{\frac{9}{5}}$ und die Nebenbedingung $m = p_x \cdot x + p_y \cdot y$.

1. Stellen Sie das Optimierungskalkül auf.
2. Schreiben Sie das Optimierungskalkül als Lagrange-Funktion.
3. Bestimmen Sie die individuellen Nachfragefunktionen nach $x$ und nach $y$.
4. Welche Menge an $x$ und $y$ kauft das Individuum mit einem Einkommen $m$ von 100 und bei Preisen $p_x = 5$ und $p_y = 10$.
5. Welchen Nutzen erreicht das Individuum dann?

## 4.3 Grafische Veranschaulichung der Nutzenmaximierung

Das mathematisch beschriebene Verfahren der Nutzenmaximierung unter Nebenbedingung lässt sich auch grafisch veranschaulichen.

Abbildung 4.1: Grafische Veranschaulichung der Nutzenmaximierung

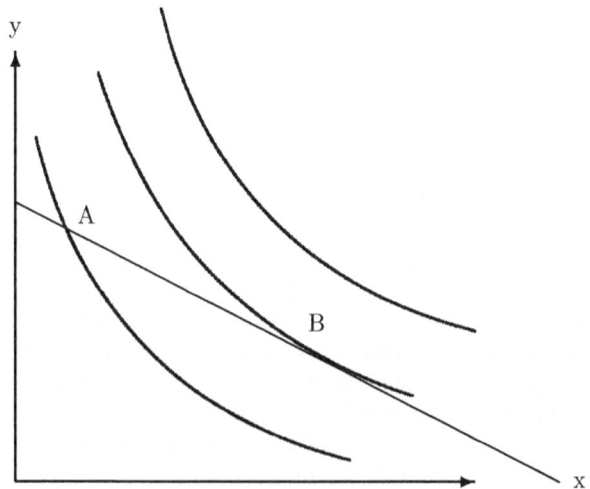

## 4.4. KOMPARATIVE STATIK SPEZIFISCH

In Abbildung 4.1 sind wieder drei ähnliche Indifferenzkurven auf unterschiedlicher Höhe gezeichnet, um für ein repräsentatives Individuum zu skizzieren, welche Konsummöglichkeiten von $x$ und $y$ auf unterschiedlichen Niveaus zum selben Nutzen führen.

In der Abbildung ist eine exogen vorgegebene Budgetgerade gezeichnet, die der Gleichung

$$y = \frac{m}{p_y} - \frac{p_x}{p_y} \cdot x \qquad (4.52)$$

folgt. Das repräsentative Individuum könnte alle Kombinationen von $x$ und $y$ kaufen, die sich durch Punkte darstellen lassen, die auf der Budgetgeraden liegen. Es wird aber Punkte bevorzugen, die einem größeren Nutzen entsprechen. In der Abbildung sind die beiden Punkte A und B eingezeichnet, die beide auf derselben Budgetgeraden liegen und folglich vom Individuum gekauft werden können. Das Individuum würde jedoch den Punkt B bevorzugen, da dieser zu einer Indifferenzkurve führt, die weiter rechts oben in der Abbildung liegt und damit einen größeren Nutzen verdeutlicht.

Das vorgestellte mathematische Verfahren der Nutzenmaximierung unter Nebenbedingung bestimmt also grafisch denjenigen Punkt auf der Budgetgeraden, der bei einer vollen Ausschöpfung des Einkommens zum größtmöglichen Nutzen (oberste erreichbare Indifferenzkurve) führt.

## 4.4 Komparative Statik spezifisch

Vereinfacht ausgedrückt, liefert die komparative Statik Informationen darüber, wie sensibel die Veränderung einzelner Größen auf ein Modell wirkt. Um im vorgestellten Modell der individuellen Nachfrage trennscharf die Wirkung einer exogenen Variablen feststellen zu können, wird immer nur diese eine Variable verändert, während alle anderen exogenen Variablen konstant (statisch) gehalten werden. Durch den Vergleich (komparativ) der Modellergebnisse vor und nach der Veränderung können dann Schlüsse über die Bedeutung der Variablen für das Modell insgesamt gezogen werden.

Bevor das Verfahren der komparativen Statik allgemein auf die Nutzenmaximierung angewendet wird, ist es sinnvoll, den Grundgedanken der Herangehensweise mit einem Zahlenbeispiel nachzuvollziehen. Bei der Optimierung der Nutzenfunktion $u(x,y) = x \cdot y$ unter der Nebenbedingung $m = p_x \cdot x + p_y \cdot y$ wurden die individuellen Nachfragen $x = \frac{1}{2}\frac{m}{p_x}$ und $y = \frac{1}{2}\frac{m}{p_y}$ bestimmt.

Betragen das Einkommen $m = 100$ und die Preise $p_x = 5$ bzw. $p_y = 10$, so ergeben sich folgende nachgefragte Mengen in den Gleichungen (4.53) bzw. (4.54) und ein entsprechender Nutzen in Gleichung (4.55).

$$x = \frac{1}{2}\frac{m}{p_x} = \frac{1}{2}\frac{100}{5} = 10 \qquad (4.53)$$

$$y = \frac{1}{2}\frac{m}{p_y} = \frac{1}{2}\frac{100}{10} = 5 \qquad (4.54)$$

$$u(x,y) = x \cdot y = 10 \cdot 5 = 50 \qquad (4.55)$$

Verdoppelt sich nun das Einkommen auf $m = 200$, verändern sich die Werte der obigen Gleichungen wie folgt:

$$x = \frac{1}{2}\frac{m}{p_x} = \frac{1}{2}\frac{200}{5} = 20 \qquad (4.56)$$

$$y = \frac{1}{2}\frac{m}{p_y} = \frac{1}{2}\frac{200}{10} = 10 \qquad (4.57)$$

$$u(x,y) = x \cdot y = 20 \cdot 10 = 200 \qquad (4.58)$$

Durch die Verdoppelung des Einkommens verdoppeln sich die nachgefragten Mengen nach $x$ und nach $y$ und dadurch wird der vierfache Nutzen als in der vorherigen Situation erreicht. Würde (ausgehend von den ursprünglichen Werten) nicht das Einkommen verdoppelt, sondern der Preis von $y$ halbiert, so lassen sich folgende Werte berechnen:

$$x = \frac{1}{2}\frac{m}{p_x} = \frac{1}{2}\frac{100}{5} = 10 \qquad (4.59)$$

$$y = \frac{1}{2}\frac{m}{p_y} = \frac{1}{2}\frac{100}{5} = 10 \qquad (4.60)$$

$$u(x,y) = x \cdot y = 10 \cdot 10 = 100 \qquad (4.61)$$

Nach der Halbierung von $p_y$ wird die doppelte Menge von $y$ nachgefragt und entsprechend auch der doppelte Nutzen erreicht. Die individuelle Nachfrage nach $x$ bleibt unverändert.

Die beiden durchgeführten Berechnungen stellen zwei komparativ statische Schritte dar. Im ersten Fall wurde die Variable $m$ gesteigert und es zeigte sich, dass sich eine Einkommensveränderung (a) sowohl auf die Nachfrage nach $x$ als auch auf die Nachfrage nach $y$ auswirkt und dass (b) bei zunehmendem Einkommen die nachgefragte Menge steigt. Durch eine gestiegene nachgefragte Menge steigt auch der erreichte Nutzen des Individuums.

Im zweiten Fall zeigte sich, dass eine Veränderung des Preises von $x$ nur Auswirkungen auf die Nachfrage nach $x$, nicht aber nach $y$ hat. Veränderungen in der Nachfrage nach $y$ ergeben sich nur durch dessen Preisänderungen.

Charakterisierungen und Vergleiche zwischen verschiedenen Gütern können sich daran orientieren, wie stark deren Nachfrage auf Veränderungen der exogenen Variablen reagieren. Dieser Ansatz wird später bei der Diskussion von Elastizitäten noch einmal aufgegriffen.

## Beispiel 4.2 Inflation

Nach den vorhergehenden Überlegungen lässt sich auch die Wirkung von Inflation besser analysieren. Angenommen die Preise aller Güter und Einkommen würden gleichmäßig mit derselben Rate steigen, so lässt sich anhand der individuellen Nachfragefunktion zeigen, dass sich keine Auswirkungen auf die Nachfragefunktion der Individuen ergeben. Mit anderen Worten würde so die verbale Logik der einführenden Kapitel unterstützt, in denen geschildert wurde, dass sich Individuen an realen Größen orientieren und den "Wert" ihres Einkommens nicht an der Größe der Zahlen, sondern der damit verbundenen Kaufkraft bemessen.

Um gleichmäßige Inflation über Einkommen und Preise in der vorgestellten individuellen Nachfragefunktion abzubilden, wird wieder der Platzhalter $\lambda$ verwendet, der als Multiplikator gleichzeitig auf alle exogenen Größen der Nachfragefunktion angewendet wird. Beträgt die Inflationsrate 2%, so wäre $\lambda = 1,02$, während sich bei einer Inflation von 5% ein $\lambda$ von 1,05 ergibt:

$$x(m, p_x, p_y) = \frac{1}{2}\frac{m}{p_x} \tag{4.62}$$

$$x(\lambda m, \lambda p_x, \lambda p_y) = \frac{1}{2}\frac{\lambda \cdot m}{\lambda \cdot p_x} = \frac{1}{2}\frac{m}{p_x} = x(m, p_x, p_y) \tag{4.63}$$

Gleichung (4.62) zeigt nochmal die bisher verwendete individuelle Nachfragefunktion und macht auf der linken Seite die Abhängigkeit von Einkommen und Preisen formal etwas deutlicher. Die folgende Gleichung (4.63) beinhaltet die gleichmäßig auf Einkommen und Preise wirkende Inflation. Da $\lambda$ gleichmäßig auf Einkommen und Preise wirkt, kommt es über und unter dem Bruchstrich vor und kann gekürzt werden. Es zeigt sich die erwartete Neutralität gleichmäßiger Inflation.

In der Realität zeigt sich jedoch, dass Preisänderungen nicht immer direkt zu proportionalen Einkommensänderungen führen. Wie die folgenden Gleichungen zeigen, wirken Veränderungen des Preisniveaus auf die nachgefragten Mengen und mittelbar auf das Nutzenniveau der Individuen.

$$x(m, \lambda p_x, \lambda p_y) = \frac{1}{2}\frac{m}{\lambda \cdot p_x} = \frac{1}{\lambda}x(m, p_x, p_y) \tag{4.64}$$

$$y(m, \lambda p_x, \lambda p_y) = \frac{1}{\lambda}y(m, p_x, p_y) \tag{4.65}$$

$$u(\frac{1}{\lambda}x, \frac{1}{\lambda}y) = \frac{1}{\lambda}x \cdot \frac{1}{\lambda}y = \frac{1}{\lambda^2} \cdot u(x, y) \tag{4.66}$$

Wie die Gleichungen (4.64) und (4.65) zeigen, wirkt sich das gestiegene Preisniveau linear reduzierend auf die nachgefragten Mengen beider Güter aus. Der Nutzen sinkt in quadratischem Ausmaß wie Gleichung (4.66) zeigt.

**Aufgabe 4.7 Komparative Statik 1**
Gegeben sei folgende Nachfragefunktion $x = \frac{1}{2}\frac{m}{p_x}$.

1. Welche Menge von $x$ wird nachgefragt, wenn folgende Werte gegeben sind: $m = 500$, $x = 10$ und $y = 10$? Welcher Nutzen wird dadurch erreicht?
2. Welche Änderungen ergeben sich, wenn Preise und Einkommen verdoppelt werden?
3. Welche Änderungen ergeben sich gegenüber der ersten Teilaufgabe, wenn nur die Preise verdoppelt werden?
4. Welche Änderungen ergeben sich gegenüber der ersten Teilaufgabe, wenn nur der Preis von $x$ verdoppelt wird?
5. Welche Änderungen ergeben sich gegenüber der ersten Teilaufgabe, wenn nur der Preis von $y$ verdoppelt wird?
6. Welche Änderungen ergeben sich gegenüber der ersten Teilaufgabe, wenn nur das Einkommen verdoppelt wird?

## 4.5 Komparative Statik allgemein

Das Konzept der komparativen Statik lässt sich auch analytisch verallgemeinern. Zur Untersuchung der Wirkung von Veränderungen einer Variablen auf eine Funktion wird in der Mathematik die erste partielle Ableitung verwendet:

$$\frac{\partial u(x,y)}{\partial x} \qquad (4.67)$$

Gleichung (4.67) zeigt noch einmal den Grenznutzen der Variable $x$ und wurde verwendet, um zu analysieren, welche Wirkung auf den Nutzen eines Individuums durch eine marginale Veränderung der nachgefragten Menge von $x$ entsteht. Nun soll allgemein untersucht werden, welche Wirkung auf die Nachfrage durch eine marginale Veränderung einer der exogenen Variablen entsteht. In Gleichung (4.69) wird nun entsprechend die Veränderung der Nachfrage aus dem bekannten Beispiel durch eine Änderung des Einkommens untersucht:

$$x = \frac{1}{2}\frac{m}{p_x} \qquad (4.68)$$

$$\frac{\partial x}{\partial m} = \frac{1}{2}\frac{1}{p_x} \qquad (4.69)$$

Die Interpretation derartiger Gleichungen erfolgt üblicherweise in zwei Stufen. In der ersten Stufe werden die Vorzeichen enthaltener Variablen auf der rechten Seite abgeschätzt, um zu prüfen, ob durch die Veränderung einer exogenen Variablen ein positiver (= gleichgerichteter) oder ein negativer (=entgegen gerichteter) Effekt entsteht.

$$\frac{\partial x}{\partial m} = \frac{1}{2}\frac{1}{p_x} > 0 \qquad (4.70)$$

## 4.5. KOMPARATIVE STATIK ALLGEMEIN

Gleichung (4.70) veranschaulicht diese Überlegung. Da der Bruch aus 1 und 2, die 1 auf dem zweiten Bruchstrich sowie der Preis allesamt positiv sind, ist auch die Ableitung der Nachfrage nach dem Einkommen positiv. Mit anderen Worten führt eine Erhöhung des Einkommens auch zu einer Erhöhung der Nachfrage.

In der zweiten Stufe können dann noch exakte Zahlenwerte eingesetzt werden. Hierbei sind aber die mathematischen Grundlagen der verwendeten Technik zu beachten. Wenn Ableitungen interpretiert werden, wird deswegen immer von einer marginalen (kleinstmöglichen) Änderung der Variablen gesprochen, weil der Wert einer Ableitung nur exakt in dem Punkt stimmt, in dem er ermittelt wird. Je größer die (relative) Veränderung einer Variablen vorgenommen wird, desto ungenauer sind die Aussagen über die Wirkungen dieser Variablen auf das Ergebnis einer Berechnung. Mit anderen Worten wird beim geschilderten Zahlenbeispiel die Auswirkung einer Veränderung des Einkommens mit zunehmender Größe der Veränderung des Einkommens zunehmend ungenauer einschätzbar. Ermittelte Punktwerte können also nur per *Daumenmaß* stimmen. Gleichung (4.72) zeigt exemplarisch die Wirkung einer marginalen Einkommensänderung bei $p_x = 10$.

$$\frac{\partial x}{\partial m} = \frac{1}{2}\frac{1}{p_x} \tag{4.71}$$

$$\frac{\partial x}{\partial m} = \frac{1}{2}\frac{1}{10} = \frac{1}{20} \tag{4.72}$$

$$\frac{\partial x}{\partial m} = \frac{1}{2}\frac{1}{20} = \frac{1}{40} \tag{4.73}$$

Gleichung (4.73) zeigt, dass sich durch die Verdoppelung des Preises die Wirkung des Einkommens halbiert.

Auch die Wirkung einer marginalen Preisänderung kann mittels der komparativen Statik untersucht werden. Dazu wird die Nachfragefunktion nicht nach dem Einkommen, sondern nach dem Preis abgeleitet:

$$x = \frac{1}{2}\frac{m}{p_x} \tag{4.74}$$

$$\frac{\partial x}{\partial p_x} = -\frac{1}{2}\frac{m}{p_x^2} < 0 \tag{4.75}$$

Die Ableitung in Gleichung (4.75) ist möglicherweise leichter nachvollziehbar, wenn die Nachfragefunktion umgeformt wird: $\frac{1}{2} \cdot m \cdot p_x^{-1}$. Die Ableitung lautet dann $-\frac{1}{2} \cdot m \cdot p_x^{-2}$ und entspricht dem Ausdruck in Gleichung (4.75). Die Interpretation auf der ersten Stufe zeigt, dass im Gegensatz zur Wirkung des Einkommens eine Steigerung des Preises zu einem Rückgang der Nachfrage führt. Die beiden folgenden Zeilen veranschaulichen noch die entsprechenden Werte für ein Einkommen von $m = 100$ und Preise von $p_x = 10$ bzw. $p_x = 20$.

$$\frac{\partial x}{\partial p_x} = -\frac{1}{2}\frac{100}{10^2} = -\frac{1}{2} \tag{4.76}$$

$$\frac{\partial x}{\partial p_x} = -\frac{1}{2}\frac{100}{20^2} = -\frac{1}{8} \tag{4.77}$$

Ergänzend können noch die folgenden weiteren Wirkungen anhand der verwendeten Funktion untersucht werden:

$$\frac{\partial x}{\partial p_y} = 0 \tag{4.78}$$

$$\frac{\partial y}{\partial p_y} = -\frac{1}{2}\frac{m}{p_y^2} < 0 \tag{4.79}$$

$$\frac{\partial y}{\partial p_x} = 0 \tag{4.80}$$

Die Gleichungen (4.78) und (4.80) zeigen, dass Veränderungen der jeweils anderen Preise für die dargestellten Funktionen keine Auswirkungen auf die Nachfrage haben.

**Aufgabe 4.8 Komparative Statik 2**
Gegeben seien folgende Nachfragefunktionen $x = \frac{1}{3}\frac{m}{p_x}$ und $y = \frac{1}{3}\frac{m}{p_y}$.

1. Bestimmen Sie allgemein die Ableitungen der beiden Nachfragefunktionen nach dem Einkommen $m$.
2. Bestimmen Sie allgemein die Ableitungen der beiden Nachfragefunktionen nach dem Preis von $x$.
3. Bestimmen Sie allgemein die Ableitungen der beiden Nachfragefunktionen nach dem Preis von $y$.
4. Welche Vorzeichen haben die jeweiligen Ableitungen? Interpretieren Sie kurz die Wirkungsrichtung von Veränderungen.
5. Welche Werte ergeben sich für die Ableitungen, wenn folgende Werte gegeben sind: $m = 500$, $x = 10$ und $y = 10$?

## 4.6 Elastizität

Um der Problematik der näherungsweisen Ermittlung von Veränderungen begegnen zu können, werden mit dem Konzept der Elastizitäten die Werte der Ableitungen durch die Werte der jeweiligen Parameter relativiert.

## 4.6.1 Preiselastizität der Nachfrage

**Definition 4.2 Preiselastizität der Nachfrage**
Die Preiselastizität der Nachfrage wird unter Verwendung der Ableitung der Nachfragefunktion wie folgt definiert:

$$\epsilon_{x,p_x} = \frac{\partial x}{\partial p_x} \cdot \frac{p_x}{x} \qquad (4.81)$$

$\epsilon_{x,p_x}$ lässt sich als Multiplikator verstehen, so dass interpretiert werden kann, um wieviel Prozent sich die nachgefragte Menge von $x$ verändert, wenn der Preis von $x$ um 1% verändert wird.

Bei $\epsilon_{x,p_x} = -6$ führt eine Preissteigerung von 2% zu einer Veränderung der nachgefragten Menge um $-6 \cdot 2\% = -12\%$. Die nachgefragte Menge reduziert sich um 12%. Bei $\epsilon_{x,p_x} = -2$ führt eine Preisreduzierung von 5% zu einer Veränderung der nachgefragten Menge um $-2 \cdot -5\% = +10\%$. Die nachgefragte Menge steigt um 10%.

Aus den Zahlenbeispielen der Definition zeigt sich, dass die Elastizität auch als Sensibilität interpretiert werden kann. Die hohe Elastizität des ersten Zahlenbeispiels führt dazu, dass durch eine *kleine* Preisänderung von 2% ein starker Effekt auf die nachgefragte Menge entsteht. Im zweiten Zahlenbeispiel ist der Wert der Elastizität auf ein Drittel reduziert worden. Selbst eine Preisveränderung von 5% bewirkt keinen entsprechend gleich großen Effekt für die nachgefragte Menge.

Wird die Preiselastizität statt aus der Perspektive des Individuums aus der Perspektive des Unternehmers betrachtet, so bietet sie ein einfaches Instrument zur Gewinnoptimierung. Dies kann durch ein weiteres Zahlenbeispiel verdeutlicht werden:

**Beispiel 4.3 Preiselastizität der Nachfrage**
Durch eine Kundenbefragung zur Zahlungsbereitschaft sei ein Unternehmer in der Lage, abzuschätzen wie sensibel seine Kunden auf Preisänderungen reagieren. Der Unternehmer habe drei Kundengruppen (A,B,C) und könne für jede der drei Kundengruppen folgende Werte der Preiselastizität der Nachfrage ermitteln:

$$\epsilon_{A;x,p_x} = -2 \qquad (4.82)$$
$$\epsilon_{B;x,p_x} = -1 \qquad (4.83)$$
$$\epsilon_{C;x,p_x} = -\frac{1}{2} \qquad (4.84)$$

Der Unternehmer überlegt nun, für welche Kundengruppe es sinnvoll ist, die Preise zu reduzieren, und berechnet mittels der Elastizität die Auswirkung einer Preissenkung von 3%.

$$A: \quad -2 \cdot -3 = +6 \tag{4.85}$$
$$B: \quad -1 \cdot -3 = +3 \tag{4.86}$$
$$C: \quad -\frac{1}{2} \cdot -3 = +1,5 \tag{4.87}$$

Für alle Kundengruppen steigt durch die Reduzierung des Preises die nachgefragte Menge. Diese Betrachtungsweise reicht jedoch nicht aus, um die Vorteilhaftigkeit einer Preissenkung zu betrachten. Da der Umsatz das Produkt aus Preis und Menge ($R(x) = p(x) \cdot x$) ist, stehen sich die Veränderungen von Preis und Menge genau gegenüber. Da in Kundengruppe A die Preisreduzierung von 3% durch eine Steigerung der abgesetzten Menge um 6% überkompensiert wird, steigt der Umsatz und der Unternehmer sollte sich hier für eine Preisreduzierung entscheiden. Für Kundengruppe B wird die Absatzsteigerung durch die Preisreduzierung aufgewogen. Im Falle der Kundengruppe C sinkt sogar der Umsatz, da die Preisreduzierung größer ausfällt als die damit erreicht Steigerung der abgesetzten Menge.

Die drei im Zahlenbeispiel geschilderten Bereiche werden üblicherweise verwendet, um die (individuelle) Nachfragefunktion zu charakterisieren. Im oberen Bereich der Nachfragefunktion führen Preisänderungen zu überproportionalen Veränderungen der Menge. Dieser Bereich wird als *elastisch* bezeichnet.

In dem Punkt, in dem Preisänderungen proportional in Mengenänderungen übertragen werden und damit keine Änderungen für den Umsatz des Unternehmers entstehen, wird von einer *isoelastischen* Nachfrage gesprochen. Unterhalb des isoelastischen Punktes wird die Nachfrage als *unelastisch* bezeichnet.

Abbildung 4.2: Elastizitäten an der Nachfragefunktion

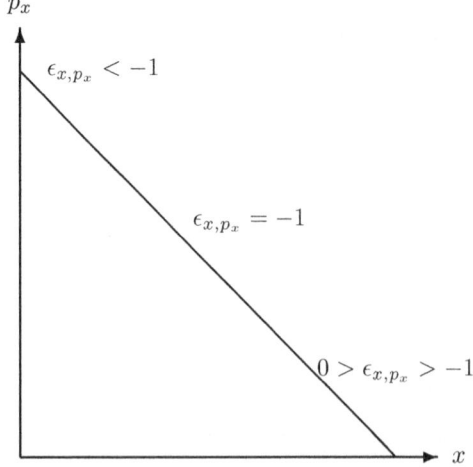

Abbildung 4.2 skizziert den isoelastischen Punkt und die beiden beschriebenen Bereiche. Je nach den Parametern der Nachfrage liegt der isoelastische Punkt

## 4.6. ELASTIZITÄT

an unterschiedlichen Orten, so dass sich auch ein unterschiedlich großer elastischer und unelastischer Bereich ergibt. In den beiden Achsenabschnitten der Nachfragefunktion liegen die Extremwerte der Elastizität.

Im Achsenabschnitt an der Preisachse (Reservationspreis) erreicht die Preiselastizität der Nachfrage den Wert $-\infty$. Im Reservationspreis wird noch keine Menge nachgefragt. Hier führt selbst eine minimale Senkung des Preises zu einem prozentual unendlich großen Sprung der Nachfrage (z.B. von 0 auf 0,0001).

Umgekehrt ist im Achsenabschnitt der Nachfragefunktion mit der x-Achse die Preiselastizität der Nachfrage auf Null gesunken. Auch durch weitere Preissenkungen kann die Nachfrage in diesem Punkt nicht mehr stimuliert werden. Größere Absatzmengen sind nicht möglich.

In Abschnitt 3.7 wurden bereits drei besondere Nachfragefunktionen vorgestellt. Die konvexe Nachfragefunktion in Abbildung 3.5 stellt den Sonderfall einer Nachfragefunktion dar, die entlang des ganzen Kurvenverlaufs isoelastisch ($\epsilon_{x,p_x} = -1$) ist. In diesem Fall kann ein anbietender Unternehmer keine Umsatzsteigerung durch Preisveränderungen erwarten.

Abbildung 3.6 stellte den Fall einer rigiden Nachfragefunktion dar. Entlang der ganzen Nachfragefunktion nimmt die Preiselastizität der Nachfrage den Wert von Null ein. Keine Preisänderung der Unternehmen führt hier zu einer Veränderung der nachgefragten Menge.

Im letzten Falle wurde durch Abbildung 3.7 die Situation beschrieben, in der die Unternehmen keine Marktmacht haben. Bei einer (voll) elastischen Nachfragefunktion können Unternehmen ihre Preise nicht variieren, da Sie damit rechnen müssen, dass alle Kunden umgehend auf einen anderen Anbieter ausweichen werden. Die Preiselastizität der Nachfrage erreicht hier den Wert von $-\infty$.

### 4.6.2 Einkommenselastizität

Das vorgestellte Prinzip der Elastizität lässt sich auf viele verschiedene Zusammenhänge übertragen. Da die Nachfrage nicht nur vom Preis eines Gutes, sondern auch vom Einkommen abhängt, ist es naheliegend, auch die Einkommenselastizität der Nachfrage zu untersuchen.

**Definition 4.3 Einkommenselastizität**
Die Einkommenselastizität (der Nachfrage) wird unter Verwendung der Ableitung der Nachfragefunktion wie folgt definiert:

$$\epsilon_{x,m} = \frac{\partial x}{\partial m} \cdot \frac{m}{x} \qquad (4.88)$$

$\epsilon_{x,m}$ wird analog zu $\epsilon_{x,p_x}$ interpretiert. Bei $\epsilon_{x,m} = +5$ führt eine Steigerung des Einkommens um 2% zu einer Steigerung der nachgefragten Menge nach $x$ von 10%.

Für die meisten Güter wird die Einkommenselastizität der Nachfrage positive Werte annehmen, da davon auszugehen ist, dass mit zunehmendem Einkommen auch mehr gekauft wird. Dies kann zum Beispiel anhand der zuvor ermittelten (individuellen) Nachfrage gezeigt werden.

$$x = \frac{1}{2}\frac{m}{p_x} \tag{4.89}$$

$$\frac{\partial x}{\partial m} = \frac{1}{2}\frac{1}{p_x} \tag{4.90}$$

$$\epsilon_{x,m} = \frac{\partial x}{\partial m} \cdot \frac{m}{x} \tag{4.91}$$

$$\epsilon_{x,m} = \frac{1}{2}\frac{1}{p_x} \cdot \frac{m}{x} \tag{4.92}$$

$$\epsilon_{x,m} = \frac{1}{2}\frac{1}{p_x} \cdot \frac{m}{\frac{1}{2}\frac{m}{p_x}} \tag{4.93}$$

$$\epsilon_{x,m} = \frac{1}{2}\frac{1}{p_x} \cdot m \cdot \frac{2}{1}\frac{p_x}{m} \tag{4.94}$$

$$\epsilon_{x,m} = +1 \tag{4.95}$$

Für die Nachfragefunktion wird eine Einkommenselastizität von +1 ermittelt, so dass eine Steigerung (Reduzierung) des Einkommens um 1% zu einer Steigerung (Reduzierung) der nachgefragten Menge um 1% führt. Die Proportionalität zwischen Einkommensveränderung und Nachfrageveränderung muss aber nicht immer gegeben sein. Beispielsweise wurde in der Definition der Einkommenselastizität der Nachfrage eine überproportionale Situation beschrieben.

### 4.6.3 Kreuzpreiselastizität

Am Ende des Abschnitts zur Komparativen Statik wurden neben den Ableitungen der Nachfragefunktionen nach dem Einkommen und dem *eigenen* Preis so genannte Kreuzpreisableitungen gebildet. In Gleichung (4.78) wurde ermittelt, welchen Einfluss Veränderungen des Preises von $y$ auf die nachgefragte Menge von $x$ haben. Entsprechend zeigte Gleichung (4.80) den umgekehrten Fall, in dem die Wirkung der Veränderung des Preises von $x$ auf die nachgefragte Menge von $y$ haben. Dieser Untersuchungsgegenstand lässt sich auch mittels Elastizitäten untersuchen.

**Definition 4.4 Kreuzpreiselastizität**
Die Kreuzpreiselastizitäten der Nachfragen nach $x$ sowie nach $y$ und den jeweils anderen Preisen sind wie folgt definiert:

$$\epsilon_{x,p_y} = \frac{\partial x}{\partial p_y} \cdot \frac{p_y}{x} \tag{4.96}$$

$$\epsilon_{y,p_x} = \frac{\partial y}{\partial p_x} \cdot \frac{p_x}{y} \tag{4.97}$$

### 4.6.4 Charakterisierung von Gütern mittels Elastizitäten

Die vorgestellten Typen der Elastizität lassen sich nutzen, um verschiedene Arten von Gütern zu charakterisieren. Wenn $\epsilon_{x,p_y}$ Werte annimmt, die kleiner als

## 4.6. ELASTIZITÄT

Null sind, führt eine Preissteigerung für $y$ zu einer Reduzierung der nachgefragten Menge von $x$. Diese Form des Zusammenhangs zwischen beiden Nachfragen ist typischerweise dann der Fall, wenn die beiden Güter gemeinsam oder nacheinander konsumiert werden. Diese Güter werden als **Komplemente**, Komplementärgüter oder Ergänzungsgüter bezeichnet.

**Beispiel 4.4 Komplemente 1**
Während der 1990er Jahre waren Drucker im Vergleich zu heute wesentlich teurer. In kürzester Zeit haben dann die meisten Hersteller die Preise für Drucker wesentlich reduziert und gleichermaßen die Preise von Druckerpatronen oder Lasertonern wesentlich erhöht.

Die Ursache liegt in einer Überlegung der Marktforschungsabteilung: Nachdem sich Kunden für ein bestimmtes Druckermodell entschieden haben, werden sie bei leerer Tinte oder leerem Toner nicht über die Neuanschaffung nachdenken und sind (meistens) an die Druckerpatronen oder Lasertoner eines bestimmten Herstellers gebunden. Werden also die Preise für Drucker wesentlich verbilligt, so binden sich die Kunden an ein Druckermodell. Verzichtete Renditen aus dem Verkauf der Drucker werden durch den Verkauf der Nachfüllpatronen und -toner kompensiert. Gleichermaßen werden durch den Wechselunwillen der Kunden Marktanteile stabilisiert.

In der Begrifflichkeit der Komplemente formuliert, würde der Preis der Drucker durch $p_y$ beschrieben und die nachgefragte Menge nach Nachfüllpatronen oder -tonern durch $x$. Die vorliegende negative Kreuzpreiselastizität hat also zu einer Steigerung der nachgefragten Menge geführt.

Aus dem geschilderten Beispiel wird aber noch ein zweiter Effekt deutlich:

$$\epsilon_{x,p_y} \neq \epsilon_{y,p_x} \tag{4.98}$$

Kreuzpreiselastizitäten müssen sich nicht entsprechen. Während zwischen dem Preis der Drucker ($p_y$) und der nachgefragen Menge nach Nachfüllpatronen oder -tonern ($x$) eine negative Kreuzpreiselastizität vorliegt, ist die Kreuzpreiselastizität zwischen dem Preis der Nachfüllpatronen ($p_x$) und der nachgefragten Menge der Drucker $y$ nahezu Null. Preissteigerungen bei Nachfüllpatronen wirken sich nur unwesentlich auf die verkaufte Menge an Druckern aus.

**Beispiel 4.5 Komplemente 2**
Ein weiteres Beispiel für Komplemente ist der Verkauf von Rasierern und Rasierklingen. Auch hier zeigen sich unterschiedliche Kreuzpreiselastizitäten, da die Kunden bei deutlichen Preissteigerungen für Rasierer einer Marke eine andere Marke bevorzugen würden, während sie bei den kontinuierlich steigenden Klingenpreisen nur selten die Marke wechseln.

Als Gegenteil zu den Komplementen lassen sich **Substitute** oder Ersatzgüter durch positive Kreuzpreiselastizitäten charakterisieren.

**Beispiel 4.6 Substitute**
In den letzten Jahren hat eine Reihe von Bäckereiketten die größeren Innenstädte erobert. Wird nun ein Bäcker verglichen, der seine Teigwaren selbst herstellt,

so lässt sich möglicherweise ein qualitativer Unterschied zwischen beiden Gütern - $x$ = Brötchen aus Eigenerzeugung - und - $y$ = Brötchen aus Backling von der Bäckereikette - feststellen. Kunden, deren Interesse weniger auf diesen qualitativen Unterschied gerichtet ist, werden sich nur an der Bedürfnisbefriedigung (Hunger stillen) orientieren und preissensibel zur günstigeren Bäckereikette wechseln. Hier liegt also eine positive Kreuzpreiselastizität ($\epsilon_{x,p_y} > 0$) vor. Preissenkungen der Bäckereikette führen zu einem Rückgang der nachgefragten Menge bei etablierten Bäckereien.

**Beispiel 4.7 Transitivität von Substituten und Komplementen**
Das Prinzip der Transitivität wurde bereits kurz bei der Beschreibung von Präferenzen und Nutzenfunktionen angesprochen: Lassen sich also aus mehreren paarweisen Vergleichen Schlüsse über andere paarweise Vergleiche ziehen? Ist ein Gut A Substitut für B und B ein Substitut für C. Kann dann gefolgert werden, dass A auch Substitut für C ist?

Entsprechende Überlegungen lassen sich auch für Komplemente anstellen. Die Überlegungen lassen sich leicht mit Gegenbeispielen belegen.

**Substitute:**
Geht es darum, kurz eine Notiz zu machen, so sind schwarze Kugelschreiber Substitut für blaue Kugelschreiber und diese sind wiederum Substitut für andere blaue Stifte. Der schwarze Kugelschreiber ist aber gleichermaßen Substitut für andere blaue Stifte und entsprechend umgekehrt, so dass grundsätzlich gefolgert werden kann, **dass Substitute transitiv sind**.

**Komplemente:**
Dieselbe Transitivitätsrelation lässt sich leider nicht auf Komplemente übertragen. So werden beispielsweise beim Frühstück Müsli und Milch oft komplementär verwendet. Milch ist für viele Menschen auch ein Komplement von Kaffee. Dennoch werden Müsli und Kaffee fast nie komplementär (zusammen) konsumiert. Hier sind paarweise Vergleiche nicht übertragbar.

Die Einkommenselastizität lässt sich ebenfalls zur Charakterisierung von Gütern nutzen. In den meisten Fällen wird gelten $\epsilon_{x,m} > 0$, so dass zunehmendes Einkommen zu zunehmender Nachfrage nach einem Gut führt. Lebensmittel eignen sich als gutes Unterscheidungsbeispiel:

**Beispiel 4.8 Normale und inferiore Güter**
Es lässt sich statistisch zeigen, dass Menschen mit zunehmendem Einkommen auch mehr Geld für Lebensmittel ausgeben. Diese Ausgaben verteilen sich aber nicht gleichmäßig in ein *Mehr*, wie bei einer Elastizität von $\epsilon_{x,m} = +1$ erwartet werden könnte.

Angenommen, ein Studienabsolvent tritt seinen Beruf an, so steigt üblicherweise sein Einkommen gegenüber Studienzeiten wesentlich. Während er zu Studienzeiten vielleicht einmal in der Woche ins Restaurant ging und viermal in der Mensa zu Mittag aß, wird er nun möglicherweise seine Konsumgewohnheiten umstellen und die ganze Woche seine Mittagspause im Restaurant verbringen, während er gar nicht mehr in die Mensa geht.

Mit zunehmendem Einkommen hat sich für diesen ehemaligen Studierenden die

## 4.6. ELASTIZITÄT

nachgefragte Menge nach Mensamittagessen reduziert, was $\epsilon_{x,m} < 0$ entspricht. Gegenüber dem Restaurantmittagessen ist das Mensamittagessen ein **inferiores Gut**.

Da mit zunehmendem Einkommen das Restaurantmittagessen stärker nachgefragt wird (und dies der übliche Fall ist), wird es als **normales Gut** bezeichnet. Hier gilt $\epsilon_{x,m} > 0$.

**Beispiel 4.9 Notwendige und Luxusgüter**
Normale Güter lassen sich noch in zwei Fälle unterteilen. Für manche Güter führt die Zunahme an Einkommen zu einer unterproportionalen Zunahme der Nachfrage, während andere Güter überproportional stärker nachgefragt werden.

Angenommen, der ehemalige Studienabsolvent befinde sich nunmehr ein Jahr im Beruf und habe gerade eine Gehaltserhöhung von 20% erhalten, so wird er wohl kaum einen Anreiz haben, auch 20% öfter (also an 6 statt 5 Mittagspausen in Tagen) das Restaurantmittagessen nachzufragen. Seine Nachfrage im Restaurant wird möglicherweise deswegen steigen, weil er sich gelegentlich für ein teureres Menü oder einen ergänzenden Nachtisch entscheidet. Es lässt sich aber leicht nachvollziehen, dass es sich dabei um unterproportionale Nachfragesteigerungen handelt. Die Einkommenselastizität der Nachfrage bewegt sich dann zwischen 0 und 1. Wenn das Einkommen um 1% steigt, steigt die nachgefragte Menge um weniger als 1% und umgekehrt. Güter mit einer Elastizität in diesem Bereich ($0 < \epsilon_{x,m} < 1$), werden als **Notwendige Güter** bezeichnet.

Der Studierende wird mit der Gehaltserhöhung aber überproportional Ausgaben für Urlaube, Autos oder andere Freizeitaktivitäten tätigen. $\epsilon_{x,m} > 1$ formuliert derartige überproportionale Nachfrageveränderungen infolge von Einkommensveränderungen. Derartige Güter werden als **Luxusgüter** bezeichnet.

Auch beim umgekehrten Fall scheint die Bezeichung als Luxusgüter sinnvoll gewählt. Konjunkturflauten übertragen sich in der Regel überproportional auf die Freizeitindustrie und Luxusgüterhersteller. Menschen, die Angst davor haben, arbeitslos zu werden, denken seltener über größere Anschaffungen nach. Personen, die gerade ihren Job verloren haben, gehen seltener in Urlaub.

Eine dritte Unterscheidungsmöglichkeit bietet die Preiselastizität der Nachfrage. Zwar ist sie für die meisten Güter negativ, weil es intuitiv schlüssig erscheint, dass mit zunehmenden Preisen weniger nachgefragt wird. Es lassen sich aber einzelne Sonderfälle darstellen, in denen die Preiselastizität der Nachfrage positiv wird.

**Beispiel 4.10 Gewöhnliche und Giffen-Güter**
In Entwicklungsländern sind die Preisunterschiede zwischen landwirtschaftlichen Gütern wie Getreide und Fleisch noch deutlich größer als in Industrienationen. Für das Beispiel wird angenommen, dass das Preisverhältnis zwischen Nudeln und Fleisch 1 zu 20 sei. Von 100 € Monatseinkommen wird ein beispielhafter Nachfrager möglicherweise 90 € für Nudeln verwenden und sich mit den verbleibenden 10 € wenigstens gelegentlich mal ein wenig Fleisch *gönnen*.

Werden nun die Nudeln aufgrund steigender Getreidepreise wesentlich teurer, führt dies zu einer Zunahme der nachgefragten Menge nach Nudeln und einer Abnahme der nachgefragten Menge nach Fleisch. Auf den ersten Blick klingt es paradox, von einem teurer werdenden Lebensmittel mehr zu kaufen, ohne den Eindruck zu haben, dass mit der Preissteigerung wesentliche Qualitätsverbesserungen verbunden wären.

Der Grund der Beobachtung liegt im wesentlich unterschiedlichen Preis und den wesentlich unterschiedlichen Einkommensanteilen, die für die beiden Güter ausgegeben werden. Der Nachfrager hat in jedem Monat einen nahezu konstanten Kalorienbedarf, den er aus dem Verzehr von Nudeln und Fleisch decken kann. Steigt der Preis der Nudeln, mit denen er den überwiegenden Anteil des Kalorienbedarfs deckt, kann sich der Nachfrager nicht mehr leisten, den restlichen Anteil des Kalorienbedarfs über Fleisch zu decken, und muss entsprechend auf Nudeln ausweichen.

Nudeln sind in diesem Fall ein so genanntes Giffen-Gut. Giffen-Güter sind nach ihrem Entdecker benannt und durch eine positive Preiselastizität der Nachfrage ($\epsilon_{x,p_x} > 0$) charakterisiert. Güter mit einer üblicherweise negativen Preiselastizität der Nachfrage werden entsprechend als gewöhliche Güter bezeichnet.

Tabelle 4.1: Überblick Elastizitäten und Bezeichnungen

| Preiselastizität | |
|---|---|
| $\epsilon_{x,p_x} < 0$ | Gewöhnliche Güter |
| $\epsilon_{x,p_x} > 0$ | Giffen-Güter |
| **Einkommenselastizität** | |
| $\epsilon_{x,m} < 0$ | Inferiore Güter |
| $0 < \epsilon_{x,m} < 1$ | Notwendige Güter |
| $\epsilon_{x,m} > 1$ | Luxus-Güter |
| **Kreuzpreiselastizität** | |
| $\epsilon_{x,p_y} < 0$ | Komplemente |
| $\epsilon_{x,p_y} > 0$ | Substitute |

Tabelle 4.1 gibt einen zusammenfassenden Überblick über die verschiedenen erläuterten Gütertypen und deren Bezeichnungen.

## Aufgabe 4.9 Elastizitäten

Verwenden Sie die folgenden Nachfragefunktionen und ermitteln Sie jeweils die Preiselastizität der Nachfrage, die Einkommenselastizität der Nachfrage sowie die möglichen Kreuzpreiselastizitäten. Verwenden Sie, wenn möglich, Tabelle 4.1, um die verschiedenen Güter zu charakterisieren.

$$x = \frac{1}{3}\frac{m}{p_x} \tag{4.99}$$

$$x = \frac{1}{2}\frac{2 \cdot m}{p_x} \tag{4.100}$$

$$x = \frac{1}{2}\frac{m^2}{p_x} \tag{4.101}$$

$$x = \frac{1}{2}\frac{m}{2 \cdot p_x} \tag{4.102}$$

$$x = \frac{1}{2}\frac{p_y \cdot m}{p_x} \tag{4.103}$$

$$x = \frac{1}{2}\frac{p_y \cdot m}{p_x \cdot p_y} \tag{4.104}$$

## 4.7 Substitutions- und Einkommenseffekt

Durch die Diskussion der Komparativen Statik und der Elastizitäten besteht bereits ein erster Eindruck über die Dynamik von Nachfrageentwicklungen infolge von Preisveränderungen. Genauer betrachtet, kann der Effekt einer Preisänderung jedoch in zwei Teileffekte zerlegt werden.

Unter anderem in Abschnitt 4.2.4 wurde deutlich, dass die Nachfrageentscheidung von Individuen wesentlich von Verhältnissen abhängt. Verdoppelt sich beispielsweise der Preis $p_x$ von 5 auf 10, so wird ein repräsentatives Individuum noch denselben Einkommensanteil für $x$ verwenden, kann allerdings nur die Hälfte der Menge von $x$ kaufen. Neben dieser Betrachtung der **absoluten** Preisänderung von $x$, kann auch eine relative Betrachtung der Preise von $x$ und $y$ vorgenommen werden.

$$\frac{p_{x;alt}}{p_y} = \frac{5}{10} = \frac{1}{2} \tag{4.105}$$

$$\frac{p_{x;neu}}{p_y} = \frac{10}{10} = \frac{1}{1} \tag{4.106}$$

Angenommen der Preis von $y$ betrage vor und nach der Preisänderung jeweils 10 €, so zeigt sich, dass aus der Relation 1 zu 2 jetzt eine Relation 1 zu 1 geworden ist. Aus der veränderten Preisrelation entwickelt sich bei einem Individuum der Wunsch, vom relativ teurer gewordenen $x$ auf das relativ günstiger gewordene $y$ auszuweichen.

**Definition 4.5 Substitutionseffekt**
Ändert sich in einem System aus mehreren Preisen der Preis wenigstens eines Gutes $i$, so passen die Individuen ihre Nachfrage derart an, dass sie weniger vom relativ teurer gewordenen Gut konsumieren. Steigt also der Preis von Gut $i$, weichen die Individuen auf andere Güter aus und fragen weniger $i$ nach. Sinkt der Preis von Gut $i$, fragen die Individuen mehr $i$ nach. Bleibt der Preis von Gut $i$ konstant, steigen (sinken) aber die Preise anderer Güter, fragen die Individuen mehr (weniger) $i$ nach.

Der **Substitutionseffekt** beschreibt die mengenmäßigen Veränderungen der verschiedenen nachgefragten Mengen. Kann das Individuum beispielsweise zwischen zwei Gütern $x$ und $y$ entscheiden und werden die Preise für $x$ erhöht, so beschreibt der Substitutionseffekt bezogen auf $x$ die üblicherweise stattfindende Reduzierung der Nachfrage nach $x$ und gleichzeitig stellt der Substitutionseffekt bezogen auf $y$ die üblicherweise stattfindende Steigerung der Nachfrage nach $y$ dar.

Um ihren Nutzen bei Preisveränderungen möglichst konstant zu halten, werden die Individuen zwar versuchen, weniger von (relativ) teurer gewordenen Gütern nachzufragen. Dennoch werden sie nicht in der Lage sein, Preissteigerungen voll durch die Ausweichbewegung zu kompensieren. Jede Preissteigerung für Güter die nachgefragt werden, führt zu einer Erhöhung des allgemeinen Preisniveaus, weil der Preis eines einzelnen Gutes Teil des Preisniveaus ist. Der Anteil der Nachfrageveränderung, der sich nicht aus der Ausweichbewegung, sondern der Veränderung des Preisniveaus - also der Veränderung der Kaufkraft - erklären lässt, wird als Einkommenseffekt bezeichnet.

**Definition 4.6 Einkommenseffekt**
Einzelne Preisänderungen wirken sich auf das Preisniveau aus. Steigt (sinkt) der Preis eines Gutes $i$, steigt (sinkt) gleichermaßen das Preisniveau. Bei steigendem (sinkendem) Preisniveau verfügen die Individuen über eine geringere (höhere) Kaufkraft. Verändern sich die Preise verschiedener Güter, so verändert sich auch deren Preisverhältnis. Der Teil der Nachfrageänderung, der sich nicht durch ein Ausweichen zwischen verschiedenen Gütern erklären lässt, muss auf die Veränderung der Kaufkraft zurück geführt werden und wird in Anlehnung an das Realeinkommen der Individuen als **Einkommenseffekt** bezeichnet.

### 4.7.1 Zerlegung nach Slutzky

Um die gesamte Nachfrageänderung in die beiden beschriebenen Teileffekte zerlegen zu können, muss erst eine Referenz für die Ausweichbewegung der Individuen definiert werden. Zwei Verfahren werden üblicherweise zur Bestimmung des Substitutionseffektes vorgestellt.

Das Verfahren nach Slutzky orientiert sich am Wunsch der Individuen, **weiterhin dieselbe Anzahl an Gütern kaufen zu können**. Um den Einkommenseffekt aus der gesamten Nachfrageänderung auszublenden, wird ein hypothetisches Einkommen ermittelt, welches notwendig wäre, **um bei veränderten Preisen die bisher nachgefragten Mengen kaufen zu können**. Dazu wird wieder das bisher durchgängig verwendete Zahlenbeispiel herangezogen:

## 4.7. SUBSTITUTIONS- UND EINKOMMENSEFFEKT

$$x = \frac{1}{2}\frac{m}{p_x} \qquad (4.107)$$

$$y = \frac{1}{2}\frac{m}{p_y} \qquad (4.108)$$

Aus der Nutzenmaximierung unter Nebenbedingung ergaben sich die dargestellten individuellen Nachfragefunktionen nach $x$ und $y$. Bei einem Einkommen von $m = 100$ und Preisen von $p_x = 5$ und $p_y = 10$ ergeben sich die folgenden nachgefragten Mengen:

$$x^* = \frac{1}{2}\frac{m}{p_x} = \frac{1}{2}\frac{100}{5} = 10 \qquad (4.109)$$

$$y^* = \frac{1}{2}\frac{m}{p_y} = \frac{1}{2}\frac{100}{10} = 5 \qquad (4.110)$$

Um die Mengen, die vor und nach der Preiserhöhung optimalerweise nachgefragt werden, unterscheiden zu können, wird das alte Optimum mit einem Sternchen und das neue Optimum mit zwei Sternchen gekennzeichnet. Mit dem neuen Preis von $p_{x;n} = 10$ ändern sich die nachgefragten Mengen auf:

$$x^{**} = \frac{1}{2}\frac{m}{p_{x;n}} = \frac{1}{2}\frac{100}{10} = 5 \qquad (4.111)$$

$$y^{**} = \frac{1}{2}\frac{m}{p_y} = \frac{1}{2}\frac{100}{10} = 5 \qquad (4.112)$$

Der Gesamteffekt bezogen auf beide Güter wird bestimmt, indem von der neuen optimalen Menge die zuvor optimalerweise nachgefragte Menge abgezogen wird.

$$GE_x = x^{**} - x^* = 5 - 10 = -5 \qquad (4.113)$$

$$GE_y = y^{**} - y^* = 5 - 5 = 0 \qquad (4.114)$$

Gleichung (4.113) zeigt, dass der Gesamteffekt bezogen auf $x$ negativ ist. Durch die Preiserhöhung sinkt die nachgefragte Menge. Aus Gleichung (4.114) geht hervor, dass der Gesamteffekt bezogen auf $y$ Null ist. Vor und nach der Preiserhöhung wird dieselbe Menge an $y$ nachgefragt. Die Preisänderung von $x$ hat insgesamt keinen Einfluss auf die nachgefragte Menge von $y$.

Soll beim neuen Preis $p_{x;n}$ die alte Gütermenge gekauft werden, so wäre das folgende hypothetische Einkommen $m_h$ notwendig:

$$m_h = p_{x;n} \cdot x^* + p_y \cdot y^* \qquad (4.115)$$

$$m_h = 10 \cdot 10 + 10 \cdot 5 = 150 \qquad (4.116)$$

Um beim gestiegenen Preis von $x$ noch dieselben Mengen kaufen zu können, wäre ein Einkommen von 150 € statt 100 € notwendig. Hätte das Individuum tatsächlich 150 € zur Verfügung, so würden sich folgende, hypothetisch nachgefragte Mengen an $x$ und $y$ ergeben:

$$x_h = \frac{1}{2}\frac{m_h}{p_{x;n}} = \frac{1}{2}\frac{150}{10} = 7,5 \qquad (4.117)$$

$$y_h = \frac{1}{2}\frac{m_h}{p_y} = \frac{1}{2}\frac{150}{10} = 7,5 \qquad (4.118)$$

Hypothetisch würde das Individuum auf jeweils 7,5 Einheiten ausweichen und der Substitutionseffekt nach Slutzky lässt sich durch die nachgefragten Mengen nach Ausweichbewegung abzüglich der alten optimalen Mengen ermitteln:

$$SE_x = x_h - x^* = 7,5 - 10 = -2,5 \qquad (4.119)$$

$$SE_y = y_h - y^* = 7,5 - 5 = +2,5 \qquad (4.120)$$

Durch das relativ teurer gewordene Gut $x$ ergibt sich ein Ausweichen von $x$ auf $y$ und daher ein negativer Substitutionseffekt bezogen auf $x$ von -2,5, während der Substitutionseffekt bezogen auf $y$ +2,5 beträgt.

Verbleibende Mengenänderungen sind auf den Einkommenseffekt zurückzuführen. Da der Gesamteffekt bereits bestimmt wurde, lässt sich der Einkommenseffekt aus der Differenz von Gesamt- und Substitutionseffekt ermitteln.

$$GE_i = SE_i + EE_i \qquad (4.121)$$

$$GE_i - SE_i = EE_i \qquad (4.122)$$

$$EE_x = GE_x - SE_x = -5 - -2,5 = -2,5 \qquad (4.123)$$

$$EE_y = GE_y - SE_y = 0 - 2,5 = -2,5 \qquad (4.124)$$

Bezogen auf $x$ erreicht der Einkommenseffekt noch einmal dasselbe Ausmaß wie der Substitutionseffekt. Bezogen auf $y$ gleichen sich Einkommens- und Substitutionseffekt gerade aus.

Wie lassen sich die Veränderungen und Effekte grafisch nachvollziehen?

## 4.7. SUBSTITUTIONS- UND EINKOMMENSEFFEKT

Abbildung 4.3: Grafische Veranschaulichung der Preisänderung

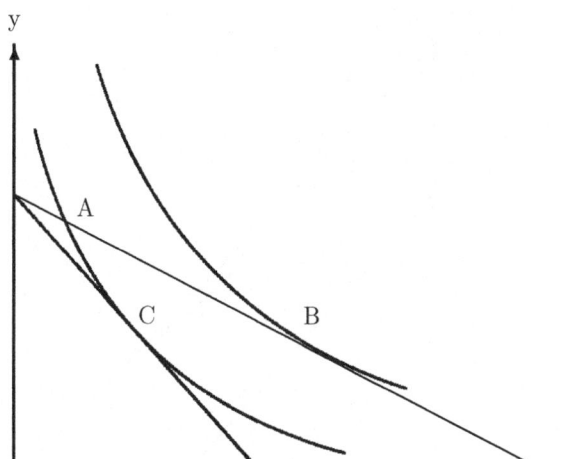

Durch die Verdoppelung des Preises $p_x$ halbiert sich der Achsenabschnitt an der x-Achse. Während sich das Individuum zuvor zwischen den beiden Punkten A und B für den Punkt B entschied, kann es jetzt nur noch den Punkt C erreichen, der auf einer unteren Indifferenzkurve liegt.

$$y = \frac{m}{p_y} - \frac{p_x}{p_y} \cdot x \qquad (4.125)$$

Aus der mathematisch dargestellten Budgetfunktion folgt, dass der Achsenabschnitt der Budgetgerade durch $\frac{m}{p_y}$ beschrieben werden kann. Wird nun also das hypothetische Einkommen gesucht, das nötig ist, um bei neuen Preisen das alte Güterbündel zu kaufen, so entspricht dies grafisch einer Verschiebung der Budgetgerade nach oben, bis sie den zuvor optimalen Punkt B schneidet. (Bemerkung: Die Steigung der hypothetischen Budgetgeraden entspricht der neuen Preisrelation und kann dann im Punkt B zwingend nicht mehr die Tangentialbedingung erfüllen, die vor der Preiserhöhung galt.)

Mit anderen Worten ist das Güterbündel aus $x$ und $y$ beim so ermittelten hypothetischen Einkommen nicht optimal. Dies erklärt die Ausweichbewegung des Substitutionseffektes.

Abbildung 4.4: Hypothetische Budgetgerade nach Slutzky

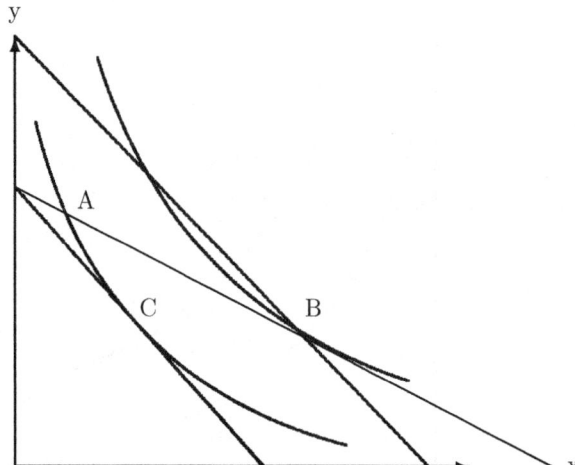

Theoretisch könnte das Individuum durch die neu eingezeichnete, hypothetische Budgetgerade in Abbildung 4.4 eine noch höhere Indifferenzkurve erreichen. Werden ausgehend von diesem hypothetischen Tangentialpunkt die Werte der x- und y-Achse abgelesen, lassen sich die hypothetischen Mengen an $x$ und $y$ bestimmen, die zuvor zur Berechnung des Substitutionseffektes verwendet wurden. Die verbleibenden Bewegungen entlang der x- und y-Achse bis zum neuen Tangentialpunkt entsprechen dem verbleibenden Einkommenseffekt.

### 4.7.2 Zerlegung nach Hicks

Als Alternative zur Zerlegung des Gesamteffekts nach Slutzky orientiert sich die Zerlegung nach Hicks stärker am erreichten Nutzen der Individuen. Hier wird das hypothetische Einkommen nicht bestimmt, um damit das zuvor optimale Güterbündel kaufen zu können. Es soll vielmehr genau den Nutzen konstant halten. Grafisch betrachtet, wird hier die hypothetische Budgetgerade dieselbe Steigung wie die Budgetgerade mit neuen Preisen haben. Sie wird im Vergleich zur hypothetischen Budgetgerade nach Slutzky aber weiter *innen* liegen, da sie die alte Indifferenzkurve nur tangieren und nicht im alten Optimum B schneiden muss.

## 4.7. SUBSTITUTIONS- UND EINKOMMENSEFFEKT

Abbildung 4.5: Hypothetische Budgetgerade nach Hicks

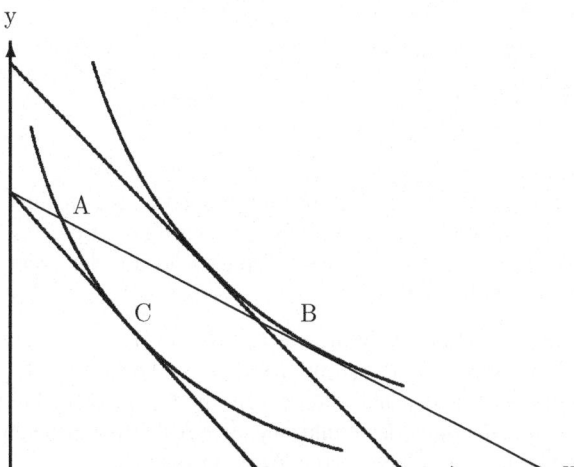

Abbildung 4.5 veranschaulicht den Unterschied. Die weiter *innen* liegende, hypothetische Budgetgrade bewirkt auch eine andere Aufteilung zwischen Einkommens- und Substitutionseffekt, so dass bei Preissteigerungen von $x$ (wie im bisherigen Zahlenbeispiel) ein betragsmäßig größerer Substitutionseffekt und entsprechend ein betragsmäßig kleinerer Einkommenseffekt entsteht. Bei Preisreduzierungen für $x$ würde sich das entsprechende Gegenteil ergeben.

Rechnerisch muss bei der Hicks-Zerlegung zuerst der Nutzen bestimmt werden, der sich im alten Optimum ergibt.

$$x = \frac{1}{2}\frac{m}{p_x} \tag{4.126}$$

$$y = \frac{1}{2}\frac{m}{p_y} \tag{4.127}$$

$$u(x,y) = x \cdot y \tag{4.128}$$

Die zur Wiederholung dargestellten (individuellen) Nachfragefunktionen ergaben sich aus der zuletzt beschriebenen Nutzenfunktion. Da vor der Preiserhöhung 10 Einheiten von $x$ und 5 Einheiten von $y$ nachgefragt wurden, ergibt sich ein Nutzen von 50.

$$u(x,y) = x \cdot y = 10 \cdot 5 = 50 \tag{4.129}$$

Danach wird die zuvor untersuchte Optimalitätsbedingung genutzt, um die Ausweichbewegung entlang der Indifferenzkurve nachvollziehen zu können.

$$\frac{\frac{\partial u(x,y)}{\partial x}}{\frac{\partial u(x,y)}{\partial y}} = \frac{p_x}{p_y} \tag{4.130}$$

$$\frac{y}{x} = \frac{5}{10} \tag{4.131}$$

$$\frac{5}{10} = \frac{5}{10} \tag{4.132}$$

Gleichung (4.130) stellt die Optimalitätsbedingung in ihrer allgemeinen Form dar. In der folgenden Gleichung (4.131) wurden auf der linken Seite die Ableitungen der Nutzenfunktion des Beispiels und auf der rechten Seite Preise vor der Erhöhung eingesetzt.

Findet nun die Preiserhöhung von $p_x = 5$ auf $p_{x;neu} = 10$ statt, so ändert sich das Preisverhältnis auf der rechten Seite der Gleichung. Um auf der selben Indifferenzkurve zu bleiben und gleichzeitig die Optimalitätsbedingung zu erfüllen, kann keine Anpassung der Funktionen der Ableitung erfolgen. Es muss hingegen eine Anpassung der eingesetzten Werte erfolgen.

$$\frac{y}{x} = \frac{10}{10} = \frac{1}{1} = 1 \tag{4.133}$$

$$\frac{y}{x} = 1 \tag{4.134}$$

$$y = x \tag{4.135}$$

Die in Gleichung (4.135) ermittelte Relation von $x$ und $y$ kann verwendet werden, um eine der beiden Variablen in der Gleichung der Nutzenfunktion zu ersetzen und infolgedessen die beiden hypothetisch nachgefragten Mengen der Güter zu bestimmen.

$$u(x,y) = x \cdot y = 50 \tag{4.136}$$

$$x \cdot x = 50 \tag{4.137}$$

$$x^2 = \sqrt{50} \tag{4.138}$$

$$x_h \approx 7,07 \tag{4.139}$$

$$y_h \approx 7,07 \tag{4.140}$$

Wie prognostiziert, werden kleinere hypothetische Mengen und in Bezug auf $x$ ein betragsmäßig größerer Substitutionseffekt ermittelt.

$$SE_x = x_h - x^* = 7,07 - 10 = -2,93 \tag{4.141}$$

$$SE_y = y_h - y^* = 7,07 - 5 = +2,07 \tag{4.142}$$

Auch hier lässt sich aus dem Gesamteffekt beider Güter der verbleibende Einkommenseffekt bestimmen.

$$GE_i = SE_i + EE_i \qquad (4.143)$$
$$GE_i - SE_i = EE_i \qquad (4.144)$$
$$EE_x = GE_x - SE_x = -5 - -2,93 = -2,07 \qquad (4.145)$$
$$EE_y = GE_y - SE_y = 0 - 2,07 = -2,07 \qquad (4.146)$$

**Aufgabe 4.10 Substitutions- und Einkommenseffekte**
Aus der Nutzenfunktion $u(x,y) = x^{\frac{1}{3}} \cdot y^{\frac{2}{3}}$ wurden die Nachfragefunktionen $x = \frac{1}{3}\frac{m}{p_x}$ und $y = \frac{2}{3}\frac{m}{p_y}$ ermittelt.

1. Bestimmen Sie die derzeit nachgefragten Mengen, wenn das Einkommen $m = 100$ und die Preise $p_x = 5$ sowie $p_y = 10$ betragen.
2. Wie hoch ist der Gesamteffekt einer Verdoppelung des Preises von $x$?
3. Zerlegen Sie den zuvor ermittelten Gesamteffekt in Substitutionseffekt und Einkommenseffekt nach dem Verfahren von Slutzky.
4. Zerlegen Sie den zuvor ermittelten Gesamteffekt in Substitutionseffekt und Einkommenseffekt nach dem Verfahren von Hicks.
5. Bestimmen Sie nun den Gesamteffekt, wenn ausgehend von der ersten Teilaufgabe nicht der Preis von $x$, sondern der Preis von $y$ verdoppelt wird.
6. Führen Sie auch hier die beiden Zerlegungen in Substitutions- und Einkommenseffekt durch.

## 4.8 Alternative Nutzenfunktionen

Die bisher untersuchten Nutzenfunktionen stellten allesamt Varianten der so genannten Cobb-Douglas-Funktionsklasse dar. Sie lassen sich mittels folgender Gleichung (4.147) darstellen.

$$u(x,y) = A \cdot x^\alpha \cdot y^\beta \qquad (4.147)$$

In den meisten untersuchten Fällen beträgt der Multiplikator $A = 1$. Das einführende und meistverwendete $u(x,y) = x \cdot y$ verwendet für $\alpha$ und $\beta$ die spezifischen Koeffizienten 1. In den folgenden Zahlenbeispielen wurde beispielsweise mit $u(x,y) = x^2 \cdot y^1$ Koeffizienten von 2 und 1 verwendet.

Aus den so verwendeten Nutzenfunktionen ergaben sich stets Nachfragefunktionen, die immer nur vom Einkommen und dem eigenen Preis abhingen (die Nachfrage nach $x$ hängt nicht vom Preis von $y$ ab und umgekehrt). In der allgemeinen Diskussion und mittels der Vorstellung der Elastizitäten wurden aber bereits Fälle aufgezeigt, in welchen Märkte zusammenhängen und entsprechende Interdependenzen zwischen den Nachfragefunktionen zweier Märkte bestehen. In den folgenden beiden Abschnitten werden daher Nutzenfunktionen,

Indifferenzkurven und entsprechende Nachfragefunktionen von Substituten und Komplementen vorgestellt.

### 4.8.1 Substitute

Die allgemeine Nutzenfunktion von Substituten lässt sich wie folgt darstellen:

$$u(x,y) = a \cdot x + b \cdot y \qquad (4.148)$$

Angenommen, es ginge wie im einführenden Beispiel darum, eine Notiz zu machen, für die gleichermaßen blaue oder schwarze Kugelschreiber verwendet werden könnten, so ergäbe sich bei identischer Füllmenge (= Schreibkapazität) beider Kugelschreibersorten die folgende, spezifische Nutzenfunktion:

$$u(x,y) = x + y \qquad (4.149)$$

Die Koeffizienten der Parameter $a$ und $b$ sind identisch und im einfachsten Fall 1. Kann mit beiden Kugelschreiberfarben gleich viel geschrieben werden, so ist von identischer Wirkung auf den Nutzen des Individuums auszugehen. Ähnlich wie es bei den Cobb-Douglas-Nutzenfunktionen auf das Verhältnis der Exponenten ankam, kommt es auch hier auf das Verhältnis der Multiplikatoren $a$ und $b$ an. Würde beispielsweise der Hersteller die Schreibkapazität der Kugelschreiber verdoppeln, so würde sich folgende neue Nutzenfunktion ergeben.

$$u(x,y) = 2 \cdot x + 2 \cdot y \qquad (4.150)$$

Zwar ändert sich das Nutzenniveau der Person, weil sie unabhängig von der gewählten Kugelschreiberfarbe doppelt so lange schreiben kann. Ihre Entscheidungssituation bleibt aber identisch, da sich das Verhältnis der Multiplikatoren in Gleichung (4.150) nicht vom Verhältnis in Gleichung (4.149) unterscheidet.

$$\frac{2}{2} = \frac{1}{1} \qquad (4.151)$$

Eine andere Entscheidungssitutation würde sich für das Individuum dann ergeben, wenn der Hersteller nur in der Lage wäre, die Schreibkapazität der schwarzen Kugelschreiber ($x$) zu verdoppeln.

$$u(x,y) = 2 \cdot x + 1 \cdot y \qquad (4.152)$$

$$\frac{2}{1} \neq \frac{1}{1} \qquad (4.153)$$

Es erscheint logisch, dass das Individuum bei gleichen Preisen immer schwarze Kugelschreiber bevorzugen wird. Umgekehrt kann auch überlegt werden, dass

## 4.8. ALTERNATIVE NUTZENFUNKTIONEN

scharze Kugelschreiber wegen der doppelten Schreibkapazität und dem entsprechend doppelten Nutzenbeitrag auch den doppelten Preis kosten dürften, um dem Individuum gleich wichtig zu sein wie blaue Kugelschreiber.

Wie genau wird nun die optimal nachgefragte Menge bei Substituten bestimmt? Die zuvor entwickelte Herangehensweise, die Nachfragefunktionen nach beiden Gütern $x$ und $y$ mittels Lagrange-Verfahren zu bestimmen, muss nun leicht angepasst werden. Dazu wird direkt die Optimalitätsbedingung aufgegriffen, die sich im Lagrange-Verfahren ergab:

$$\frac{\frac{\partial u(x,y)}{\partial x}}{\frac{\partial u(x,y)}{\partial y}} = \frac{p_x}{p_y} \tag{4.154}$$

Der hinter Gleichung (4.154) stehende Ausgleichsmechanismus der Grenznutzen beider Güter bis zur Balance mit dem Preisverhältnis kann bei Substituten nicht ohne Anpassung angewendet werden.

Das Verhältnis der Grenznutzen in den Gleichungen (4.149) bis (4.152) wird wie folgt dargestellt:

$$\frac{\frac{\partial u(x,y)}{\partial x}}{\frac{\partial u(x,y)}{\partial y}} = \frac{1}{1} \tag{4.155}$$

$$\frac{\frac{\partial u(x,y)}{\partial x}}{\frac{\partial u(x,y)}{\partial y}} = \frac{2}{2} = \frac{1}{1} \tag{4.156}$$

$$\frac{\frac{\partial u(x,y)}{\partial x}}{\frac{\partial u(x,y)}{\partial y}} = \frac{2}{1} \tag{4.157}$$

Angenommen beide Güter hätten identische Preise von beispielsweise 1 €, so ergibt sich bei der GRS in Gleichung (4.157) folgende Relation:

$$\frac{2}{1} > \frac{1}{1} \tag{4.158}$$

Der Grenznutzen des Gutes $x$ relativ zum Grenznutzen $y$ ist größer als der Relativpreis $\frac{p_x}{p_y}$, so dass das Individuum sein ganzes Einkommen für Gut $x$ ausgeben wird und folgende Nachfragefunktionen bestimmt werden:

$$x = \frac{m}{p_x} \tag{4.159}$$
$$y = 0 \tag{4.160}$$

Wäre das Grenznutzenverhältnis umgekehrt $\frac{1}{2}$, so ergäben sich bei identischen Preisen beider Güter auch entsprechend umgekehrte Nachfragefunktionen:

$$x = 0 \tag{4.161}$$
$$y = \frac{m}{p_y} \tag{4.162}$$

Die beiden Gleichungen (4.155) und (4.156) stellen also einen Sonderfall dar, weil hier die Nachfragefunktionen nicht exakt determiniert, sondern zusammenhängend mit einer Hilfsvariablen bestimmt werden müssen.

$$\lambda \in [0;1] \tag{4.163}$$
$$x = \frac{\lambda \cdot m}{p_x} \tag{4.164}$$
$$y = \frac{(1-\lambda) \cdot m}{p_y} \tag{4.165}$$

$\lambda$ stellt den Einkommensanteil dar, der für das Gut $x$ ausgegeben wird. Daraus folgt, dass für $y$ der Anteil $1 - \lambda$ ausgegeben wird. Zufallsabhängig bzw. unabhängig von ökonomisch untersuchbaren Faktoren, kann $\lambda$ alle Anteile zwischen 0% und 100% einnehmen (einschließlich der beiden Extreme 0% und 100%).

Wie lassen sich Indifferenzkurven von Substituten darstellen? Bei Cobb-Douglas-Nutzenfunktionen führte zunehmender Konsum eines Gutes zu abnehmendem Grenznutzen und die Relation der beiden Grenznutzen zu konvex gekrümmten Indifferenzkurven. Im Falle der Substitute zeigen die zuvor untersuchten Funktionen, dass der Grenznutzen eines Gutes $x$ oder $y$ konstant ist. Der Grenznutzen beider Güter ließ sich stets als Zahl bestimmen und war unabhängig von der bereits konsumierten Menge an $x$ und $y$ immer identisch. Daher sind die Indifferenzkurven bei Substituten nicht gekrümmt, sondern linear und haben eine ähnliche Form wie die Budgetrestriktion.

## 4.8. ALTERNATIVE NUTZENFUNKTIONEN

Abbildung 4.6: Indifferenzkurven von Substituten

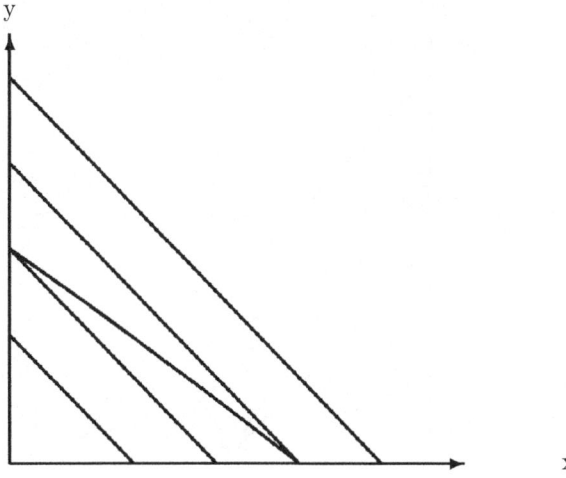

In Abbildung 4.6 ist der Fall aus Gleichung (4.157) dargestellt. Die darin enthaltenen parallelen Linien stellen die Indifferenzkurven dar. Daneben ist die Budgetgerade des Individuums eingezeichnet, die etwas flacher verläuft und an den Achsen Schnittpunkte mit der zweituntersten und der zweitobersten Indifferenzkurve zeigt. Da das Individuum seinen Nutzen maximieren möchte und daher Indifferenzkurven bevorzugt, die weiter oben rechts in der Abbildung liegen, würde es den Schnittpunkt mit der x-Achse bevorzugen. Dies entspricht auch der vorherigen mathematischen Darstellung und dem Ergebnis, dass in diesem Falle die Nachfragefunktionen von $x = \frac{m}{p_x}$ und $y = 0$ entstehen.

Im umgekehrten Fall wäre die Budgetrestriktion steiler und der Schnittpunkt an der y-Achse würde zum größeren Nutzen führen, wie es in der folgenden Abbildung 4.7 dargestellt ist.

Abbildung 4.7: Indifferenzkurven von Substituten

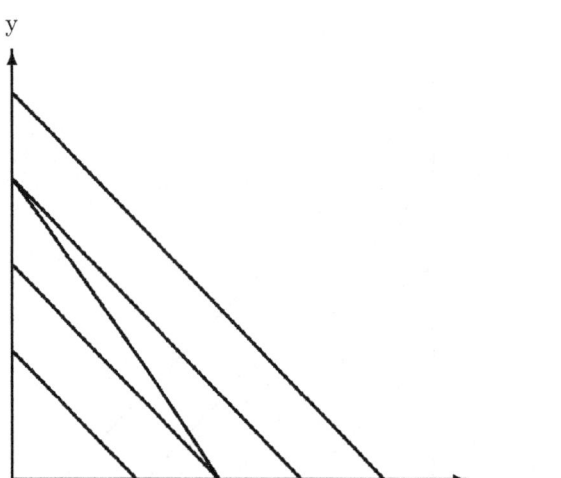

Ist das Verhältnis der Preise und der Grenznutzen identisch, so liegt die Budgetgerade genau auf einer Indifferenzkurve und es entsteht der dritte zuvor vorgestellte Fall, indem an jedem Punkt der Budgetgerade bzw. Indifferenzkurve nachgefragt werden könnte.

**Aufgabe 4.11 Nutzenfunktionen von Substituten**
Verwenden Sie die Nutzenfunktion $u(x,y) = 2 \cdot x + 3 \cdot y$.

1. Bestimmen Sie die Grenzrate der Substitution.
2. Bestimmen Sie die Nachfrage und die nachgefragte Menge nach $x$ und $y$, wenn $m = 100$ und die Preise $p_x = 5$ sowie $p_y = 10$ betragen.
3. Wie ändern sich die Ergebnisse der vorherigen Aufgabe bei folgenden Preisen $p_x = 2$ sowie $p_y = 3$?
4. Wie ändern sich die Ergebnisse der vorherigen Aufgabe bei folgenden Preisen $p_x = 4$ sowie $p_y = 6$?
5. Wie ändern sich die Ergebnisse der vorherigen Aufgabe bei folgenden Preisen $p_x = 6$ sowie $p_y = 4$?

## 4.8.2 Komplemente

Die allgemeine Nutzenfunktion von Komplementen lässt sich wie folgt darstellen:

$$u(x,y) = min\{a \cdot x; b \cdot y\} \tag{4.166}$$

Gleichung (4.166) beinhaltet mit dem $min$ einen besonderen Operator. Durch

## 4.8. ALTERNATIVE NUTZENFUNKTIONEN

diese Minimumfunktion wird immer das kleinere Argument der geschweiften Klammer ausgewählt. Der Funktionswert ist also $a \cdot x$, falls $a \cdot x < b \cdot y$ bzw. $b \cdot y$, falls $a \cdot x > b \cdot y$.

**Beispiel 4.11 Minimumfunktion**
Zum besseren Verständnis sind in den folgenden Beispielen spezifische Funktionswerte der allgemeinen Minimumfunktion $u(x,y) = min\{2x; 3y\}$ dargestellt.

1. $u(10,10) = min\{2x; 3y\} = min\{2 \cdot 10; 3 \cdot 10\} = min\{20; 30\} = 20$
2. $u(15,10) = min\{2x; 3y\} = min\{2 \cdot 15; 3 \cdot 10\} = min\{30; 30\} = 30$
3. $u(20,10) = min\{2x; 3y\} = min\{2 \cdot 20; 3 \cdot 10\} = min\{40; 30\} = 30$

Ändern sich die Multiplikatoren beispielsweise zu $u(x,y) = min\{3x; 2y\}$, ergeben sich folgende Funktionswerte:

1. $u(10,10) = min\{3x; 2y\} = min\{3 \cdot 10; 2 \cdot 10\} = min\{30; 20\} = 20$
2. $u(15,10) = min\{3x; 2y\} = min\{3 \cdot 15; 2 \cdot 10\} = min\{45; 20\} = 20$
3. $u(20,10) = min\{3x; 2y\} = min\{3 \cdot 20; 2 \cdot 10\} = min\{60; 20\} = 20$

In den Zahlenbeispielen zeigt sich die restriktive Wirkung des Funktionstyps. Der entstehende Nutzen orientiert sich immer am Engpass. Derartige Funktionen stellen Präferenzen von Individuen dar, die sich immer an einem festen Konsumverhältnis von zwei Gütern orientieren. Möchte ein Individuum eine Tasse Kaffee von 200 ml immer mit ganz genau zwei Löffeln Zucker konsumieren und stehen dem Individuum im ersten Moment exakt 200 ml Kaffee und zwei Löffel Zucker zur Verfügung, so wird sein Nutzen erst dann steigen, wenn beide Mengen gleichzeitig steigen. Selbst eine Million Liter Kaffee alleine oder tausend Löffel Zucker alleine steigern den Nutzen nicht, so lange nicht auch vom anderen Gut weitere Einheiten zur Verfügung stehen.

Mathematisch lässt sich für die Minimumfunktion auch eine (abschnittsweise definierte) Grenzrate der Substitution bestimmen. Sie ist ökonomisch aber nicht sinnvoll und trägt nicht dazu bei, die Nachfrage des Individuums zu erklären. Hierfür wird das fest vorgegebene Einsatzverhältnis des Individuums verwendet.

Zur Orientierung dient nun nochmals das Individuum, welches Kaffee ($x$) und Zucker ($y$) genau im Verhältnis 1 zu 2 konsumieren möchte. Die Nutzenfunktion des Individuums lautet dann $u(x,y) = min\{1x; \frac{1}{2}y\}$. Auf den ersten Blick, mag es unintuitiv erscheinen, dass die Multiplikatoren immer den Kehrwerten der benötigten Mengen entsprechen. Werden aber die benötigen Mengen für eine oder zwei Tassen mit Zucker eingesetzt, zeigt sich schnell, dass die Alternative - statt Kehrwerten, das richtige Einsatzverhältnis zu verwenden - wenig sinnvoll ist.

1. $u(1,2) = min\{1x; \frac{1}{2}y\} = min\{1 \cdot 1; \frac{1}{2} \cdot 2\} = min\{1; 1\} = 1$
2. $u(2,4) = min\{1x; \frac{1}{2}y\} = min\{1 \cdot 2; \frac{1}{2} \cdot 4\} = min\{2; 2\} = 1$

3. $u(1,2) = min\{1x; 2y\} = min\{1 \cdot 1; 2 \cdot 2\} = min\{1; 4\} = 1$

4. $u(2,4) = min\{1x; 2y\} = min\{1 \cdot 2; 2 \cdot 4\} = min\{2; 8\} = 2$

Die beiden letztgenannten Beispielrechnungen legen nahe, dass Zuckereinheiten verschwendet werden, weil der Inhalt der Minimumfunktion nicht identisch ist. Tatsächlich ist aber nur die Funktion falsch aufgestellt. Richtig wären die beiden erstgenannten Fälle, in denen genau effizient kombiniert wird und der vorhandenen Kaffeemenge immer genau die richtige Zuckermenge gegenüber steht.

Intuitiv ist damit auch schon das Lösungskonzept für derartige Nutzenfunktionen klar: Optimaler Konsum ist immer dann gegeben, wenn die beiden Güter genau in dem Verhältnis vorhanden sind, wie es sich das Individuum wünscht. Dies lässt sich für das Individuum durch folgende Gleichung beschreiben:

$$a \cdot x = b \cdot y \qquad (4.167)$$

Wird Gleichung (4.167) auf das Zahlenbeispiel angewendet, ergibt sich:

$$1 \cdot x = \frac{1}{2} \cdot y \qquad (4.168)$$
$$y = 2x \qquad (4.169)$$

Diese Optimalitätsbedingung wird dann analog zum Lagrange-Verfahren verwendet, indem sie in die Gleichung der Budgetrestriktion eingesetzt wird:

$$m = p_x \cdot x + p_y \cdot y \qquad (4.170)$$
$$y = 2x \qquad (4.171)$$
$$m = p_x \cdot x + p_y \cdot 2x \qquad (4.172)$$
$$m = x(p_x + 2p_y) \qquad (4.173)$$
$$x = \frac{m}{p_x + 2p_y} \qquad (4.174)$$
$$y = 2x = \frac{2m}{p_x + 2p_y} \qquad (4.175)$$

Die beiden Gleichungen (4.174) und (4.175) stellen die Nachfragefunktion nach $x$ und nach $y$ dar und zeigen die typische Eigenschaft von Komplementen. Im Vergleich zu den Nachfragefunktionen, welche sich auch bei Cobb-Douglas-Nutzenfunktionen ergeben, ist die Nachfrage nach $x$ nicht allein vom Preis $p_x$, sondern auch von $p_y$ abhängig. Entsprechend kommen auch in der Nachfrage nach $y$ beide Preise vor.

Auch die zuvor bereits beschriebene negative Kreuzpreiselastizität lässt sich in den Nachfragefunktionen sehen. Beide Preise stehen unter dem Bruchstrich und damit in einem negativen Zusammenhang mit der jeweils nachgefragten Menge. Die nachgefragte Menge von $x$ oder $y$ sinkt sowohl durch eine Steigerung von $p_x$ als auch von $p_y$.

## 4.8. ALTERNATIVE NUTZENFUNKTIONEN

Wie beim Lagrange-Verfahren wurde in Gleichung (4.171) nach $y$ aufgelöst, wodurch die Optimalitätsbedingung auch bei Komplementen gut grafisch dargestellt werden kann. Weil sie die Menge aller möglichen, effizienten Kombinationen von $x$ und $y$ darstellt, wird ihre grafische Darstellung auch als Expansionspfad bezeichnet.

Abbildung 4.8: Indifferenzkurven von Komplementen

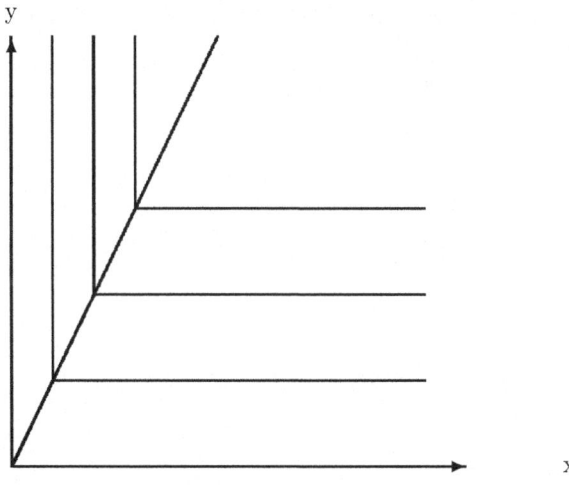

Abbildung 4.8 zeigt den Expansionspfad und beispielhafte Indifferenzkurven des Individuums. Wie bei Cobb-Douglas-Präferenzen und Substituten kann auch hier durch Hinzufügen der Budgetgerade veranschaulicht werden, für welche Menge an $x$ und $y$ sich das Individuum bei gegebenem Einkommen entscheiden würde.

Abbildung 4.9: Konsumentscheidung bei Komplementen

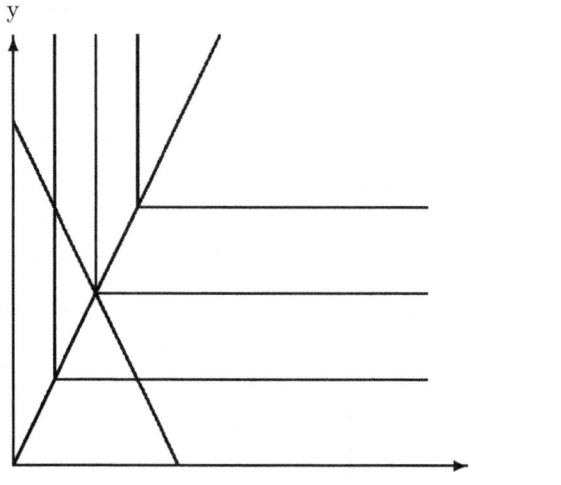

In Abbildung 4.9 wurde eine beispielhafte Budgetgerade eingefügt, die zeigt, wie sich das Individuum für die mittlere Indifferenzkurve entscheidet. Auch alternative Budgetgeraden mit anderen Preisverhältnissen (Steigungen) oder anderen Einkommen (Achsenabschnitten) würden immer wieder zu einem Optimum an den *Eckpunkten* der Indifferenzkurven führen. Entsprechend wäre die Abbildung ebenso aussagekräftig, wenn nur auf die Budgetgeraden und den Expansionspfad Bezug genommen würde, da die Budgetgeraden alle finanziell möglichen Güterbündel darstellen, während der Expansionspfad diejenigen Güterbündel benennt, die gemäß der individuellen Präferenzen erwünscht sind. Die ökonomischen Aussagen der Abbildungen 4.9 und 4.10 wären demnach identisch.

## 4.8. ALTERNATIVE NUTZENFUNKTIONEN

Abbildung 4.10: Konsumentscheidung bei Komplementen

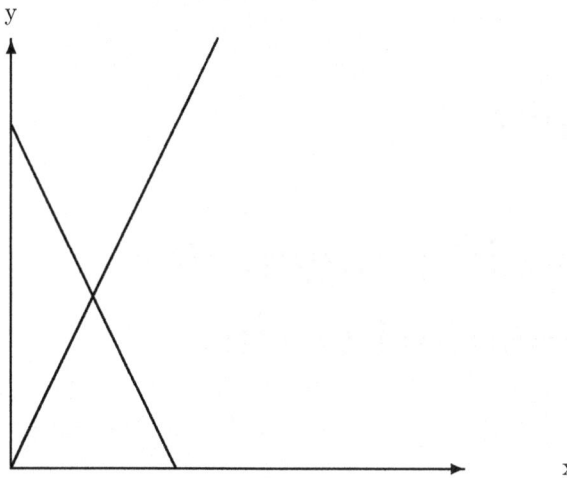

**Aufgabe 4.12 Nutzenfunktionen von Komplementen**
Ein Schreiner möchte zu eigenen Konsumzwecken Tische fertigen, die nur aus den beiden Materialien Tischbeine $x$ und Tischplatten $y$ hergestellt werden. Jeder gefertigte Tisch besteht aus genau vier Tischbeinen und einer Tischplatte.

1. Bestimmen Sie seine Nutzenfunktion.
2. Bestimmen Sie die Gleichung des entsprechenden Expansionspfads.
3. Bestimmen Sie seine Nachfrage nach $x$ und $y$.
4. Welche nachgefragte Menge kauft er bei einem Budget von 100 € und Preisen $p_x = 15$ sowie $p_y = 40$?
5. Wie ändern sich die Ergebnisse der vorherigen Aufgabe, wenn sein Budget verdoppelt wird?

# Kapitel 5

# Erweiterungen der Konsumtheorie

In den folgenden Abschnitten werden Erweiterungen oder Varianten des vorgestellten Lagrange-Verfahrens vorgestellt, die im Kern auf derselben Herangehensweise basieren und andere Untersuchungsgegenstände bearbeiten.

Einerseits wird im Abschnitt zur *Dualität* gezeigt, wie das Lagrange-Verfahren auch genutzt werden kann, um ein vorgegebenes Nutzenniveau ausgabenminimal zu erreichen. Dieser Gegenstand kann zum Beispiel in sozialpolitischen Diskussionen von Interesse sein. Die Dualität zeigt sich jedoch nicht nur in der Umkehr der Herangehensweise, sondern darin, dass bei identischen Rahmenbedingungen (exogenen Variablen) die Lösungen des Nutzenmaximierungs- und Ausgabenminimierungsproblems identisch sind.

Andererseits zeigen die beiden verbleibenden Abschnitte, wie Individuen ihre Entscheidungen über mehrere Zeitabschnitte und unter Unsicherheit treffen. Insbesondere die Lösung von Entscheidungsproblemen unter Unsicherheit beschreibt die verhaltenstheoretische Fundierung der Versicherungsmathematik.

## 5.1 Dualität

Üblicherweise würde ein Individuum den Nutzen maximieren, den es mit gegebenem Einkommen bei gegebenen Preisen erreichen kann. Es ist aber auch die umgekehrte Fragestellung denkbar: "Welches Einkommen ist nötig, um ein gewisses, vorgegebenes Nutzenniveau zu erreichen?" Weniger für das einzelne Individuum bei Entscheidungen, aber viel öfter in sozialpolitischen Debatten stellt sich die Frage nach *angemessenen* Zahlungen des Arbeitslosengeldes I und II oder der Rente.

Beispielsweise fordert die Bundesregierung regelmäßig Gutachten an, die Berechnungen zum Arbeitslosengeld II beinhalten. Für ein festgelegtes Güterbündel wird dann berechnet, welche Ausgaben durchschnittlich notwendig wären.

## 5.1. DUALITÄT

Auf Basis dieser Berechnungen - im Vergleich zum jeweils aktuell gezahlten Arbeitslosengeld II - wird dann über Anpassungen der Zahlungen entschieden.

Mathematisch bedeutet die Umkehr der Fragestellung nur den Tausch von Nebenbedingung und Zielfunktion. Zur besseren Unterscheidung von der Nutzenmaximierung werden bekannte Variablen teilweise ersetzt. Ziel ist die Minimierung der Ausgaben des Individuums, die mit $e$ (wie expenditures) abgekürzt werden. Weiterhin entstehen die Ausgaben durch den Kauf der jeweiligen Gütermengen $x$ und $y$ zu deren Preisen $p_x$ und $p_y$.

$$min \quad e(x,y) = p_x \cdot x + p_y \cdot y \qquad (5.1)$$
$$NB \quad \bar{v} = x \cdot y \qquad (5.2)$$

Gleichung (5.1) zeigt die neue Zielfunktion und Gleichung (5.2) die neue Nebenbedingung. Zur Vergleichbarkeit der Ergebnisse von Nutzenmaximierung und Ausgabenminimierung wurde eine identische Nutzenfunktion angenommen. Im Falle der Ausgabenminimierung wurde allerdings $u$ als Platzhalter des Nutzens durch $v$ ersetzt. $\bar{v}$ kennzeichnet, dass es sich beim erreichten Nutzen um einen vorgegebenen Wert handelt. Die Lagrange-Funktion ergibt sich wie zuvor, indem die rechte Seite der Nebenbedingung abgezogen wird und diese modifizierte Nebenbedingung mit dem Lambda-Multiplikator an die Zielfunktion angefügt wird.

$$NB \quad \bar{v} - x \cdot y = 0 \qquad (5.3)$$
$$\mathcal{L}(x,y,\lambda) = p_x \cdot x + p_y \cdot y + \lambda \left[\bar{v} - x \cdot y\right] \qquad (5.4)$$

Wiederum werden drei partielle Ableitungen nach $x, y$ und $\lambda$ gebildet.

$$\frac{\partial \mathcal{L}(x,y,\lambda)}{\partial x} = p_x + \lambda(-y) \stackrel{!}{=} 0 \qquad (5.5)$$
$$\frac{\partial \mathcal{L}(x,y,\lambda)}{\partial y} = p_y + \lambda(-x) \stackrel{!}{=} 0 \qquad (5.6)$$
$$\frac{\partial \mathcal{L}(x,y,\lambda)}{\partial \lambda} = \left[\bar{v} - x \cdot y\right] \stackrel{!}{=} 0 \qquad (5.7)$$

Um das Gleichungssystem zu lösen, müssen auch bei diesem Lagrange-Verfahren die partiellen Ableitungen nach $x$ und $y$ durch einander geteilt und deren Ergebnis in die partielle Ableitung nach $\lambda$ eingesetzt werden. Als Zwischenschritt werden daher wiederum die beiden Gleichungen (5.5) und (5.6) umgeformt, indem alle Terme einschließlich $\lambda$ auf die anderen Seiten der Gleichungen gebracht werden:

$$p_x \stackrel{!}{=} \lambda \cdot y \qquad (5.8)$$
$$p_y \stackrel{!}{=} \lambda \cdot x \qquad (5.9)$$

Mit diesem Zwischenschritt sind auch die Minuszeichen verschwunden.

$$\frac{p_x}{p_y} = \frac{\lambda \cdot y}{\lambda \cdot x} \tag{5.10}$$

$$\frac{p_x}{p_y} = \frac{y}{x} \tag{5.11}$$

Nachdem die $\lambda$ gekürzt sind, entsteht in Gleichung (5.11) bei der Ausgabenminimierung eine identische Optimalitätsbedingung, wie sie bei analogen Funktionen in der Nutzenmaximierung in Gleichung (4.12) entstanden ist. Auch hier bietet es sich an, nach $y$ aufzulösen und dann in die partielle Ableitung nach $\lambda$ einzusetzen.

$$y = \frac{p_x}{p_y} \cdot x \tag{5.12}$$

Nach dieser Schnittstelle unterscheiden sich die beiden Verfahren aufgrund der unterschiedlichen Nebenbedingungen wieder. Bei der Nutzenmaximierung entsprach die partielle Ableitung nach $\lambda$ der Nebenbedingung $m = p_x \cdot x + p_y \cdot y$, während bei der Ausgabenminimierung $\bar{v} - x \cdot y$ eine anders deklarierte Nutzenfunktion angewendet wird.

$$\bar{v} - x \cdot y \stackrel{!}{=} 0 \tag{5.13}$$

$$\bar{v} = x \cdot y \tag{5.14}$$

$$\bar{v} = x \cdot \frac{p_x}{p_y} \cdot x \tag{5.15}$$

$$\bar{v} = x^2 \cdot \frac{p_x}{p_y} \tag{5.16}$$

$$x^2 = \bar{v} \cdot \frac{p_y}{p_x} \tag{5.17}$$

$$x = \left(\bar{v} \cdot \frac{p_y}{p_x}\right)^{\frac{1}{2}} \tag{5.18}$$

Gleichung (5.18) zeigt als Ergebnis der Berechnung wiederum eine Nachfragefunktion, die sich jedoch in ihren Argumenten von der bisher bekannten unterscheidet. Die Nachfragefunktion der Nutzenmaximierung in Gleichung (4.21) beinhaltet die Variablen $m, p_x$ und $p_y$. Anstatt von Einkommen und Preisen hängt die nunmehr ermittelte Nachfragefunktion vom vorgegebenen Nutzen und den beiden Preisen ab.

Um beide Nachfragen besser voneinander unterscheiden zu können, wird die Nachfragefunktion aus der Nutzenmaximierung oft mit $d(x(m, p_x, p_y))$ beschrieben und als *Marshall'sche Nachfrage* bezeichnet. Die Nachfragefunktion der Kostenminimierung wird als *Hicks'sche Nachfrage* bezeichnet und folgt der Notation $h(x(\bar{v}, p_x, p_y))$. Da die Hicks'sche Nachfrage den Nutzen in den Vordergrund rückt und Einkommensunterschiede sozusagen kompensiert, wird sie auch als *kompensierte Nachfragefunktion* bezeichnet.

## 5.1. DUALITÄT

Die bisherige Berechnung wird noch durch die Bestimmung der Hicks'schen Nachfragefunktion nach $y$ abgeschlossen.

$$\bar{v} = x \cdot \frac{p_x}{p_y} \cdot x \tag{5.19}$$

$$x = \left(\bar{v} \cdot \frac{p_y}{p_x}\right)^{\frac{1}{2}} \tag{5.20}$$

$$y = \frac{p_x}{p_y} \cdot x \tag{5.21}$$

$$y = \frac{p_x}{p_y} \cdot \left(\bar{v} \cdot \frac{p_y}{p_x}\right)^{\frac{1}{2}} \tag{5.22}$$

$$y = \left(\bar{v} \cdot \frac{p_x}{p_y}\right)^{\frac{1}{2}} \tag{5.23}$$

Abbildung 5.1: Grafische Veranschaulichung der Ausgabenminimierung

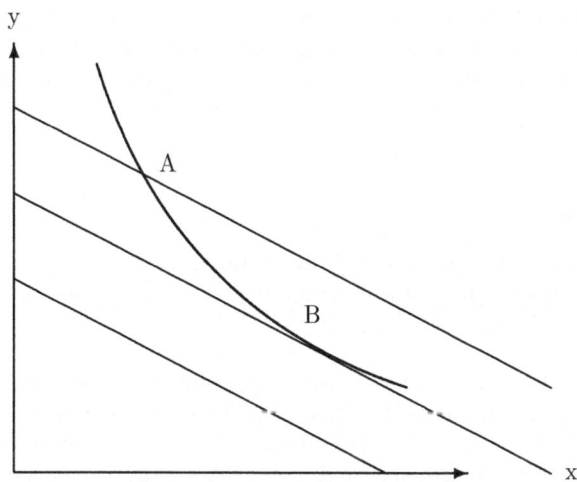

Abbildung 5.1 stellt den Unterschied beider Verfahren grafisch dar. Die entsprechende Abbildung der Nutzenmaximierung zeigt eine Reihe von Indifferenzkurven und eine Budgetgerade. In der Nutzenmaximierung suchte das Individuum nach derjenigen Indifferenzkurve, die für das gegebene Einkommen bei den gegebenen Preisen den größtmöglichen Nutzen erreichte. Da weiter rechts oben in der Abbildung mehr Güter konsumiert werden und damit höherer Nutzen entsteht, war es grafisch das Ziel des Individuums, diejenige Indifferenzkurve zu finden, die mittels gegebener Budgetgeraden gerade noch erreichbar war.

In der Ausgabenminimierung ist der Nutzen festgelegt, nicht aber die Kombination an $x$ und $y$, mit der dieser Nutzen erreicht werden soll. Alle Punkte der einen Indifferenzkurve in Abbildung 5.1 sind mögliche Lösungen des Ausgabenminimierungsproblems. Im Vergleich der beiden Punkte $A$ und $B$ zeigt sich allerdings, dass Punkt $B$ zu geringeren Ausgaben für das Individuum führt.

Dies lässt sich leicht zeigen, indem die Ausgabenfunktion nach $y$ aufgelöst wird:

$$e = p_x \cdot x + p_y \cdot y \tag{5.24}$$
$$p_y \cdot y = e - p_x \cdot x \tag{5.25}$$
$$y = \frac{e}{p_y} - \frac{p_x}{p_y} \cdot x \tag{5.26}$$

Da sich die Preise $p_x$ und $p_y$ bei allen wählbaren Kombinationen von $x$ und $y$ nicht unterscheiden, können unterschiedliche Lagen der Ausgabenfunktion nur durch unterschiedliche Achsenabschnitte (Parallelverschiebung durch unterschiedliche $e$) entstehen. Die für den Punkt $A$ notwendigen Ausgaben $e_A$ sind demnach größer als $e_B$, die Ausgaben für den Punkt B. $e_A$ und der Punkt $A$ können demnach nicht Lösung des Ausgabenminimierungsproblems sein.

Im Vergleich der beiden Abbildungen 5.1 und 4.1 zeigt sich außerdem, dass beide Punkte $B$ der jeweiligen Abbildungen identisch sind. Obgleich es etwas trivial klingt, sollte betont werden, dass die Mengen, die bei einem Einkommen $m$ und den Preisen $p_x$ sowie $p_y$ in der Nutzenmaximierung als optimal ermittelt werden, zu einem Nutzen führen, der als Vorgabe $\bar{v}$ der Ausgabenminimierung bei identischen Preisen auch identische Ausgaben $e$ produziert. Formal gilt also:

$$m = e \tag{5.27}$$
$$u = \bar{v} \tag{5.28}$$

### Aufgabe 5.1 Ausgabenminimierung 1
Verwenden Sie die Nutzenfunktion $v(x,y) = x^{\frac{2}{5}} \cdot y^{\frac{3}{5}}$ und die Ausgabenfunktion $e = p_x \cdot x + p_y \cdot y$.

1. Stellen Sie das Optimierungskalkül für die Ausgabenminimerung auf.
2. Schreiben Sie das Optimierungskalkül als Lagrange-Funktion.
3. Bestimmen Sie die Hicks'schen Nachfragefunktionen nach $x$ und nach $y$.
4. Welche Menge an $x$ und $y$ kauft das Individuum, um einen Nutzen von $\bar{v} = 100$ zu erreichen, wenn die Preise $p_x = 5$ und $p_y = 10$ betragen?
5. Welche Ausgaben sind hierfür nötig?

### Aufgabe 5.2 Ausgabenminimierung 2
Verwenden Sie die Nutzenfunktion $v(x,y) = x^{\frac{4}{5}} \cdot y^{\frac{9}{5}}$ und die Nebenbedingung $e = p_x \cdot x + p_y \cdot y$.

1. Stellen Sie das Optimierungskalkül für die Ausgabenminimerung auf.
2. Schreiben Sie das Optimierungskalkül als Lagrange-Funktion.
3. Bestimmen Sie die Hicks'schen Nachfragefunktionen nach $x$ und nach $y$.
4. Welche Menge an $x$ und $y$ kauft das Individuum, um einen Nutzen von $\bar{v} = 100$ zu erreichen, wenn die Preise $p_x = 5$ und $p_y = 10$ betragen?
5. Welche Ausgaben sind hierfür nötig?

## 5.2 Alternative Hicks-Zerlegung

Gleichung (5.23) folgt einer ähnlichen Struktur wie Gleichung (5.18). Im Falle der verwendeten Nutzenfunktion unterscheiden sich beide Nachfragefunktionen nur durch umgekehrt gerichtete Preiswirkungen. Aus Ableitungen der komparativen Statik ließe sich leicht feststellen, dass - wie in der Nutzenmaximierung - die Nachfrage nach $y$ negativ durch $p_y$ beeinflusst wird, während die Nachfrage nach $x$ negativ durch $p_x$ beeinflusst wird. Sowohl bei der Marshall'schen als auch bei der Hicks'schen Nachfragefunktion führen für die verwendete Nutzenfunktion Steigerungen des *eigenen* Preises zu einem Rückgang der Nachfrage.

Im Unterschied beinhaltet die Hicks'sche Nachfrage die Preise beider Güter und setzt diese zueinander ins Verhältnis. Diese Betrachtung in Relativpreisen und gleichermaßen die Ausblendung von Einkommenswirkungen machen die Hicks'sche Nachfrage interessant, um den Substitutionseffekt nach Hicks mit einer alternativen Berechnung zu ermitteln. Die hypothetisch konsumierten Mengen $x_h$ und $y_h$ können einfach gefunden werden, wenn für das ermittelte Nutzenniveau die neuen Preise eingesetzt werden.

Im Abschnitt 4.7.2 wurde die Hicks-Zerlegung anhand des folgenden Zahlenbeispiels vorgestellt:

$$x = \frac{1}{2}\frac{m}{p_x} \tag{5.29}$$

$$y = \frac{1}{2}\frac{m}{p_y} \tag{5.30}$$

$$m = 100 \quad p_x = 5 \quad p_y = 10 \tag{5.31}$$

$$u(x,y) = x \cdot y = 10 \cdot 5 = 50 \tag{5.32}$$

Die beiden Gleichungen zeigen die beiden Marschall'schen Nachfragefunktionen nach $x$ und $y$. In der dritten Zeile sind die exogenen Variablen vor der Preisänderung von $x$ dargestellt. Daraus ergeben sich in der letzten Gleichung die optimalen Mengen von $x^* = 10$ und $y^* = 5$ vor der Preisänderung, die zu einem Nutzen von 50 führen.

Durch die Preisänderung auf $p_{x;n} = 10$ sinkt im Gesamteffekt die nachgefragte Menge an $x^{**} = 5$, so dass nur noch ein Nutzen von 25 ($= 5 \cdot 5$) erreicht werden kann. Um den Substitutionseffekt über die Hicks'sche Nachfragefunktion zu ermitteln, werden die neuen Preise und das alte Nutzenniveau verwendet. Indem wie in der Hicks-Zerlegung gefordert, der alte Nutzen konstant gehalten wird, wird der Einkommenseffekt *kompensiert*.

$$\bar{v} = x \cdot \frac{p_x}{p_y} \cdot x \qquad (5.33)$$

$$h(x(\bar{v}, p_x, p_y)) = \left(\bar{v} \cdot \frac{p_y}{p_x}\right)^{\frac{1}{2}} \qquad (5.34)$$

$$h(x(\bar{v}, p_x, p_y)) = \left(50 \cdot \frac{10}{10}\right)^{\frac{1}{2}} \approx 7,07 \qquad (5.35)$$

$$h(y(\bar{v}, p_x, p_y)) = \left(\bar{v} \cdot \frac{p_x}{p_y}\right)^{\frac{1}{2}} \qquad (5.36)$$

$$h(y(\bar{v}, p_x, p_y)) = \left(50 \cdot \frac{10}{10}\right)^{\frac{1}{2}} \approx 7,07 \qquad (5.37)$$

Im einführenden Zahlenbeispiel zur Dualität bzw. Ausgabenminimierung wurden die Hicks'schen Nachfragefunktionen in den Gleichungen (5.34) und (5.36) bestimmt. Nach dem Einsetzen der Zahlenwerte ergeben sich exakt die Hicks'schen Nachfragemengen, die in Abschnitt 4.7.2 als hypothetisch nachgefragte Mengen in den Gleichungen (4.139) und (4.140) ermittelt wurden. Entsprechend würden so auch identische Substitutions- und Einkommenseffekte bestimmt.

## 5.3 Schnittstellen zwischen Nutzenmaximierung und Ausgabenminimierung

Die Bezeichnung *Dualität* bezieht sich auch auf weitere Schnittstellen, die zwischen der Nutzenmaximierung bei gegebenem Einkommen und der Ausgabenminimierung bei vorgegebenem Nutzen existieren. Dazu wird ein bereits festgelegter Zusammenhang genauer untersucht:

$$m = e \qquad (5.38)$$
$$u = \bar{v} \qquad (5.39)$$

Mit Gleichung (5.39) wird auf der Seite der Nutzenmaximierung begonnen. Die Ergebnisse des ersten vorgestellten Lagrange-Verfahrens waren die (Marshall'schen) Nachfragefunktionen nach $x$ und $y$. Mittels gegebenem Einkommen und Preisen wurden dann die jeweils nachgefragten Mengen $x^*$ und $y^*$ bestimmt. Im Zahlenbeispiel wurde ohne Preisveränderung damit ein Nutzen von 50 erreicht, weil $u(x^*, y^*) = x^* \cdot y^* = 10 \cdot 5 = 50$.

Wird nur das Ergebnis von 50 verwendet, ohne dabei die dahinter liegende Nachfragefunktion zu berücksichtigen, so muss mit jeder Preiserhöhung erst wieder die nachgefragte Menge beider Güter bestimmt werden, um im zweiten Schritt den erreichten Nutzen zu berechnen, wie es bei den Zahlenbeispielen zum Substitutions- und Einkommenseffekt durchgeführt wurde. Liegt das Interesse eher im erreichten Nutzen als in den nachgefragten Mengen, so lohnt es

## 5.3. SCHNITTSTELLEN

sich, die zwei Schritte zu vereinheitlichen, indem die Nachfragefunktionen in die Nutzenfunktion eingesetzt werden.

$$u(x,y) = x \cdot y \tag{5.40}$$

$$u(x,y) = \frac{1}{2}\frac{m}{p_x} \cdot \frac{1}{2}\frac{m}{p_y} \tag{5.41}$$

$$u(m, p_x, p_y) = \frac{1}{4}\frac{m^2}{p_x \cdot p_y} \tag{5.42}$$

$$v(m, p_x, p_y) = \frac{1}{4}\frac{m^2}{p_x \cdot p_y} \tag{5.43}$$

Durch Einsetzen und Vereinfachen wird in Gleichung (5.42) eine neue Nutzenfunktion entwickelt, die nicht von den konsumierten Gütermengen, sondern von exogenen Variablen (Einkommen und Preise) abhängt. Um diesen Unterschied klarer hervorzuheben, wird statt einem $u$ dann üblicherweise ein $v$ verwendet. $v(m, p_x, p_y)$ wird als indirekte Nutzenfunktion bezeichnet.

Auch bei der Ausgabenminimierung können die ermittelten Nachfragefunktionen wieder in die Zielfunktion eingesetzt werden.

$$e(x,y) = p_x \cdot x + p_y \cdot y \tag{5.44}$$

$$e(x,y) = p_x \cdot \left(\bar{v} \cdot \frac{p_y}{p_x}\right)^{\frac{1}{2}} + p_y \cdot \left(\bar{v} \cdot \frac{p_x}{p_y}\right)^{\frac{1}{2}} \tag{5.45}$$

$$e(x,y) = (\bar{v} \cdot p_x \cdot p_y)^{\frac{1}{2}} + (\bar{v} \cdot p_x \cdot p_y)^{\frac{1}{2}} \tag{5.46}$$

$$e(\bar{v}, p_x, p_y) = 2 \cdot (\bar{v} \cdot p_x \cdot p_y)^{\frac{1}{2}} \tag{5.47}$$

Wiederum ist eine neue Funktion entstanden. In Gleichung (5.47) werden die ausgabenminimalen Ausgaben nicht mehr als Funktion der nachgefragten Gütermengen $x$ und $y$ dargestellt, sondern in Abhängigkeit vom vorgegebenen Nutzen und den beiden Preisen.

Aus diesen Überlegungen ergeben sich weitere Schnittstellen zwischen Nutzenmaximierung und Kostenminimierung. Gleichung (5.47) kann statt nach den Ausgaben $e$ auch nach dem Nutzen $v$ aufgelöst werden, wobei zur Vereinfachung der Strich über $v$ weggelassen und auf die Klammer nach $e$ verzichtet wird.

$$e = 2 \cdot (v \cdot p_x \cdot p_y)^{\frac{1}{2}} \tag{5.48}$$

$$\frac{1}{2} \cdot e = (v \cdot p_x \cdot p_y)^{\frac{1}{2}} \tag{5.49}$$

$$\frac{1}{4} \cdot e^2 = v \cdot p_x \cdot p_y \tag{5.50}$$

$$v = \frac{1}{4}\frac{e^2}{p_x \cdot p_y} \tag{5.51}$$

Wird wiederum auf die folgende Identität zurückgegriffen, so zeigt sich in Gleichung (5.55), dass aus den Ergebnissen der Ausgabenminimierung auf die indirekte Nutzenfunktion der Nutzenmaximierung geschlossen werden kann.

$$m = e \tag{5.52}$$
$$u = \bar{v} \tag{5.53}$$
$$v = \frac{1}{4}\frac{e^2}{p_x \cdot p_y} \tag{5.54}$$
$$u = \frac{1}{4}\frac{m^2}{p_x \cdot p_y} \tag{5.55}$$

Umgekehrt kann auch Gleichung (5.42) umgestellt werden, um aus der indirekten Nutzenfunktion der Nutzenmaximierung auf die indirekte Ausgabenfunktion der Ausgabenminimierung zu kommen.

$$u(m, p_x, p_y) = \frac{1}{4}\frac{m^2}{p_x \cdot p_y} \tag{5.56}$$
$$v = \frac{1}{4}\frac{e^2}{p_x \cdot p_y} \tag{5.57}$$
$$v \cdot p_x \cdot p_y = \frac{1}{4} \cdot e^2 \tag{5.58}$$
$$e^2 = 4 \cdot v \cdot p_x \cdot p_y \tag{5.59}$$
$$e = 2 \cdot (v \cdot p_x \cdot p_y)^{\frac{1}{2}} \tag{5.60}$$

### 5.3.1 Shephards Lemma

Shephards Lemma[1] verwendet die Identität als Schnittstelle, welche in Gleichung (5.60) mittels der beispielhaften Nutzenfunktion dargestellt wird. Wird die indirekte Ausgabenfunktion nach dem Preis eines Gutes abgeleitet, so ergibt sich die Hicks'sche Nachfrage.

$$\frac{\partial e}{\partial p_x} = h(x(\bar{v}, p_x, p_y)) \tag{5.61}$$
$$\frac{\partial e}{\partial p_y} = h(y(\bar{v}, p_x, p_y)) \tag{5.62}$$

Das bisherigen Zahlenbeispiel kann entsprechend fortgeführt werden:

---

[1]Vgl. Shephard, R.: *Cost and Production Functions*, Princeton University Press, 1953.

## 5.3. SCHNITTSTELLEN

$$\frac{\partial e}{\partial p_x} = h(x(\bar{v}, p_x, p_y)) \tag{5.63}$$

$$e = 2 \cdot (v \cdot p_x \cdot p_y)^{\frac{1}{2}} \tag{5.64}$$

$$\frac{\partial e}{\partial p_x} = 2 \cdot \frac{1}{2} (v \cdot p_y)^{\frac{1}{2}} \cdot p_x^{-\frac{1}{2}} \tag{5.65}$$

$$\frac{\partial e}{\partial p_x} = \left( v \cdot \frac{p_y}{p_x} \right)^{\frac{1}{2}} = h(x(\bar{v}, p_x, p_y)) \tag{5.66}$$

Soll neben der Marshall'schen Nachfrage auch die Hicks'sche Nachfrage bestimmt werden, ist es nicht nötig, beide Lagrange-Verfahren (zuerst zur Nutzenmaximierung und dann zur Ausgabenminimierung) durchzuführen. Wird die indirekte Nutzenfunktion nach den Ausgaben aufgelöst, so kann auf kürzerem Rechenweg die Hicks'sche Nachfrage gefunden werden.

### 5.3.2 Roys Identität

Rechnerisch nur wenig aufwändiger lässt mittels Roys Identität[2] sich auch aus der Ausgabenminimierung auf die Marshall'sche Nachfrage kommen. Nach der Ausgabenminimierung wird die indirekte Nutzenfunktion bestimmt und dann folgende Formel angewendet:

$$-\frac{\frac{\partial v}{\partial p_x}}{\frac{\partial v}{\partial m}} = d(x(m, p_x, p_y)) \tag{5.67}$$

$$-\frac{\frac{\partial v}{\partial p_y}}{\frac{\partial v}{\partial m}} = d(y(m, p_x, p_y)) \tag{5.68}$$

Wiederum wird das durchgängige Zahlenbeispiel angewendet. Zur besseren Nachvollziehbarkeit wird die zuvor ermittelte, indirekte Nutzenfunktion in Gleichung (5.69) aufgegriffen. In den folgenden Zeilen werden als Zwischenschritte drei partielle Ableitungen gebildet:

$$v(m, p_x, p_y) = \frac{1}{4} \frac{m^2}{p_x \cdot p_y} \tag{5.69}$$

$$\frac{\partial v}{\partial m} = \frac{1}{2} \frac{m}{p_x \cdot p_y} \tag{5.70}$$

$$\frac{\partial v}{\partial p_x} = -\frac{1}{4} \frac{m^2}{p_x^2 \cdot p_y} \tag{5.71}$$

$$\frac{\partial v}{\partial p_y} = -\frac{1}{4} \frac{m^2}{p_x \cdot p_y^2} \tag{5.72}$$

---

[2]Vgl. Roy, R.: "La distribution du revenue entre les divers biens", *Econometrica* 15(3): 205-225.

Die partiellen Ableitungen in den Gleichungen (5.70) bis (5.72) müssen dann nur noch in die obigen Identitäten eingesetzt werden, um deren Anwendungsmöglichkeit zu verdeutlichen. Ab Gleichung (5.73) wird die Marshall'sche Nachfrage nach $x$ bestimmt.

$$-\frac{\frac{\partial v}{\partial p_x}}{\frac{\partial v}{\partial m}} = -\frac{-\frac{1}{4}\frac{m^2}{p_x^2 \cdot p_y}}{\frac{1}{2}\frac{m}{p_x \cdot p_y}} \tag{5.73}$$

$$-\frac{\frac{\partial v}{\partial p_x}}{\frac{\partial v}{\partial m}} = -\left(-\frac{1}{4}\frac{m^2}{p_x^2 \cdot p_y}\right) \cdot \left(\frac{2\, p_x \cdot p_y}{1\quad m}\right) \tag{5.74}$$

$$-\frac{\frac{\partial v}{\partial p_x}}{\frac{\partial v}{\partial m}} = \frac{1}{2} \cdot \frac{m}{p_x} = d(x(m, p_x, p_y)) \tag{5.75}$$

Gleichung (5.76) vervollständigt zur Marshall'schen Nachfrage nach $y$.

$$-\frac{\frac{\partial v}{\partial p_y}}{\frac{\partial v}{\partial m}} = -\frac{-\frac{1}{4}\frac{m^2}{p_x \cdot p_y^2}}{\frac{1}{2}\frac{m}{p_x \cdot p_y}} \tag{5.76}$$

$$-\frac{\frac{\partial v}{\partial p_y}}{\frac{\partial v}{\partial m}} = -\left(-\frac{1}{4}\frac{m^2}{p_x \cdot p_y^2}\right) \cdot \left(\frac{2\, p_x \cdot p_y}{1\quad m}\right) \tag{5.77}$$

$$-\frac{\frac{\partial v}{\partial p_y}}{\frac{\partial v}{\partial m}} = \frac{1}{2} \cdot \frac{m}{p_y} = d(y(m, p_x, p_y)) \tag{5.78}$$

## 5.4 Konsumentscheidungen intertemporal

Das vorgestellte Lagrange-Verfahren kann nicht nur verwendet werden, um den Nutzen bei der Entscheidung zwischen zwei Gütermengen $x$ und $y$ zu einem Zeitpunkt zu maximieren. Es lässt sich damit auch nachvollziehen, wie Individuen Entscheidungen über Konsum zu verschiedenen Zeitpunkten oder in verschiedenen Zeiträumen treffen. Dazu wird an der vorgestellten Herangehensweise festgehalten, wobei aber die verwendeten Variablen umdeklariert und zum Teil leicht angepasst werden.

Die Entscheidung zwischen zwei Gütern zu einem Zeitpunkt tritt gegenüber der Entscheidung einer Gesamtgütermenge zu zwei verschiedenen Zeitpunkten in den Hintergrund. Mit anderen Worten könnte auch formuliert werden, dass $x$ und $y$ zum jeweiligen Zeitpunkt in einer Variable zusammengefasst werden, weil angenommen wird, dass sich die Konsumgewohnheiten - also die Anteile von $x$ und $y$, die zum jeweiligen Zeitpunkt nachgefragt werden - nicht erheblich unterscheiden. Die Gesamtmenge der Güter, die zum ersten Zeitpunkt ($t = 1$) nachgefragt werden, wird dann mit $c_1$ bezeichnet. Entsprechend handelt es sich bei $c_2$ um die Güter, die in der Zukunft ($t = 2$) nachgefragt werden.

Ein Individuum möchte seinen lebenslangen Nutzen maximieren und bezieht entsprechend den Konsum zu beiden Zeitpunkten in sein Nutzenmaximierungs-

## 5.4. KONSUMENTSCHEIDUNGEN INTERTEMPORAL

kalkül ein. In Anlehnung an die erstmalige Vorstellung der Nutzenmaximierung unter Nebenbedingung, wird mit $u(c_1, c_2) = c_1 \cdot c_2$ eine Nutzenfunktion verwendet, die einer identischen Struktur folgt.

Bei der bisher bekannten Nutzenmaximierung unter Nebenbedingung wurde die Nebenbedingung wesentlich durch das Einkommen und die Preise bestimmt. Im Falle intertemporaler Konsumentscheidungen muss allerdings berücksichtigt werden, dass das Individuum Einkommen zu beiden Zeitpunkten erhalten könnte, so dass es ein $m_1$ und ein $m_2$ gibt. Aus der Finanzmathematik ist klar, dass Geldbeträge zu unterschiedlichen Zeitpunkten auch unterschiedlich bewertet werden müssen. Stehen dem Individuum *heute* beispielsweise 100 € an Einkommen zur Verfügung, so können diese nicht einfach zu weiteren 100 € *morgen* hinzuaddiert werden. Würde das Individuum heute vollständig auf seinen Konsum verzichten und das Geld ansparen, so stünden morgen neben den beiden Geldbeträgen auch noch die Zinsen zur Verfügung. Formal wächst heutiges Einkommen nach der folgenden Formel an: $m_1 \cdot (1 + r)$. $r$ entspricht dem Zinssatz.

Eine derartige Betrachtung macht allerdings wenig Sinn, da das Individuum seine Entscheidung nicht zu $t = 2$, sondern zu $t = 1$ treffen muss. Folglich muss gefragt werden, wieviel Geld heute angelegt werden müsste, um morgen auf $m_2$ zu kommen. Fachsprachlich wird morgiges Einkommen abgezinst, indem es durch $(1 + r)$ geteilt wird. Aus Sicht der Gegenwart kann das lebenslange Einkommen durch folgende Formel abgebildet werden:

$$m_1 + \frac{m_2}{1+r} \tag{5.79}$$

Ein möglicher Einwand gegen Gleichung (5.79) könnte sein, dass das morgige Einkommen zum heutigen Zeitpunkt noch gar nicht zur Verfügung steht. Darüber hinaus unterscheiden sich in der Realität die Zinsen für Sparguthaben und Kredite. Diese einführende mikrotheoretische Analyse des Entscheidungsproblems blendet derartige Effekte allerdings aus.

Einerseits wird von perfekter Information und damit Planbarkeit der Zukunft ausgegangen, so dass eine Bank keine Unsicherheit darüber fürchten muss, dass das benannte Individuum morgen auch tatsächlich ein Einkommen $m_2$ und dann auch noch genau in der prognostizierten Höhe erhalten wird. Andererseits wird von einem vollkommenen Kapitalmarkt ausgegangen, in dem sich Banken in so intensivem Wettbewerb befinden, dass sie sich mit geringen Kreditzinsen gegenseitig unterbieten, um Kunden zu erreichen. Gleichermaßen können die Banken bei vollkommenem Wettbewerb nur dann Kunden zu Spareinlagen bewegen, wenn sie hohe Zinsen bezahlen. Aus dieser Überlegung heraus und zur Vereinfachung des Modells bleibt für die Banken keine Gewinnmarge zwischen Spar- und Kreditzinsen.

Außer dem Einkommen kommen in der Nebenbedingung auch noch Preise vor. Auch hier kann an die vorherige Überlegung zum Kapitalmarkt angeschlossen werden. Zinsniveau und Preisentwicklung können sich nicht signifikant unterscheiden. Würden die Preissteigerungen das Zinsniveau übersteigen, so bestünden zu große Anreize für das Individuum, seinen Konsum auf heute zu verlagern, um quasi die Preissteigerung vorweg zu nehmen. In der umgekehrten Situation würde das Individuum unverhältnismäßig viel sparen. Im Idealfall ist also das Zinsniveau eine Abbildung der Preissteigerung.

Zur Vereinfachung des Lagrange-Verfahrens wird noch das Preisniveau durch einen Preisindex normalisiert. $c_1$ beschreibt die Menge aller Güter, die zum heutigen Zeitpunkt konsumiert werden. Wie bei einem Preisindex, der üblicherweise in Prozent angegeben wird, werden die Preise zum heutigen Zeitpunkt auf das Niveau von 100% bzw. 1 normiert. Aus der Überlegung, dass sich Preissteigerung und Zinsen entsprechen, lässt sich folgern, dass das Preisniveau von $c_2$ um $(1+r)$ höher ist. Wiederum müssen die Konsumausgaben von morgen auf den heutigen Zeitpunkt diskontiert werden, so dass sich der lebenslange Konsum durch folgende Addition darstellen lässt:

Die in $c_1$ enthaltenen Mengen an $x$ und $y$ werden in der Regel zu unterschiedlichen Preisen angeboten.

$$1 \cdot c_1 + \frac{c_2}{1+r} \tag{5.80}$$

$$c_1 + \frac{c_2}{1+r} \tag{5.81}$$

Gleichung (5.81) wird verwendet, um eine modifizierte Nebenbedingung zu formulieren:

$$m_1 + \frac{m_2}{1+r} = c_1 + \frac{c_2}{1+r} \tag{5.82}$$

$$m_1 + \frac{m_2}{1+r} - c_1 - \frac{c_2}{1+r} = 0 \tag{5.83}$$

Gleichung (5.82) zeigt, dass die lebenslangen Konsumausgaben genau dem lebenslangen Einkommen entsprechen müssen. Durch Gleichung (5.83) werden wie bei der erstmaligen Vorstellung des Lagrange-Verfahrens bei der Nutzenmaximierung über $x$ und $y$ die Konsumausgaben vom Einkommen abgezogen. Die neue Nebenbedingung kann in der herkömmlichen Weise für das Lagrange-Verfahren genutzt werden.

$$max \quad u(c_1, c_2) = c_1 \cdot c_2 \tag{5.84}$$

$$NB \quad m_1 + \frac{m_2}{1+r} = c_1 + \frac{c_2}{1+r} \tag{5.85}$$

$$NB \quad m_1 + \frac{m_2}{1+r} - c_1 - \frac{c_2}{1+r} = 0 \tag{5.86}$$

$$\mathcal{L}(c_1, c_2, \lambda) = c_1 \cdot c_2 + \lambda \left[ m_1 + \frac{m_2}{1+r} - c_1 - \frac{c_2}{1+r} \right] \tag{5.87}$$

Zur besseren Übersicht wurde in Gleichung (5.84) die intertemporale Nutzenfunktion wiederholt und um die Umformung der intertemporalen Budgetrestriktion in Gleichung (5.86) ergänzt, um daraus eine neue Lagrange-Funktion in Gleichung (5.87) aufzustellen.

$$\frac{\partial \mathcal{L}(c_1, c_2, \lambda)}{\partial c_1} = c_2 + \lambda(-1) \stackrel{!}{=} 0 \tag{5.88}$$

$$\frac{\partial \mathcal{L}(c_1, c_2, \lambda)}{\partial c_2} = c_1 + \lambda\left(-\frac{1}{1+r}\right) \stackrel{!}{=} 0 \tag{5.89}$$

$$\frac{\partial \mathcal{L}(c_1, c_2, \lambda)}{\partial \lambda} = \left[m_1 + \frac{m_2}{1+r} - c_1 - \frac{c_2}{1+r}\right] \stackrel{!}{=} 0 \tag{5.90}$$

In den Gleichungen (5.88) bis (5.90) wurde die Lagrange-Funktion wieder partiell nach ihren drei Argumenten abgeleitet. Um die partielle Ableitung nach $c_1$ und nach $c_2$ besser durch einander teilen zu können, werden diese wie üblich umgeformt.

$$c_2 = \lambda \tag{5.91}$$
$$c_1 = \lambda \frac{1}{1+r} \tag{5.92}$$

$$\frac{c_2}{c_1} = \frac{\lambda}{\frac{\lambda}{1+r}} \tag{5.93}$$

$$\frac{c_2}{c_1} = \lambda \cdot \frac{1+r}{\lambda} \tag{5.94}$$

$$\frac{c_2}{c_1} = 1+r \tag{5.95}$$

$$c_2 = (1+r) \cdot c_1 \tag{5.96}$$

In Gleichung (5.93) wurden die beiden partiellen Ableitungen durch einander geteilt. Auf der rechten Seite der Gleichung kann in den beiden folgenden Rechenschritten das $\lambda$ gekürzt werden. Gleichung (5.95) stellt eine Variante der Optimalitätsbedingung dar. Auf der linken Seite der Gleichung steht das Verhältnis der Grenznutzen des Konsums zu den beiden verschiedenen Zeitpunkten und kann quasi als intertemporale Grenzrate der Substitution interpretiert werden. Der Konsum ist dann optimal zwischen beiden Zeitpunkten verteilt, wenn er - wie in der erstmalig vorgestellten Nutzenmaximierung - genau dem Preisverhältnis beider Zeitpunkte entspricht. Dieses Preisverhältnis wird durch den Zins und seinem Multiplikator $(1+r)$ erfasst. In Gleichung (5.96) wurde wieder nach einer der beiden endogenen Variablen aufgelöst, um diese dann in der partiellen Ableitung nach $\lambda$ (Gleichung (5.90)) zu ersetzen.

$$\frac{\partial \mathcal{L}(c_1, c_2, \lambda)}{\partial \lambda} = \left[ m_1 + \frac{m_2}{1+r} - c_1 - \frac{c_2}{1+r} \right] \stackrel{!}{=} 0 \tag{5.97}$$

$$m_1 + \frac{m_2}{1+r} = c_1 + \frac{c_2}{1+r} \tag{5.98}$$

$$m_1 + \frac{m_2}{1+r} = c_1 + \frac{(1+r) \cdot c_1}{1+r} \tag{5.99}$$

$$m_1 + \frac{m_2}{1+r} = c_1 + c_1 \tag{5.100}$$

$$m_1 + \frac{m_2}{1+r} = 2 \cdot c_1 \tag{5.101}$$

$$c_1 = \frac{1}{2} \cdot (m_1 + \frac{m_2}{1+r}) \tag{5.102}$$

Gleichung (5.102) zeigt, dass das Individuum die Hälfte seines lebenslangen Einkommens für den Konsum in Zeitpunkt 1 ausgibt. Im Vergleich zur erstmaligen Vorstellung der Nutzenmaximierung ergibt sich ein analoges Ergebnis. Die erste ermittelte Marshall'sche Nachfrage aus der vergleichbaren Nutzenfunktion $u(x,y) = x \cdot y$ betrug $x = \frac{1}{2}\frac{m}{p_x}$. Auch dort wurde die Hälfte der Kaufkraft für den Konsum des einen Gutes eingesetzt.

$c_2$ kann bestimmt werden, indem die Nachfrage nach $c_1$ aus Gleichung (5.102) in Gleichung (5.96) eingesetzt wird.

$$c_1 = \frac{1}{2} \cdot (m_1 + \frac{m_2}{1+r}) \tag{5.103}$$

$$c_2 = (1+r) \cdot c_1 \tag{5.104}$$

$$c_2 = (1+r) \cdot \frac{1}{2} \cdot (m_1 + \frac{m_2}{1+r}) \tag{5.105}$$

Gleichung (5.105) beschreibt, dass die andere Hälfte des lebenslangen Einkommens dann entsprechend für $c_2$ eingesetzt wird, und zeigt auch darin eine Analogie zur erstmalig vorgestellten Nutzenmaximierung. Im Vergleich zur intertemporalen Nachfragefunktion nach $c_1$ ist allerdings der Multiplikator $(1+r)$ hinzu gekommen. Der Einkommensanteil, der nicht in $t=1$ verwendet wird, erwirtschaftet bis zur Realisation von $t=2$ Zinsen, die durch den Multiplikator ausgedrückt werden.

## Aufgabe 5.3 Konsumentscheidung intertemporal 1

Verwenden Sie die intertemporale Nutzenfunktion $u(c_1, c_2) = c_1^{\frac{2}{3}} \cdot c_2^{\frac{1}{3}}$ und die Nebenbedingung $m_1 + \frac{m_2}{1+r} = c_1 + \frac{c_2}{1+r}$.

1. Stellen Sie das Optimierungskalkül für die intertemporale Nutzenmaximierung auf.
2. Schreiben Sie das Optimierungskalkül als Lagrange-Funktion.
3. Bestimmen Sie die intertemporalen Nachfragefunktionen nach $c_1$ und nach $c_2$.
4. Welche Menge an $c_1$ und an $c_2$ konsumiert das Individuum, wenn in beiden Zeitpunkten ein Einkommen von je 100 erzielt wird und der Zins 10% beträgt?
5. Interpretieren Sie die Exponenten der intertemporalen Nutzenfunktion.
6. Wie ändern sich Ihre Werte, wenn der Zins auf 20% steigt? Beschreiben Sie die Konsumverlagerung und begründen Sie.
7. Gehen Sie wieder von einem Zins von 10% aus und beschreiben Sie verbal (ohne zu rechnen), wie sich der Konsum verändert, wenn das Individuum nicht in beiden Zeitpunkten ein Einkommen von je 100 erzielt, sondern nur im ersten Zeitpunkt das doppelte Einkommen von 200 erhält, dafür aber im zweiten Zeitpunkt gar kein Einkommen erzielt.

## Aufgabe 5.4 Konsumentscheidung intertemporal 2

Verwenden Sie die intertemporale Nutzenfunktion $u(c_1, c_2) = c_1^{\frac{4}{3}} \cdot c_2^{\frac{8}{3}}$ und die Nebenbedingung $m_1 + \frac{m_2}{1+r} = c_1 + \frac{c_2}{1+r}$.

1. Stellen Sie das Optimierungskalkül für die intertemporale Nutzenmaximierung auf.
2. Schreiben Sie das Optimierungskalkül als Lagrange-Funktion.
3. Bestimmen Sie die intertemporalen Nachfragefunktionen nach $c_1$ und nach $c_2$.
4. Welche Menge an $c_1$ und an $c_2$ konsumiert das Individuum, wenn bei einem Zins von 5% die Einkommen der beiden Zeitpunkte $m_1 = 200$ und $m_2 = 100$ betragen?

## 5.5 Konsumentscheidungen unter Unsicherheit

Durch eine weitere Modifikation kann das Lagrange-Verfahren ebenfalls genutzt werden, um Nutzenmaximierungen durchzuführen, wenn Unsicherheit über das Eintreffen verschiedener Ereignisse besteht. Wie bei intertemporalen Konsumentscheidungen existieren zwei Betrachtungszeitpunkte und das Individuum muss im ersten Zeitpunkt entscheiden, welche Menge im zweiten Zeitpunkt konsumiert wird. Im Vordergrund steht nicht mehr die Entscheidung zwischen den Konsummengen von $x$ und $y$, die erneut mit $c$ zusammengefasst werden.

Mathematisch ähneln sich intertemporale Konsumentscheidungen und Konsumentscheidungen unter Unsicherheit. Anstatt aber mit $c_1$ und $c_2$ zwei unterschiedliche Zeitpunkte $t \in \{1, 2\}$ zu deklarieren, sind bei Konsumentscheidungen unter Unsicherheit die Konsummengen in zwei alternativ eintreffenden Situationen $i \in \{1, 2\}$ gemeint. Entsprechendes überträgt sich auf das Einkommen, so dass bei Konsumentscheidungen unter Unsicherheit $m_1$ und $m_2$ die Geldbeträge bezeichnen, die in den beiden Situationen zur Verfügung stehen.

Beim intertemporalen Untersuchungsgegenstand entscheidet das Individuum heute über die Verteilung seines lebenslangen Einkommens auf den sicheren heutigen und sicheren morgigen Konsum. Unter Unsicherheit muss das Individuum heute entscheiden, wie sein unsicheres morgiges Einkommen auf den Konsum in den unsicheren morgigen Situationen verteilt wird.

Da $c_1$ und $c_2$ bzw. $m_1$ und $m_2$ Konsum und Einkommen in unterschiedlichen Situationen aber zum selben Zeitpunkt bezeichnen, sind die bisher verwendeten Zins- und Inflationsrelationen irrelevant. Dennoch werden die Situationen bepreist. $\rho_1$ und $\rho_2$ bezeichnen die Preise, die von den Individuen bezahlt werden müssen, wenn sie heute für eine der beiden Situationen eine Geldeinheit zur Verfügung haben wollen.

Zur Vereinfachung wird angenommen, dass ein funktionierender wettbewerblicher Versicherungsmarkt existiert. Im Gegensatz zu den Individuen sind Versicherungen nicht risikoavers, sondern risikoneutral. Auf die genauere Bedeutung wird im Abschnitt zur Versicherungsmathematik noch genauer eingegangen. Für den aktuellen Abschnitt reicht es zu verstehen, dass Versicherungen dann kostendeckend arbeiten, wenn sie durch ihre Einnahmen aus dem Verkauf von Versicherungsleistungen ausreichend Kapital bilden, um die Ausgaben zu decken, die in einer der eintreffenden Situationen notwendig sind. Mathematisch lässt sich zeigen, dass diese Bedingung genau dann erfüllt ist, wenn die Preise einer jeweiligen Situation $\rho_i$ genau den Wahrscheinlichkeiten der Situationen $\pi_i$ entsprechen. Für die Individuen wird daher direkt mit der Identität gearbeitet und eine modifizierte Budgetrestriktion formuliert:

$$\rho_i = \pi_i \tag{5.106}$$
$$\pi_1 \cdot m_1 + \pi_2 \cdot m_2 = \pi_1 \cdot c_1 + \pi_2 \cdot c_2 \tag{5.107}$$
$$\pi_1 \cdot m_1 + \pi_2 \cdot m_2 - \pi_1 \cdot c_1 - \pi_2 \cdot c_2 = 0 \tag{5.108}$$

In Analogie zu den vorherigen Überlegungen lässt sich mittels der Nutzenfunktion $u(c_1, c_2) = c_1 \cdot c_2$ folgendes Optimierungskalkül bzw. folgende Lagrange-Gleichung schreiben:

$$max \quad u(c_1, c_2) = c_1 \cdot c_2 \tag{5.109}$$
$$NB \quad \pi_1 \cdot m_1 + \pi_2 \cdot m_2 = \pi_1 \cdot c_1 + \pi_2 \cdot c_2 \tag{5.110}$$
$$NB \quad \pi_1 \cdot m_1 + \pi_2 \cdot m_2 - \pi_1 \cdot c_1 - \pi_2 \cdot c_2 = 0 \tag{5.111}$$
$$\mathcal{L}(c_1, c_2, \lambda) = c_1 \cdot c_2 + \lambda \left[ \pi_1 \cdot m_1 + \pi_2 \cdot m_2 - \pi_1 \cdot c_1 - \pi_2 \cdot c_2 \right] \tag{5.112}$$

Die weiteren Schritte folgen dem herkömmlichen Lagrange-Verfahren und bilden ein Gleichungssystem partieller Ableitungen nach den drei Argumenten der Lagrange-Funktion (5.112).

$$\frac{\partial \mathcal{L}(c_1, c_2, \lambda)}{\partial c_1} = c_2 + \lambda(-\pi_1) \stackrel{!}{=} 0 \qquad (5.113)$$

$$\frac{\partial \mathcal{L}(c_1, c_2, \lambda)}{\partial c_2} = c_1 + \lambda(-\pi_2) \stackrel{!}{=} 0 \qquad (5.114)$$

$$\frac{\partial \mathcal{L}(c_1, c_2, \lambda)}{\partial \lambda} = [\pi_1 \cdot m_1 + \pi_2 \cdot m_2 - \pi_1 \cdot c_1 - \pi_2 \cdot c_2] \stackrel{!}{=} 0 \qquad (5.115)$$

$$c_2 = \lambda \cdot \pi_1 \qquad (5.116)$$
$$c_1 = \lambda \cdot \pi_2 \qquad (5.117)$$

$$\frac{c_2}{c_1} = \frac{\lambda \cdot \pi_1}{\lambda \cdot \pi_2} \qquad (5.118)$$
$$\frac{c_2}{c_1} = \frac{\pi_1}{\pi_2} \qquad (5.119)$$

Gleichung (5.119) stellt wiederum das Verhältnis der Grenznutzen auf der linken Seite einem Verhältnis von Preisen auf der rechten Seite gegenüber. Optimal ist der Konsum dann, wenn sich die Grenzrate der Substitution zwischen dem Konsum in den beiden unsicheren Situationen 1 und 2 im Gleichgewicht mit den dafür verlangten Preisen befindet. Die Preise sind identisch mit den Wahrscheinlichkeiten der beiden Situationen. Daher kann ebenso formuliert werden, dass das Grenznutzenverhältnis des Individuums den erwarteten Wahrscheinlichkeiten der beiden Ereignisse entsprechen muss. Zur Lösung des Gleichungssystems und Findung der Nachfragefunktionen nach Konsum in den beiden unsicheren Situationen wird Gleichung (5.119) wieder nach einer der beiden endogenen Variablen aufgelöst und in die partielle Ableitung nach $\lambda$ eingesetzt.

$$c_2 = \frac{\pi_1}{\pi_2} \cdot c_1 \qquad (5.120)$$
$$\pi_1 \cdot m_1 + \pi_2 \cdot m_2 = \pi_1 \cdot c_1 + \pi_2 \cdot c_2 \qquad (5.121)$$
$$\pi_1 \cdot m_1 + \pi_2 \cdot m_2 = \pi_1 \cdot c_1 + \pi_2 \cdot \frac{\pi_1}{\pi_2} \cdot c_1 \qquad (5.122)$$
$$\pi_1 \cdot m_1 + \pi_2 \cdot m_2 = \pi_1 \cdot c_1 + \pi_1 \cdot c_1 \qquad (5.123)$$
$$\pi_1 \cdot m_1 + \pi_2 \cdot m_2 = 2 \cdot \pi_1 \cdot c_1 \qquad (5.124)$$
$$c_1 = \frac{1}{2} \cdot \frac{\pi_1 \cdot m_1 + \pi_2 \cdot m_2}{\pi_1} \qquad (5.125)$$

Gleichung (5.125) führt wiederum zu einem Ergebnis mit identischer Struktur. Das (unter Unsicherheit) erwartete Einkommen des Individuums beträgt $\pi_1 \cdot m_1 + \pi_2 \cdot m_2$. Für $c_1$ - den Konsum in Situation 1 - wird die Hälfte des erwarteten Einkommens relativ zum Preis $\pi_1$ ausgegeben. Entsprechendes wird auch für die Nachfragefunktion nach $c_2$ gefunden.

$$c_1 = \frac{1}{2} \cdot \frac{\pi_1 \cdot m_1 + \pi_2 \cdot m_2}{\pi_1} \qquad (5.126)$$

$$c_2 = \frac{\pi_1}{\pi_2} \cdot c_1 \qquad (5.127)$$

$$c_2 = \frac{\pi_1}{\pi_2} \cdot \frac{1}{2} \cdot \frac{\pi_1 \cdot m_1 + \pi_2 \cdot m_2}{\pi_1} \qquad (5.128)$$

$$c_2 = \frac{1}{2} \cdot \frac{\pi_1 \cdot m_1 + \pi_2 \cdot m_2}{\pi_2} \qquad (5.129)$$

**Aufgabe 5.5 Konsumentscheidung unter Unsicherheit 1**

Verwenden Sie die intertemporale Nutzenfunktion $u(c_1, c_2) = c_1^{\frac{2}{3}} \cdot c_2^{\frac{1}{3}}$ und die Nebenbedingung $\pi_1 \cdot m_1 + \pi_2 \cdot m_2 = \pi_1 \cdot c_1 + \pi_2 \cdot c_2$.

1. Stellen Sie das Optimierungskalkül für die Nutzenmaximierung unter Unsicherheit auf.
2. Schreiben Sie das Optimierungskalkül als Lagrange-Funktion.
3. Bestimmen Sie die Nachfragefunktionen nach $c_1$ und nach $c_2$.
4. Welche Menge an $c_1$ und an $c_2$ konsumiert das Individuum, wenn es in beiden Situationen mit einem Einkommen von 100 rechnet und die Wahrscheinlichkeiten der Situationen 1 und 2 mit $\frac{2}{3}$ und $\frac{1}{3}$ erwartet?
5. Was ändert sich an Ihren Ergebnissen, wenn das Individuum bei ansonsten gleichbleibenden Parametern in Situation 1 ein doppelt so hohes Einkommen von 200 erwartet?

**Aufgabe 5.6 Konsumentscheidung unter Unsicherheit 2**

Verwenden Sie die intertemporale Nutzenfunktion $u(c_1, c_2) = c_1^{\frac{8}{3}} \cdot c_2^{\frac{4}{3}}$ und die Nebenbedingung $\pi_1 \cdot m_1 + \pi_2 \cdot m_2 = \pi_1 \cdot c_1 + \pi_2 \cdot c_2$.

1. Stellen Sie das Optimierungskalkül für die Nutzenmaximierung unter Unsicherheit auf.
2. Schreiben Sie das Optimierungskalkül als Lagrange-Funktion.
3. Bestimmen Sie die Nachfragefunktionen nach $c_1$ und nach $c_2$.
4. Welche Menge an $c_1$ und an $c_2$ konsumiert das Individuum, wenn es in beiden Situationen mit einem Einkommen von 100 rechnet und die Wahrscheinlichkeiten der Situationen 1 und 2 mit $\frac{1}{5}$ und $\frac{4}{5}$ erwartet?

## 5.6 Grundlagen der Versicherungsmathematik

Das Grundprinzip von Versicherungen lässt sich mathematisch sehr einfach erfassen. Werden Individuen vor die Wahl zwischen sicheren und unsicheren Auszahlungen in selber Höhe gestellt, werden sie sich immer für die sichere Auszahlung entscheiden. Daher werden sie als risikoavers (= Risiko ablehnend) bezeichnet. Versicherungen kaufen Individuen Risiko ab. Das tun sie allerdings nicht deswegen, weil sie besonders altruistisch veranlagt sind oder gerne mit Risiko *zocken*.

## 5.6. GRUNDLAGEN DER VERSICHERUNGSMATHEMATIK

Versicherungen können den risikoaversen Individuen das Risiko abkaufen, sofern sie wenigstens kostendeckend arbeiten. Kostendeckung erreicht eine Versicherung dann, wenn sie aus den eingezahlten Versicherungsprämien $P$ in der Lage ist, Auszahlungen für Versicherungsleistungen zu finanzieren. Ist die erwartete Häufigkeit oder noch besser die Wahrscheinlichkeit $\pi$ einer Auszahlung bekannt, so lässt sich die Berechnung der notwendigen Prämieneinnahmen mit einem ganz einfachen Beispiel verdeutlichen.

**Beispiel 5.1 Notwendige Versicherungsprämie**
Eine Vollkaskoversicherung erwägt die Aufnahme eines neuen Kunden, der noch relativ wenig Fahrkenntnisse hat und dessen Unfallhäufigkeit daher auf 10% geschätzt wird. Bei einem Unfall rechnet die Versicherung mit einem Schaden ($S$) von 10.000 €, den sie im Vollkaskotarif begleichen muss. Ihre Berechnung folgt der statistischen Formel des Erwartungswertes:

$$E(S) = \pi \cdot S = P \tag{5.130}$$
$$P = 0,10 \cdot 10.000 \tag{5.131}$$
$$P = 1.000 \tag{5.132}$$

Der Erwartungswert des Schadens $E(S)$ entspricht den Prämieneinzahlungen, die notwendig sind. Im vorgestellten Zahlenbeispiel müsste die Versicherung 1.000 € an Versicherungsprämie verlangen.

Genau so leicht ist nachzuvollziehen, dass bei geringerer Schadenswahrscheinlichkeit eine geringere Prämie verlangt werden muss, so dass bei $\pi = 0,05$ nur die halbe Prämie notwendig wäre. Im vorgestellten Beispiel fehlen allerdings ein paar Überlegungen. Die vorgestellte Versicherung könnte trotzdem nicht existieren, weil sie nicht in der Lage ist, das eingekaufte Risiko zu verteilen.

Versicherungen können den risikoaversen Individuen nur deswegen Risiko abkaufen, weil sie Risikostrukturen duplizieren. Angenommen die Versicherung hätte 100 Kunden mit einer Schadenswahrscheinlichkeit von je 10%, so wüsste die Versicherung ganz genau, dass sie durchschnittlich bei 10 Kunden in Anspruch genommen wird, während dies bei durchschnittlich 90 Kunden nicht der Fall ist. (Natürlich kann die Versicherung in dieser einfachen Überlegung die Kunden nicht unterscheiden. Sonst würde sie Kunden, die einen Unfall verursachen, erst gar nicht aufnehmen und es bliebe kein Raum für ökonomisch sinnvolle weitere Überlegungen.)

Aus den Zahlungen aller Kunden - mit und ohne Schaden - hat die Versicherung genügend Kapital angesammelt, um die erwarteten Schadenszahlungen leisten zu können. Aus den Prämieneinnahmen von nur einem Kunden kann eine Versicherung den Schadensfall nicht gegenfinanzieren, falls er tatsächlich eintritt.

Nach dieser Überlegung gibt es für eine Versicherung grundsätzlich zwei Möglichkeiten, das eingekaufte Risiko zu verteilen: Einerseits kann eine Versicherung horizontal diversifizieren, indem sie dieselbe Risikostruktur zum selben Zeitpunkt mehrmals abbildet. Andererseits kann die Versicherung vertikal diversifizieren, wenn sie dieselbe Risikostruktur mehrmals nacheinander im Zeitablauf wiederholt. In diesem Fall müsste sie aber am Anfang auf einen genügend großen

Kapitalpuffer zurückgreifen oder auf eine genügend große Reihe schadenfreier Zeitpunkte zu Beginn der Vertragslaufzeit hoffen, um nicht insolvent zu werden.

Vor allem in der Finanz- und Immobilienkrise hat sich gezeigt, wie schwierig die Berechnung von Schadens- und Ausfallhäufigkeiten für Versicherungen ist, wie wichtig ein funktionsfähiger Finanz- und Versicherungsmarkt für eine Volkswirtschaft sein kann und welche immensen Folgen Mängel verursachen können.

Welche Überlegung steht seitens der Individuen gegenüber? Risikoaversion entsteht aus einer grundlegenden Eigenschaft, die im Abschnitt 2.5 zu Präferenzen, Indifferenzkurven und Nutzenfunktionen diskutiert wurde: Die meist verwendeten Nutzenfunktionen unterstellen positiven aber abnehmenden Grenznutzen. Mit anderen Worten steigt mit zunehmendem Einkommen zwar der insgesamt erreichte Nutzen. Allerdings ist der Zusatznutzen jedes nächsten Euros geringer als der zuletzt erhaltene Euro. Aus dieser Eigenschaft entsteht Risikoaversion, weil Individuen dann den Gewinn und den Verlust derselben Geldsumme unterschiedlich bewerten. Die beiden bisherigen Annahmen werden zur Vereinfachung der Analyse aber leicht angepasst.

Erstens werden die bisher als ordinal unterstellten Präferenzen nun kardinalisiert. Bisher konnte aus den Einheiten der Nutzenskala nur die Erkenntnis gezogen werden, dass Konsumbündel mit höheren Nutzenwerten anderen Konsumbündeln mit niedrigeren Nutzenwerten durch das Individuum vorgezogen werden. Die bisher verwendeten ordinalen Nutzenfunktionen brachten die Konsumoptionen eines Individuums in eine Ordnung oder Rangreihenfolge. Bei einer kardinalen Skalierung durch die Nutzenfunktion, können auch relative Vergleiche angestellt werden. So wird über eine kardinale Nutzenfunktion beispielsweise ermittelt, dass ein Güterbündel A den Nutzen von 50, das Güterbündel B den Nutzen von 100 und das Güterbündel C den Nutzen von 150 erbringe. So kann gefolgert werden, dass B doppelt so gut wie A bewertet wird, während C dreimal so gut wie A und 50% besser als B bewertet wird. Derartige Vergleiche waren bisher nicht möglich. Sie sind aber notwendig, da die Verwendung der Wahrscheinlichkeiten, die verschiedenen möglichen Situationen zugewiesen werden, kardinal skalierte Einheiten der Nutzenfunktionen erfordert.

Zweitens wird wie bei intertemporalen Konsumentscheidungen und bei Konsumentscheidungen unter Unsicherheit von der Unterscheidung in $x$ und $y$ abstrahiert. Auch die Entscheidung zwischen verschiedenen Zeitpunkten und Situationen tritt etwas in den Hintergrund. Zur Analyse reicht die Annahme, dass in jeder möglichen Situation das zur Verfügung stehende Einkommen vollständig konsumiert wird. Es wird daher eine Nutzenfunktion verwendet, deren Werte sich nicht aus $c$, sondern direkt aus dem Einkommen ergeben.

Um nach den angepassten Annahmen klarer von den bisherigen Analysen abgrenzen zu können, werden für die Grundlagen der Versicherungsmathematik große Buchstaben verwendet. Das Einkommen wird mit $W$ abgekürzt.

Nach den grundlegenden Ansprüchen an die verwendeten Nutzenfunktionen kann der Zusammenhang zwischen abnehmendem Grenznutzen und Risikoaversion genauer durch ein Zahlenbeispiel erläutert werden.

**Beispiel 5.2 Abnehmender Grenznutzen und Risikoaversion**
Ein beispielhaftes Individuum habe die folgende kardinale Nutzenfunktion $u(W) =$

## 5.6. GRUNDLAGEN DER VERSICHERUNGSMATHEMATIK

$\sqrt{W} = W^{\frac{1}{2}}$. Für das Individuum wird der Nutzen von drei Einkommensniveaus verglichen:

$$W_A = 50 \tag{5.133}$$
$$W_B = 100 \tag{5.134}$$
$$W_C = 150 \tag{5.135}$$

Punkt $A$ und $B$ sind gleich weit voneinander entfernt wie die Punkte $B$ und $C$. Die Abstände lassen sich formal wie folgt erfassen:

$$\Delta_{BA} = 100 - 50 = 50 \tag{5.136}$$
$$\Delta_{CB} = 150 - 100 = 50 \tag{5.137}$$

Sie übertragen sich aber in verschiedene Nutzenunterschiede:

$$u(W_A) = \sqrt{50} \approx 7,07 \tag{5.138}$$
$$u(W_B) = \sqrt{100} = 10 \tag{5.139}$$
$$u(W_C) = \sqrt{150} = 12,25 \tag{5.140}$$
$$\Delta(u_{BA}) = 10 - 7,07 = 2,93 \tag{5.141}$$
$$\Delta(u_{CB}) = 12,25 - 10 = 2,25 \tag{5.142}$$

Angenommen das Individuum befinde sich nun in der Situation $B$, habe ein Einkommen von 100 und einen entsprechenden Nutzen von 10, so käme es zu einer unterschiedlichen Bewertung von Chance und Risiko. Die Nutzenreduzierung von einem Verlust von 50 € fällt mit 2,93 stärker aus als die Nutzensteigerung von 2,25 bei einem Gewinn von 50 €.

Wenn das Individuum nicht vom durchschnittlichen Einkommen in Situation $B$ ausgeht, sondern wenn mit einer Wahrscheinlichkeit von 50% die Situation $A$ und mit einer Wahrscheinlichkeit von 50% die Situation $C$ eintritt, lassen sich weitere Grundgedanken zur Versicherungsmathematik entwickeln.

Zu Beginn des Abschnitts wurde gezeigt, wie Versicherungen mit Erwartungswerten von Schäden bzw. Zahlungen arbeiten. Auch Individuen bilden Erwartungswerte. Allerdings müssen sie ihre Erwartungswerte über den Nutzen bilden, den sie durch Einkommen in verschiedenen Situationen erhalten. Um derartige wahrscheinlichkeitsgewichtete Nutzenfunktionen von den bisher verwendeten Funktionen abzugrenzen, wird ebenfalls mit großen Buchstaben gerechnet wie es im folgenden Zahlenbeispiel dargestellt ist.

$$\begin{aligned}
U(W_i) &= \sum_{i=1}^{n} \pi_i \cdot W_i & (5.143)\\
U &= 0,5 \cdot u(50) + 0,5 \cdot u(150) & (5.144)\\
U &= 0,5 \cdot \sqrt{50} + 0,5 \cdot \sqrt{150} & (5.145)\\
U &= 9,61 < 10 & (5.146)
\end{aligned}$$

Gleichung (5.146) zeigt den Erwartungswert des Nutzens von 9,61. Steht dem Individuum mit Sicherheit der durchschnittliche Geldbetrag von 100 zur Verfügung, so erreicht es einen Nutzen von 10, wie bereits zuvor für die Situation $B$ berechnet wurde.

Aus diesem Nutzenunterschied ergibt sich die individuelle Zahlungsbereitschaft für Versicherungsprämien. Um dies zu verdeutlichen, wird weiterhin angenommen, dass das Individuum nicht weiß, welche der beiden Situationen $A$ oder $C$ eintritt. Das Individuum ist aber sicher, dass beide mit einer Wahrscheinlichkeit von 50% eintreten können. Weiterhin ist der Erwartungswert dieser beiden Alternativen 100 € ($= 0,5 \cdot 50 + 0,5 \cdot 150$) und es ergibt sich der Erwartungswert des Nutzens von 9,61.

Nun wird dem Individuum angeboten, seine unsichere Situation an eine Versicherung zu verkaufen. Die Versicherung bietet dem Individuum nicht den Erwartungswert der Zahlungen, sondern einen leicht geringeren Betrag in Höhe von 95 € mit Sicherheit an. Mit obiger Nutzenfunktion erhält das Individuum aus 95 € mit Sicherheit einen Nutzen von 9,75 ($= 1,0 \cdot \sqrt{95}$). Trotz der geringeren erwarteten Zahlung ist der Nutzen dieser Alternative $D$ größer als die bisherige Situation. Das Individuum würde sich für die Versicherung entscheiden. Im Vergleich zu einer durchschnittlichen Zahlung von 100 hat das Individuum mit der Zahlung von 95 in Alternative $D$ eine Versicherungsprämie von 5 € bezahlt.

Nachdem zu Beginn des Abschnitts vorgestellt wurde, welche Prämieneinnahmen Versicherungen wenigstens generieren müssen, kann nun auf der anderen Marktseite der Individuen bestimmt werden, wie hoch deren maximale Zahlungsbereitschaft für eine Versicherung ist. Dazu wird der Nutzen verwendet, den das Individuum in der Unsicherheit zwischen den Situationen $A$ und $C$ hat. Den Nutzenwert von 9,61 möchte es beim Kauf einer Versicherung oder einem anderen Risikotausch auf keinen Fall unterschreiten. Der Geldbetrag, der diesem Nutzenwert entspricht, wird als *Sicherheitsäquivalent* bezeichnet.

## Definition 5.1 Sicherheitsäquivalent

Ein Individuum befinde sich in Unsicherheit über das Eintreten verschiedener Situationen und damit verbundener Zahlungen, könne diesen Situationen aber Wahrscheinlichkeiten zuweisen und daher einen Erwartungswert der Zahlungen und des Nutzens bestimmen.

Dann bezeichnet das **Sicherheitsäquivalent** diejenige sichere Zahlung an das Individuum, die wenigstens notwendig ist, damit das Individuum die unsichere Situation gegen die sichere Zahlung tauscht.

Formal entspricht das Sicherheitsäquivalent ($S$) der Rücktransformation des erreichten Nutzens in Geldeinheiten:

$$U(W_i) = u(S) \qquad (5.147)$$

Für das obige Zahlenbeispiel lässt sich mit dieser Definition leicht das Sicherheitsäquivalent bestimmen:

$$U(W_i) = 9,61 \qquad (5.148)$$
$$9,61 = u(S) \qquad (5.149)$$
$$9,61 = \sqrt{S} \qquad (5.150)$$
$$9,61^2 = S \qquad (5.151)$$
$$S \approx 92,35 \qquad (5.152)$$

Um das Individuum zum Kauf der Versicherung zu bewegen, muss ihm wenigstens eine sichere Zahlung von 92,35 € angeboten werden. Umgekehrt ergibt sich die maximale Zahlungsbereitschaft für Versicherungsprämien aus dem Unterschied von Sicherheitsäquivalent und unsicherer Auszahlung.

## Definition 5.2 Individuelle Zahlungsbereitschaft für Versicherung

Die individuelle Zahlungsbereitschaft für die Versicherung $P$ besteht aus der Distanz des Sicherheitsäquivalents zum Erwartungswert der Zahlungen unter Unsicherheit.

$$E(W_i) - S = P \qquad (5.153)$$

Für das verwendete Zahlenbeispiel ergibt sich eine maximale Zahlungsbereitschaft für die Versicherungsprämie in Höhe von 7,65, wie die folgende Berechnung zeigt.

$$E(W_i) - S = P \qquad (5.154)$$
$$100 - 92,35 = P \qquad (5.155)$$
$$P = 7,65 \qquad (5.156)$$

Die vorgestellten Prinzipien lassen sich grafisch leicht anhand der Nutzenfunktion zeigen.

Abbildung 5.2: Nutzenfunktion unter Unsicherheit

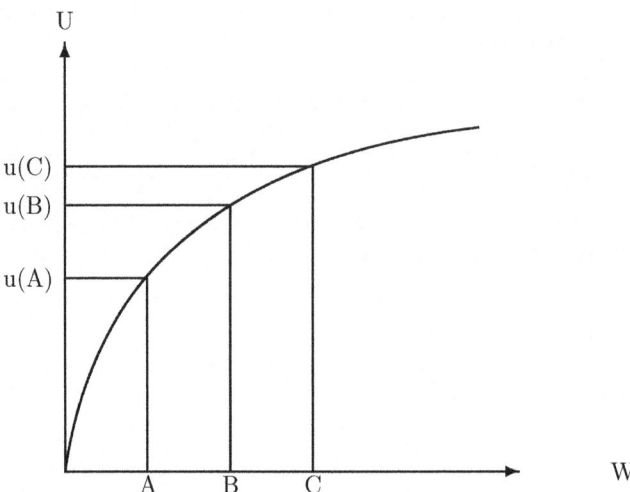

Abbildung 5.2 stellt die Situation grafisch dar. An der horizontalen Achse sind die Geldbeträge $W$ der drei Situationen $A$, $B$ und $C$ grafisch dargestellt. Die Geldbeträge von 50, 100 und 150 € produzieren auf der horizontalen Vermögensachse identische Abstände.

An der vertikalen Achse sind die entsprechenden Nutzenwerte abgetragen. Die gezeichnete Nutzenfunktion ist durch positiven, aber fallenden Grenznutzen des Geldes gekennzeichnet, so dass der vertikale Abstand des Nutzens in Situation $A$ zum Nutzen in Situation $B$ größer ist als der Abstand vom Nutzen in Situation $B$ zum Nutzen in Situation $C$.

Da Situation $B$ im späteren Verlauf der Überlegungen nicht mehr zur Verfügung stand, ist diese Situation der folgenden Abbildung 5.3 entfernt worden. Die Situationen $A$ und $B$ bzw. deren Punkte auf der Nutzenfunktion sind durch eine Linie verbunden worden. Diese Verbindungslinie entspricht geometrisch der Kombination beider Situationen mit einem gewissen Anteil. Da im vorgestellten Zahlenbeispiel beide Situationen gleicher Wahrscheinlichkeit von 50% eintraten, lässt sich der Erwartungswert genau auf der Mitte der Linie finden. Wäre die Wahrscheinlichkeit ein Drittel für Situation $A$ und zwei Drittel für Situation $C$ gewesen, so befände sich der Erwartungswert auf der Linie näher am Punkt $C$ der Nutzenfunktion.

## 5.6. GRUNDLAGEN DER VERSICHERUNGSMATHEMATIK

Abbildung 5.3: Sicherheitsäquivalent und Risikoprämie

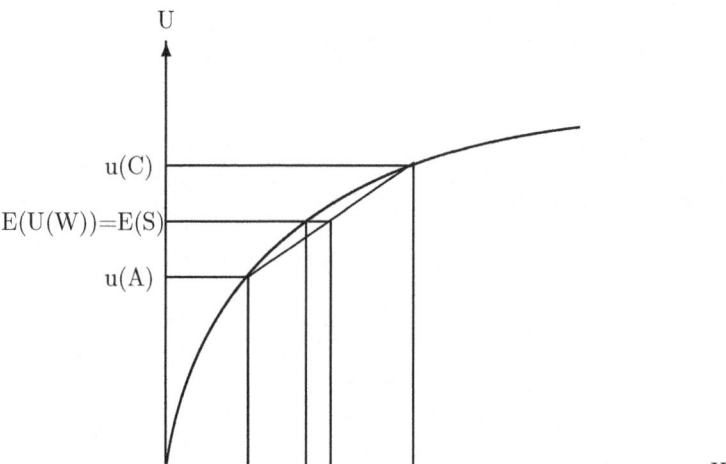

Die weiteren Überlegungen des Zahlenbeispiels sind ebenfalls in der Abbildung zu erkennen. Der Erwartungswert der Zahlungen $E(W)$ ist von der horizontalen Linie aus abgetragen und trifft die Verbindungslinie zwischen dem Nutzen von $A$ und dem Nutzen von $C$ genau in der Mitte. Von diesem Punkt führt eine weitere Orientierungslinie nach links an die Nutzenachse. Hier ist der erwartete Nutzen abgetragen, der bei der Überlegung zum Kauf der Versicherung dem Nutzen des Sicherheitsäquivalents $E(S)$ entsprechen muss. Aus dem horizontalen Abstand zwischen $E(W)$ und $S$ ergibt sich die Zahlungsbereitschaft des Individuums für eine Versicherung.

In den Abbildungen wurden Nutzenfunktionen dargestellt, die durch abnehmenden Grenznutzen des Geldes charakterisiert sind. Formal lässt sich die dargestellte Funktion durch folgende mathematischen Eigenschaften charakterisieren: $u'(W) > 0$ und $u''(W) < 0$. Verbal wurde bereits festgehalten, dass jede nächste Geldeinheit den Nutzen eines Individuums steigert. Allerdings steigt der Nutzen durch die nächste Geldeinheit in geringerem Umfang, als es durch die letzte Geldeinheit der Fall war. Da die Krümmung der Nutzenfunktion die ökonomische Ursache der Risikoaversion darstellt und durch die dargestellten ersten und zweiten Ableitungen die Stärke der Krümmung quantifiziert werden kann, lassen sich auf Basis der Ableitungen Maße entwickeln, die zur Beschreibung der Risikoaversion der Individuen verwendet werden können.

**Definition 5.3 Maße der Risikoaversion**
Das (absolute) Arrow-Pratt-Maß der Risikoaversion ist durch folgende Gleichung definiert:

$$ARA(W) = -\frac{u''(W)}{u'(W)} \tag{5.157}$$

Von jeder Nutzenfunktion sind also die beiden partiellen Ableitungen nach dem Einkommen zu bilden und zueinander ins Verhältnis zu setzen. Bei den bisher betrachteten Nutzenfunktionen wurden risikoaverse Individuen unterstellt und ermittelt, dass die erste partielle Ableitung größer und die zweite partielle Ableitung kleiner als Null war. Durch das Minuszeichen in der Definitionsgleichung entspricht die Risikoaversion positiven Werten von $ARA(W)$. Im Gegenteil bezeichnen negative Werte von $ARA(W)$ **risikoaffine** Individuen. Ist der Wert des Parameters Null, so handelt es sich um **risikoneutrale** Individuen.

$$RRA(W) = -W \cdot \frac{u''(W)}{u'(W)} \tag{5.158}$$

Wird das nun dargestellte relative Arrow-Pratt-Maß der Risikoaversion verwendet, wird eine Korrektur um das Niveau des Vermögens vorgenommen. Somit kann die Risikoaversion von Personen mit verschiedenen Einkommen verglichen werden. Auch hier werden Werte größer, gleich oder kleiner Null als risikoavers, risikoneutral oder risikoaffin bezeichnet.

**Aufgabe 5.7 Risikoaversion**
Verwenden Sie folgende Nutzenfunktionen und bestimmen Sie jeweils das absolute und das relative Arrow-Pratt-Maß der Risikoaversion. Beurteilen Sie jeweils, ob es sich um ein risikoaverses, risikoneutrales oder risikoaffines Individuum handelt.

1. $u(W) = W^{\frac{1}{2}}$
2. $u(W) = W^{\frac{3}{2}}$
3. $u(W) = W^2$
4. $u(W) = W$
5. $u(W) = 2 \cdot W^{\frac{1}{2}}$

**Aufgabe 5.8 Kostendeckung der Versicherung**
Eine Vollkaskoversicherung möchte einen neuen Tarif für Verkehrsanfänger anbieten und weiß, dass bei einem Unfall durchschnittlich 3.000 € an Schaden verursacht werden und eine Schadenswahrscheinlichkeit von 20% besteht.

1. Wie hoch muss die Versicherungsprämie wenigstens ausfallen, damit die Versicherung kostendeckend arbeiten kann?
2. Was ändert sich, wenn sich die Schadenswahrscheinlichkeit verdoppelt?
3. Was ändert sich, wenn sich der durchschnittliche Schaden verdoppelt?

## Aufgabe 5.9 Versicherungsmarkt

Ein Autofahrer habe die Nutzenfunktion $u(W) = W^{\frac{1}{2}}$. Sein Auto habe einen Wert von 200. Daneben verfüge er über ein Bankkonto mit Sparguthaben in Höhe von 100. Verursacht der Autofahrer einen Unfall, so sinkt der Wert des Autos auf 100. Autofahrer und Versicherung wissen, dass die Schadenswahrscheinlichkeit bei 10% liegt.

1. Wie hoch muss die Versicherungsprämie wenigstens ausfallen, damit die Versicherung kostendeckend arbeiten kann?
2. Welchen Erwartungswert der Zahlungen hat der Autofahrer?
3. Welchen Erwartungswert des Nutzens hat der Autofahrer?
4. Wie hoch ist das Sicherheitsäquivalent des Autofahrers?
5. Wie hoch ist seine Zahlungsbereitschaft für die Autoversicherung? Wird er die Versicherung abschließen?
6. Was ändert sich, wenn die Nutzenfunktion $u(W) = W^{\frac{3}{4}}$ lautet?
7. Was ändert sich, wenn die Nutzenfunktion $u(W) = W^2$ lautet?
8. Bestimmen Sie für die drei Nutzenfunktionen der Teilaufgaben jeweils die Arrow-Pratt-Maße der Risikoaversion.

# Kapitel 6

# Produktionstheorie

Im Abschnitt 3.6 stehen sich in der Beschreibung des Wirtschaftskreislaufs die Konsumenten und die Produzenten gegenüber. Konsumenten wurden in erster Linie als Nachfrager nach Gütern verstanden. Produzenten wurden in erster Linie als Anbieter von Gütern verstanden und stehen so den Konsumenten spiegelbildlich gegenüber. Gleichwohl stehen sich Konsumenten und Produzenten auch auf dem Markt der Vorleistungen bzw. Produktionsfaktoren gegenüber.

Konsumenten können Güter nur nachfragen, weil sie Kapital- oder Arbeitseinkommen beziehen. Umgangssprachlich werden Konsumenten als *Arbeitnehmer* bezeichnet, was leicht zu Verwechslungen führen kann, weil sie im ökonomischen Sinne die Anbieter der Produktionsfaktoren sind. Ihnen gegenüber stehen die Unternehmen, die auf dem Markt der Produktionsfaktoren als Nachfrager von Kapital ($K$) und Arbeit ($L$) auftreten. Prinzipien und Instrumente, die zuvor angewendet wurden, um die Ziele der Konsumenten zu erreichen, werden nun analog oder spiegelbildlich angewendet, um die Ziele der Produzenten zu erreichen.

Individuen entscheiden über die Nachfrage nach $x$ und $y$ aufgrund gegebener Präferenzen für die beiden Güter. Mittels der Nutzenfunktion wurde abstrahiert, welchen (nichtmonetären) Wert die jeweils nachgefragte Menge für das Individuum hat. Bei der Entscheidung der Unternehmen über die Nachfrage nach Kapital ($K$) oder Arbeit ($L$) ist maßgeblich, mit welcher *Technologie* die verwendeten Produktionsfaktoren in fertige Produkte ($x$ oder $y$) umgesetzt werden. Der Nutzenfunktion der Individuen steht die Produktionsfunktion der Unternehmen gegenüber.

Sowohl für Konsumenten als auch für Produzenten gilt das ökonomische Prinzip des effizienten Wirtschaftens unter Knappheit. Konsumenten maximieren ihren Nutzen bei gegebenem Budget. Produzenten minimieren ihre Kosten für die Produktion einer gegebenen Menge von $x$ oder $y$.

Güter- und Faktormarkt werden langfristig ausgeglichen, weil Konsumenten und Produzenten zur Erfüllung ihrer Ziele miteinander handeln müssen. Dabei zeigt sich, dass es für ein Unternehmen nicht ausreicht, festzustellen wie eine gegebene Menge von $x$ oder $y$ kostenminimal prodziert werden kann. Das Unternehmen möchte in erster Linie seine Gewinne maximieren. Dazu ist es aber notwendig, für jede am Markt absetzbare Menge die kostenminimale Kombination der Produktionsfaktoren zu kennen. Würde sich nämlich bei einer vermeintlich gewinnmaximalen Produktionsentscheidung herausstellen, dass durch eine mengenmäßig andere Kombination der Produktionsfaktoren Kosten eingespart werden könnten, so könnte die derzeit gewählte Kombination von $K$ und $L$ nicht zur Gewinnmaximierung führen. Kostenminimierung kann also als Zwischenziel des unternehmerischen Ziels Gewinnmaximierung verstanden werden. Diesem Aufbau folgt auch die Gliederung des Kapitels, indem zuerst die Kostenminimierung und dann die Gewinnmaximierung untersucht werden.

## 6.1 Kostenminimierung

Grundsätzlich könnte zu den Unternehmen formuliert werden, dass aus einer Reihe gegebener Produktionsfaktoren $(v_1, v_2, \cdots, v_m)$ eine Reihe an Produkten $(x_1, x_2, \cdots, x_n)$ hergestellt wird. In der Konsumtheorie wurde jedoch zur Konzentration auf die wesentlichen Determinanten des Untersuchungsgegenstands betrachtet, wie sich ein Individuum zwischen zwei Alternativen $x$ und $y$ entscheidet. Die dabei erreichte Wertschätzung für die gewählte Kombination beider Güter wurde durch den Nutzen in einer Zahl zusammengefasst. Auch bei Unternehmen wird durch die Konzentration auf die beiden Produktionsfaktoren $K$ und $L$ aus $m$ möglichen eine Konzentration auf das Wesentliche angestrebt. Spiegelbildlich zur Konsumtheorie wird das Ergebnis der Kombination der Produktionsfaktoren in der Menge der produzierten Einheiten festgehalten. Zur Vereinfachung wird von Ein-Produkt-Unternehmen ausgegangen, die entweder nur $x$ oder $y$ produzieren. Das folgend vorgestellte Fallbeispiel zur Produktion von $x$ könnte also genau so gut auch mittels einer Produktion von $y$ dargestellt werden.

Ziel der unternehmerischen Optimierung ist die Minimierung der Kosten aus der Produktion, welche durch die Verwendung von Kapital und Arbeit anfallen. Während für jede Arbeiterstunde ein Stundenlohn von $w$ berechnet werden muss, lässt sich vergleichbar für den Einsatz jeder *Kapitalstunde* aus dem Zins ein Stundensatz von $r$ ermitteln. Aus den Produkten dieser Stundensätze mit den jeweils verwendeten Mengen an $K$ und $L$ ergeben sich die Gesamtkosten einer Produktion von $x$ Mengeneinheiten, wie in der folgenden Gleichung (6.1) dargestellt.

$$min \quad C(K, L) = r \cdot K + w \cdot L \tag{6.1}$$
$$NB \quad \bar{x} = K \cdot L \tag{6.2}$$

Die Zielfunktion Gleichung (6.1) ähnelt in ihrem Aufbau sehr der Budgetfunktion aus der Nutzenmaximierung. Auch in der Produktionstheorie stehen auf einer Seite der Gleichung die Produkte aus Mengen mit deren (Faktor-)Preisen, die in Summe einen ausgegebenen Betrag ergeben. Anders als in der Konsumtheorie, ist dieser Betrag jedoch nicht gegeben, sondern soll minimiert werden. Gegeben sind die wesentlichen Elemente der folgenden Nebenbedingung. Gleichung

(6.2) zeigt, wie die gegebene Menge ($\bar{x}$) mittels gegebener Technologie unter Verwendung der beiden Produktionsfaktoren $K$ und $L$ erreicht werden kann.

In der Konsumtheorie zeigten sich Unterschiede der Individuen durch unterschiedliche Zielfunktionen bzw. Nutzenfunktionen. In der Produktionstheorie zeigen sich Unterschiede zwischen den Unternehmen durch unterschiedliche Nebenbedingungen bzw. Produktionsfunktionen.

Auch hier wird im nächsten Schritt der Term auf der rechten Seite abgezogen, was zu folgender modifizierter Nebenbedingung führt:

$$NB \quad \bar{x} - K \cdot L = 0 \tag{6.3}$$

Erneut kann das Optimierungskalkül des Individuums durch Einsetzen von Gleichung (6.3) in Gleichung (6.1) vereinfacht werden und es ergibt sich in Gleichung (6.4) eine neue Lagrange-Funktion:

$$\mathcal{L}(K, L, \lambda) = r \cdot K + w \cdot L + \lambda \left[\bar{x} - K \cdot L\right] \tag{6.4}$$

Auch diese Lagrange-Funktion unterscheidet sich im Funktionswert nicht von der Zielfunktion und auch in diesem Falle ergibt sich in den nächsten Schritten ein Gleichungssystem mit drei Gleichungen und drei Unbekannten, was dazu verwendet wird, die kostenminimale Nachfrage nach den beiden Produktionsfaktoren $K$ und $L$ zu ermitteln.

$$\frac{\partial \mathcal{L}(K, L, \lambda)}{\partial K} = r + \lambda(-L) \stackrel{!}{=} 0 \tag{6.5}$$

$$\frac{\partial \mathcal{L}(K, L, \lambda)}{\partial L} = w + \lambda(-K) \stackrel{!}{=} 0 \tag{6.6}$$

$$\frac{\partial \mathcal{L}(K, L, \lambda)}{\partial \lambda} = [\bar{x} - K \cdot L] \stackrel{!}{=} 0 \tag{6.7}$$

Erneut ergibt sich verfahrensbedingt in Gleichung (6.7) immer dieselbe Form der modifizierten Nebenbedingung. Zur Lösung des Gleichungssystems werden bei den beiden Gleichungen (6.5) und (6.6) wiederum alle Elemente ab und einschließlich $\lambda$ abgezogen und damit von der linken auf die rechte Seite der Gleichung bewegt.

$$r \stackrel{!}{=} \lambda \cdot L \tag{6.8}$$

$$w \stackrel{!}{=} \lambda \cdot K \tag{6.9}$$

$$\frac{r}{w} = \frac{L}{K} \tag{6.10}$$

$$L = \frac{r}{w} \cdot K \tag{6.11}$$

## 6.2. CHARAKTERISTIKA DES LAGRANGE-VERFAHRENS

Gleichung (6.10) teilt wiederum die beiden Gleichungen (6.8) und (6.9) durch einander, so dass in der folgenden Gleichung (6.11) nach einer der beiden nachgefragten Variablen (hier der Produktionsfaktor $L$) aufgelöst werden kann. Das optimale Verhältnis von $L$ zu $K$ und den Faktorpreisen aus Gleichung (6.11) wird verwendet, um $L$ in Gleichung (6.7) zu ersetzen.

$$L = \frac{r}{w} \cdot K \qquad (6.12)$$

$$\bar{x} = K \cdot L \qquad (6.13)$$

$$\bar{x} = K \cdot \frac{r}{w} \cdot K \qquad (6.14)$$

$$K^2 = \bar{x} \cdot \frac{w}{r} \qquad (6.15)$$

$$K = \left(\bar{x} \cdot \frac{w}{r}\right)^{\frac{1}{2}} \qquad (6.16)$$

Wird nach $K$ aufgelöst, so ist eine Faktornachfrage des Unternehmens zur kostenminimalen Produktion der vorgebenen Menge $\bar{x}$ durch Gleichung (6.16) gefunden. Die verbleibende Faktornachfrage nach $L$ lässt sich wiederum mit Gleichung (6.11) finden:

$$L = \frac{r}{w} \cdot K \qquad (6.17)$$

$$K = \left(\bar{x} \cdot \frac{w}{r}\right)^{\frac{1}{2}} \qquad (6.18)$$

$$L = \frac{r}{w} \cdot \left(\bar{x} \cdot \frac{w}{r}\right)^{\frac{1}{2}} \qquad (6.19)$$

$$L = \left(\bar{x} \cdot \frac{r}{w}\right)^{\frac{1}{2}} \qquad (6.20)$$

## 6.2 Charakteristika des Lagrange-Verfahrens

Auch in Bezug auf die Produktion können verschiedene Charakteristika des Lagrange-Verfahrens interpretiert werden.

### 6.2.1 Lagrange-Multiplikator

Im Rahmen der Konsumtheorie wurde festgestellt, dass mit $\lambda$ grundsätzlich gemessen wird, wie sich der Wert der Zielfunktion ändert, wenn die Restriktion um eine (marginale) Einheit gelockert wird. Soll also für ein Individuum der Nutzen maximiert werden, so misst $\lambda$ die Zunahme (Abnahme) des Nutzens infolge einer marginalen Steigerung (Reduzierung) des Einkommens. Mit derselben Herangehensweise lässt sich herausfinden, welche konkrete Bedeutung $\lambda$ in der Produktionstheorie hat. Wie zuvor, wird dazu die Lagrange-Funktion nach der Restriktion, welche in diesem Fall durch die zu produzierende Menge $\bar{x}$ dargestellt wird, abgeleitet.

$$\mathcal{L}(K, L, \lambda) = r \cdot K + w \cdot L + \lambda \left[ \bar{x} - K \cdot L \right] \quad (6.21)$$
$$\frac{\partial \mathcal{L}(K, L, \lambda)}{\partial \bar{x}} = \lambda \quad (6.22)$$

Gleichung (6.22) zeigt, dass der Lagrange-Multiplikator in der Produktionstheorie erklärt, um welchen Wert die Produktionskosten ansteigen (abnehmen), wenn die zu produzierende Menge um eine marginale Einheit zunehmen (abnehmen) soll.

## 6.2.2 Grenzprodukt und Grenzrate der technischen Substitution

Sowohl in der Konsumtheorie als auch in der Produktionstheorie wird zwischen dem Einsatz zweier Größen abgewogen. Während in der Konsumtheorie der Grenznutzen von Konsumgütern zu einander ins Verhältnis gesetzt wurde, ist für effiziente Produktion wesentlich, wie zusätzlich vorhandene Produktionsfaktoren auf die produzierte Menge wirken. In der Produktionstheorie ist also das Verhältnis der Grenzprodukte (oder Grenzproduktivitäten) ausschlaggebend. Grenzprodukte lassen sich durch die Ableitung der Produktionsfunktion nach den Produktionsfaktoren bestimmen:

$$\bar{x}(K, L) = K \cdot L \quad (6.23)$$
$$\frac{\partial \bar{x}(K, L)}{\partial K} = L \quad (6.24)$$
$$\frac{\partial \bar{x}(K, L)}{\partial L} = K \quad (6.25)$$

Die Gleichungen (6.24) und (6.25) zeigen wiederum auf den ersten Blick paradoxe Ergebnisse, dass die zusätzlich durch einen Produktionsfaktor produzierte Menge wesentlich von der Menge abhängt, die derzeit vom anderen Faktor eingesetzt wird. Diese Eigenschaft ist typisch für Cobb-Douglas-Funktionen. Handelt es sich um substitutive oder komplementäre Produktionsfaktoren, unterscheiden sich die Ergebnisse deutlich.

In der Konsumtheorie wurden die Grenznutzen beider Güter ins Verhältnis gesetzt, um sie mit dem Preisverhältnis der beiden Güter vergleichen und Kaufentscheidungen von Individuen nachvollziehen zu können. In der Produktionstheorie ist die Interpretation dieser Grenzrate möglicherweise noch etwas intuitiver.

## 6.2. CHARAKTERISTIKA DES LAGRANGE-VERFAHRENS

**Definition 6.1 Grenzrate der technischen Substitution**
Die GRTS ist definiert durch folgene Gleichung:

$$GRTS = -\frac{\frac{\partial \bar{x}(K,L)}{\partial K}}{\frac{\partial \bar{x}(K,L)}{\partial L}} \qquad (6.26)$$

Die GRTS setzt das Grenzprodukt pro weiterer Einheit $K$ ins Verhältnis zum Grenzprodukt einer aufgegebenen Einheit von $L$. Mittels GRTS wird also bestimmt, wie viele Einheiten von $K$ gebraucht werden, um einen Verlust an produzierter Menge durch die Aufgabe einer Einheit von $L$ zu kompensieren, wenn die produzierte Menge konstant gehalten werden soll.

**Aufgabe 6.1 GRTS 1**
Ermitteln Sie die Grenzrate der technischen Substitution für folgende Produktionsfunktionen:

1. $\bar{x}(K,L) = K^2 \cdot L$
2. $\bar{x}(K,L) = K^{\frac{2}{3}} \cdot L^{\frac{1}{3}}$
3. $\bar{x}(K,L) = K \cdot L^2$
4. $\bar{x}(K,L) = 2 \cdot K \cdot L^2$

### 6.2.3 Optimalitätsbedingung

Auch in der Produktionstheorie kann Optimalität durch den Vergleich der Grenzrate mit Preisen ermittelt werden. Effiziente Produktion liegt vor, wenn die Verhältnisse der Grenzprodukte der beiden Faktoren genau deren Preisen entsprechen. Wiederum wird diese Optimalität über das Lagrange-Verfahren hergestellt. Zur genaueren Betrachtung wird Gleichung (6.10) erneut aufgegriffen:

$$\frac{r}{w} = \frac{L}{K} \qquad (6.27)$$

Wie die folgende verallgemeinerte Form zeigt, steht dem Faktorpreisverhältnis der linken Seite die Grenzrate der technischen Substitution auf der rechten Seite der Gleichung gegenüber.

$$\frac{r}{w} = \frac{\frac{\partial \bar{x}(K,L)}{\partial K}}{\frac{\partial \bar{x}(K,L)}{\partial L}} = GRTS \qquad (6.28)$$

$$\frac{\frac{\partial \bar{x}(K,L)}{\partial K}}{r} = \frac{\frac{\partial \bar{x}(K,L)}{\partial L}}{w} \qquad (6.29)$$

Gleichung (6.28) formuliert allgemein. Durch zwei Umformungen zu Gleichung (6.29) kann gezeigt werden, dass im Gleichgewicht die Verhältnisse der Grenzprodukte zu deren Faktorpreisen identisch sein müssen. Andernfalls könnte die derzeitige Kombination der Produktionsfaktoren nicht optimal sein.

Wird noch nicht optimal produziert und befinden sich die Verhältnisse im Ungleichgewicht, so wird künftig bei der Produktion weniger von dem Faktor eingesetzt, bei dem das Verhältnis klein ist, während mehr von dem Faktor eingesetzt wird, bei dem das Verhältnis groß ist. Wird von konstanten Faktorpreisen und fallenden Grenzprodukten der Faktoren ausgegangen, so sinken die Verhältnisse mit zunehmendem Einsatz eines Faktors und steigen mit abnehmendem Einsatz eines Faktors. Die Verhältnisse der Grenzprodukte zu den Faktorpreisen bewegen sich so lange aufeinander zu, bis kein Anreiz mehr für eine Veränderung besteht, weil sich die Verhältnisse entsprechen.

**Aufgabe 6.2 GRTS 2**
Gegeben sei folgende Produktionsfunktion $\bar{x}(K, L) = K^{\frac{1}{3}} \cdot L^{\frac{2}{3}}$

1. Bestimmen Sie die Grenzrate der technischen Substitution.
2. Welchen Wert nimmt sie ein, wenn von jedem Produktionsfaktor 2 Einheiten verwendet werden?
3. Wie viele Einheiten von $\bar{x}$ werden bei dieser Menge an verwendeten Produktionsfaktoren hergestellt?
4. Verwenden Sie die Faktorpreise $r = 1$ und $w = 1$, um zu überlegen, ob die derzeitige Verwendung von jeweils 2 Einheiten optimal ist, und bestimmen Sie gegebenenfalls Verbesserungsmöglichkeiten für das Unternehmen.

### 6.2.4 Wirkung unterschiedlicher Exponenten

Auch in der Produktionstheorie lässt sich bereits aus der Aufgabenstellung herauslesen, in welchem Verhältnis die beiden Produktionsfaktoren eingesetzt werden können. Dazu wird statt der bisherigen Produktionsfunktion von $\bar{x}(K, L) = K \cdot L$ die Funktion $\bar{x}(K, L) = K^2 \cdot L$ verwendet:

$$min \quad C(K, L) = r \cdot K + w \cdot L \tag{6.30}$$

$$NB \quad \bar{x} - K^2 \cdot L = 0 \tag{6.31}$$

$$\mathcal{L}(K, L, \lambda) = r \cdot K + w \cdot L + \lambda \left[ \bar{x} - K^2 \cdot L \right] \tag{6.32}$$

$$\frac{\partial \mathcal{L}(K, L, \lambda)}{\partial K} = r + \lambda \left( -2K \cdot L \right) \stackrel{!}{=} 0 \tag{6.33}$$

$$\frac{\partial \mathcal{L}(K, L, \lambda)}{\partial L} = w + \lambda \left( -K^2 \right) \stackrel{!}{=} 0 \tag{6.34}$$

$$\frac{\partial \mathcal{L}(K, L, \lambda)}{\partial \lambda} = \left[ \bar{x} - K^2 \cdot L \right] \stackrel{!}{=} 0 \tag{6.35}$$

$$\frac{r}{w} = \frac{\lambda \cdot 2K \cdot L}{\lambda \cdot K^2} \tag{6.36}$$

$$\frac{r}{w} = \frac{2L}{K} \tag{6.37}$$

$$L = \frac{r}{2w} \cdot K \tag{6.38}$$

Bis zu Gleichung (6.38) wurden schematisch dieselben Schritte wie bisher verfolgt. In dieser dargestellten Optimalitätsbedingung zeigen sich aber erneut die Verhältnisse der Exponenten. Wiederum wurde nach einem der beiden Produktionsfaktoren aufgelöst, um entsprechend einsetzen zu können.

$$L = \frac{r}{2w} \cdot K \tag{6.39}$$

$$\bar{x} = K^2 \cdot L \tag{6.40}$$

$$\bar{x} = K^2 \cdot \frac{r}{2w} \cdot K \tag{6.41}$$

$$\bar{x} = K^3 \cdot \frac{r}{2w} \tag{6.42}$$

$$K = \bar{x}^{\frac{1}{3}} \cdot \left(\frac{2w}{r}\right)^{\frac{1}{3}} \tag{6.43}$$

$$L = \frac{r}{2w} \cdot \bar{x}^{\frac{1}{3}} \left(\frac{2w}{r}\right)^{\frac{1}{3}} \tag{6.44}$$

$$L = \bar{x}^{\frac{1}{3}} \cdot \left(\frac{r}{2w}\right)^{\frac{2}{3}} \tag{6.45}$$

Die beiden Faktornachfragen in den Gleichungen (6.43) und (6.45) folgen einem gleichförmigen Schema, das sich wie in der Konsumtheorie auch auf andere Exponentenverhältnisse übertragen lässt:

- Der Nenner der Exponentenverhältnisse wird auf die zu produzierende Menge $\bar{x}$ übertragen. Bei einem Exponentenverhältnis von 1 zu 2 ergibt sich als Nenner das Drittel. Bei einem Exponentenverhältnis von 2 zu 7 ergäbe sich als Nenner das Neuntel.

- Bei den Faktorpreisen tauschen die Exponentenverhältnisse, da vom produktiveren Faktor auch weniger eingesetzt werden muss. Beim Exponentenverhältnis von 2 zu 1 ($K$ zu $L$) erhält das Preisverhältnis in der Faktornachfrage nach $K$ den Exponenten $\frac{1}{3}$, während von Faktor $L$ mehr nachgefragt wird, so dass hier der Exponent mit $\frac{2}{3}$ erscheint. Auch in Bezug auf die Faktorpreise wird das Verhältnis 2 zu 1 über Kreuz als Multiplikator übertragen, wie die Gleichungen (6.43) und (6.45) zeigen.

**Aufgabe 6.3 Kostenminimierung 1**
Verwenden Sie die Produktionsfunktion $\bar{x}(K, L) = K^{\frac{2}{5}} \cdot L^{\frac{3}{5}}$ und die Zielfunktion $C(K, L) = r \cdot K + w \cdot L$.

1. Stellen Sie das Optimierungskalkül auf.
2. Schreiben Sie das Optimierungskalkül als Lagrange-Funktion.
3. Bestimmen Sie die Faktornachfrage nach $K$ und nach $L$.
4. Welche Menge an $K$ und $L$ wäre optimal, um 10 Einheiten von $\bar{x}$ bei Faktorpreisen von $r = 5$ und $w = 10$ zu produzieren?
5. Welche Kosten entstehen dabei?

**Aufgabe 6.4 Kostenminimierung 2**
Verwenden Sie die Nutzenfunktion $\bar{x}(K,L) = K^{\frac{4}{5}} \cdot L^{\frac{9}{5}}$ und die Zielfunktion $C(K,L) = r \cdot K + w \cdot L$.

1. Stellen Sie das Optimierungskalkül auf.
2. Schreiben Sie das Optimierungskalkül als Lagrange-Funktion.
3. Bestimmen Sie die Faktornachfrage nach $K$ und nach $L$.
4. Welche Menge an $K$ und $L$ wäre optimal, um 10 Einheiten von $\bar{x}$ bei Faktorpreisen von $r = 5$ und $w = 10$ zu produzieren?
5. Welche Kosten entstehen dabei?

## 6.3 Grafische Veranschaulichung der Kostenminimierung

Das mathematisch beschriebene Verfahren der Kostenminimierung bei gegebener Technologie bzw. Produktionsfunktion lässt sich auch grafisch veranschaulichen.

Abbildung 6.1: Grafische Veranschaulichung der Kostenminimierung

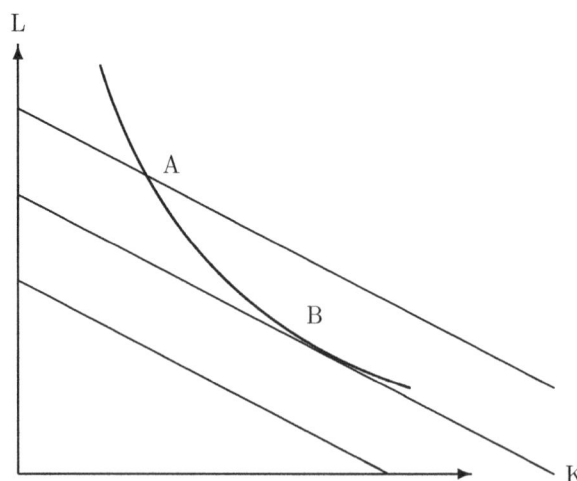

Abbildung 6.1 dupliziert eine Reihe von Konzepten aus der Konsumtheorie. Mittels des vorgestellten Lagrange-Verfahrens werden die nachgefragten Faktormengen so bestimmt, dass minimale Kosten bei gegebener Technologie und gegebener Produktionsmenge sowie Faktorpreisen anfallen. Um die Kostenfunktion grafisch im K-L-Diagramm darzustellen, wird sie nach L aufgelöst:

$$C(K,L) = r \cdot K + w \cdot L \qquad (6.46)$$
$$w \cdot L = C(K,L) - r \cdot K \qquad (6.47)$$
$$L = \frac{C(K,L)}{w} - \frac{r}{w} \cdot K \qquad (6.48)$$

Gleichung (6.48) zeigt, ähnlich zur Budgetgerade der Konsumtheorie, die Punktsteigungsform. Während die entsprechende Gleichung der Konsumtheorie vollständig durch die exogenen Variablen $m, p_x$ und $p_y$ determiniert ist, stehen in der Produktionstheorie nur die *Preise* der Produktionsfaktoren $r$ und $w$ fest. Da es darum geht, das Kostenminimum zu bestimmen, kommen grundsätzlich mehrere Kostenniveaus - veranschaulicht durch die drei möglichen Höhen der L-Achsenabschnitte - in Frage.

Bei der eingezeichneten Kurve handelt es sich um eine Produktionsisoquante. Ähnlich wie die Indifferenzkurven der Konsumtheorie zeigt die Produktionsisoquante auf, welche Kombinationen der Mengen von $K$ und $L$ mittels der gegebenen Technologie zur Produktion von $\bar{x}$ Mengeneinheiten führen. Die Menge $\bar{x}$ ist in der Regel gegeben, so dass nicht mehrere, sondern nur eine Produktionsisoquante vorhanden ist. (Hinweis: Analog zur Definition der Produktionstheorie könnten Indifferenzkurven auch als Nutzenisoquanten bezeichnet werden.)

Eine Produktionsisoquante veranschaulicht also die technischen Möglichkeiten der Firma, ein gewünschtes Niveau an $\bar{x}$ zu erreichen. Die eingezeichneten Kostenfunktionen veranschaulichen, welche Kosten durch den Kauf bestimmter Mengen von $K$ und $L$ verursacht werden. Weiter innen (links unten) liegende Kostengeraden veranschaulichen geringere Kosten.

In der Abbildung sind zwei mögliche Punkte A und B eingezeichnet. Die den Punkten A und B entsprechenden Mengen an $K$ und $L$, die an den Achsen abgelesen werden können, führen in beiden Fällen zur Produktion der vorgegebenen Menge $\bar{x}$. Jedoch zeigt sich durch den Vergleich der Kostengeraden, dass der Punkt B mit geringeren Kosten verbunden ist. Statt wie in der Konsumtheorie diejenige Indifferenzkurve zu identifizieren, welche die Budgetgerade am weitesten rechts oben tangiert, geht es in der Produktionstheorie darum, diejenige Kostengerade zu finden, welche die Produktionsisoquante am weitesten links unten tangiert.

## 6.4 Komparative Statik

Komparative Statik kann auch in der Produktionstheorie angewendet werden, um herauszufinden, welche Wirkung die Veränderung einzelner exogener Variablen hat. In Bezug auf die beiden Faktornachfragefunktionen können drei exogene Variablen verändert werden: Die zu produzierende Menge $\bar{x}$ und die Faktorpreise $r$ und $w$.

Werden die beiden Faktornachfragefunktionen jeweils nach den drei genannten Größen abgeleitet, so lässt sich durch Analyse der Vorzeichen die Wirkungsrichtung der Variablen abschätzen, um im zweiten Schritt durch Einsetzen von

Werten auch Wirkungsdimensionen vergleichen zu können.

$$K = \bar{x}^{\frac{1}{3}} \cdot \left(\frac{2w}{r}\right)^{\frac{1}{3}} \tag{6.49}$$

$$\frac{\partial K}{\partial \bar{x}} = \frac{1}{3} \cdot \bar{x}^{-\frac{2}{3}} \cdot \left(\frac{2w}{r}\right)^{\frac{1}{3}} \tag{6.50}$$

$$\frac{\partial K}{\partial r} = -\frac{1}{3} \cdot r^{-\frac{4}{3}} \cdot \bar{x}^{\frac{1}{3}} \cdot (2w)^{\frac{1}{3}} \tag{6.51}$$

$$\frac{\partial K}{\partial w} = \frac{1}{3} \cdot w^{-\frac{2}{3}} \cdot \bar{x}^{\frac{1}{3}} \cdot \left(\frac{2}{r}\right)^{\frac{1}{3}} \tag{6.52}$$

Die drei Ableitungen zeigen durch die Vorzeichen, dass sich Erhöhungen von $\bar{x}$ und $w$ positiv auf die Faktornachfrage auswirken, während eine Erhöhung von $r$ negativ auf die Faktornachfrage nach $K$ wirkt. In der gegenläufigen Wirkung der Faktorpreise zeigt sich die (partielle) Substitutionalität der beiden Produktionsfaktoren. Steigt der *eigene* Preis eines Faktors, so wird dieser Faktor weniger nachgefragt. Steigt hingegen der Preis des anderen Faktors, so wird der andere Faktor zunehmend ersetzt und daher der eine Faktor stärker nachgefragt. Erwartungsgemäß steigt mit zunehmender Produktionsmenge $\bar{x}$ auch die Faktornachfrage. Analog lässt sich in Bezug auf $L$ vorgehen und entsprechend interpretieren.

$$L = \bar{x}^{\frac{1}{3}} \cdot \left(\frac{r}{2w}\right)^{\frac{2}{3}} \tag{6.53}$$

$$\frac{\partial L}{\partial \bar{x}} = \frac{1}{3} \cdot \bar{x}^{-\frac{2}{3}} \cdot \left(\frac{r}{2w}\right)^{\frac{2}{3}} \tag{6.54}$$

$$\frac{\partial L}{\partial r} = \frac{2}{3} \cdot r^{-\frac{1}{3}} \cdot \bar{x}^{\frac{1}{3}} \cdot \left(\frac{1}{2w}\right)^{\frac{2}{3}} \tag{6.55}$$

$$\frac{\partial L}{\partial w} = -\frac{2}{3} \cdot w^{-\frac{5}{3}} \cdot \bar{x}^{\frac{1}{3}} \cdot \left(\frac{r}{2}\right)^{\frac{2}{3}} \tag{6.56}$$

## 6.5 Elastizität

Die Übertragung des Konzepts der Elastizität auf die Produktionstheorie kann auf zwei Weisen erfolgen: Analog zum entsprechenden Kapitel in der Konsumtheorie können die Wirkungen der drei in der komparativen Statik untersuchten exogenen Variablen auf die Faktornachfragen vertiefend untersucht werden. Die dabei ermittelten Elastizitäten ergeben sich im Wesentlichen aus der verwendeten Produktionstechnik, die durch die Produktionsfunktion abstrahiert wird. Als zweite Weise bietet es sich also an, auch die Elastizitäten der technischen Bedingungen genauer zu betrachten.

## 6.5. ELASTIZITÄT

### 6.5.1 Preiselastizität der Faktornachfrage

Im Alltagsleben nehmen wir es nicht so deutlich war. Aber nach der bisher verfolgten ökonomischen Definition sind auch Unternehmen Nachfrager. Da sie auf den Faktormärkten die Produktionsfaktoren Arbeit und Kapital nachfragen, könnte dieser Abschnitt identisch wie in der Konsumtheorie mit *Preiselastizität der Nachfrage* tituliert werden.

**Definition 6.2 Preiselastizität der Faktornachfrage**
Die Preiselastizität der Faktornachfrage wird unter Verwendung der Ableitung der Faktornachfragefunktion wie folgt definiert:

$$\epsilon_{K,r} = \frac{\partial K}{\partial r} \cdot \frac{r}{K} \tag{6.57}$$

$$\epsilon_{L,w} = \frac{\partial L}{\partial w} \cdot \frac{w}{L} \tag{6.58}$$

Wie gewohnt lassen sich $\epsilon_{K,r}$ und $\epsilon_{L,w}$ als Multiplikatoren verstehen, die erlauben zu prognostizieren, wie sich eine x-prozentige Veränderung eines Faktorpreises auf die zugehörige Faktornachfrage auswirkt.

**Aufgabe 6.5 Preiselastizität der Faktornachfrage**
Verwenden Sie die folgenden Funktionen der Faktornachfrage und bestimmen Sie die zugehörigen Preiselastizitäten der Faktornachfrage:

1. $K = \bar{x}^{\frac{1}{3}} \cdot \left(\frac{2w}{r}\right)^{\frac{1}{3}}$
2. $L = \bar{x}^{\frac{1}{3}} \cdot \left(\frac{r}{2w}\right)^{\frac{2}{3}}$
3. $K = \bar{x}^{\frac{1}{5}} \cdot \left(\frac{4w}{r}\right)^{\frac{1}{5}}$

### 6.5.2 Mengenelastizität der Faktornachfrage

Neben den Preisen können die Faktornachfragefunktionen auch auf ihre Sensitivität auf die dritte exogene Variable - die zu produzierende Menge $\bar{x}$ - untersucht werden. Als Gegenstück zur Einkommenselastizität der Konsumtheorie könnte daher die Mengenelastizität der Produktionstheorie verstanden werden.

**Definition 6.3 Mengenelastizität der Faktornachfrage**
Die Mengenelastizität der Faktornachfrage wird unter Verwendung der Ableitung der Faktornachfragefunktion wie folgt definiert:

$$\epsilon_{K,\bar{x}} = \frac{\partial K}{\partial \bar{x}} \cdot \frac{\bar{x}}{K} \tag{6.59}$$

$$\epsilon_{L,\bar{x}} = \frac{\partial L}{\partial \bar{x}} \cdot \frac{\bar{x}}{L} \tag{6.60}$$

Die Mengenelastitzität der Faktornachfrage gibt also an, um wie viel Prozent sich die Faktornachfrage nach $K$ oder $L$ verändert, wenn die zu produzierende Menge um x Prozent verändert wird.

**Aufgabe 6.6 Mengenelastizität der Faktornachfrage**
Verwenden Sie die folgenden Funktionen der Faktornachfrage und bestimmen Sie die zugehörigen Mengenelastizitäten der Faktornachfrage:

1. $K = \bar{x}^{\frac{1}{3}} \cdot \left(\frac{2w}{r}\right)^{\frac{1}{3}}$
2. $L = \bar{x}^{\frac{1}{3}} \cdot \left(\frac{r}{2w}\right)^{\frac{2}{3}}$
3. $K = \bar{x}^{\frac{1}{5}} \cdot \left(\frac{4w}{r}\right)^{\frac{1}{5}}$

### 6.5.3 Kreuzpreiselastizität der Faktornachfrage

In der Konsumtheorie wurde die Kreuzpreiselastizität genutzt, um herauszufinden, welchen Einfluss der Preis von $y$ auf die Nachfrage nach $x$ und umgekehrt ausübt. Je nachdem, ob keiner, ein negativer oder ein positiver Kreuzeffekt vorlag, ließen sich die Güter in gegenseitig neutral, komplementär oder substitutiv gliedern.

Auch Produktionsfaktoren können in einem komplementären oder substitutiven Verhältnis zueinander stehen. Insbesondere die deutschsprachige betriebswirtschaftliche Literatur hat sich mit der Charakterisierung derartiger Relationen intensiv befasst. Grundsätzlich unterscheidet die mikroökonomische Perspektive Komplemente mit negativer Kreuzpreiselastizität von Substituten bei positiver Kreuzpreiselastizität. Handelt es sich bei $\bar{x}$ um die Produktion von Tischen, die immer aus genau einer Tischplatte und vier Tischbeinen bestehen. So wirkt sich eine Preiserhöhung des Produktionsfaktors Tischbeine nicht nur negativ auf die Nachfrage nach Tischbeinen aus. Durch das technologisch bedingte, feste Einsatzmengenverhältnis von 1-zu-4 entsteht ein negativer Kreuzeffekt, so dass auch die Faktornachfrage nach Tischplatten zurückgehen wird.

In substitutiver Relation könnte beispielsweise ein daran anschließender Fertigungsschritt sein. Werden Tische in Massenproduktion hergestellt, so könnte es für die Hersteller bei Lohnsteigerungen der Arbeiter (z.B. durch einen gesetzlichen Mindestlohn oder insgesamt gute Beschäftigungslage auf dem Arbeitsmarkt) interessant sein, die Verschraubung der Tischbeine an der Tischplatte künftig durch einen Fertigungsroboter durchführen zu lassen und somit den Faktor $L$ durch den Faktor $K$ zu ersetzen.

Die für Substitute und Komplemente in der Konsumtheorie festgehaltene Transitivität bzw. Nicht-Transitivität bleibt auch bei Substituten und Komplementen in der Produktion erhalten. Werden aufgrund häufiger Programmupdates oder Wartungsaufwandes wegen steigender Technikerlöhne die Fertigungsroboter teurer, so kann es umgekehrt für das Unternehmen interessant sein, weiterhin oder gar vermehrt auf menschliche Arbeitskraft zu setzen. Bei diesen substitutiven Produktionsfaktoren liegt also Transitivität vor.

Tischplatten könnten noch zu einem anderen Produktionsfaktor in einem komplementären Verhältnis stehen. Möglicherweise sind manche Tische für eine Anbringung an der Wand vorgesehen und werden statt auf Tischbeinen nur mit einer Wandleiste oder Winkeln befestigt. Werden derartige Dinge günstiger, so könnte dies zu einer Steigerung der Faktornachfrage nach Tischplatten führen

## 6.5. ELASTIZITÄT

und gar den gestiegenen Preisen der Tischbeine entgegenwirken. Hier liegt keine Transitivität vor.

Die zuvor verwendete Faktornachfrage $K = \bar{x}^{\frac{1}{3}} \cdot \left(\frac{2w}{r}\right)^{\frac{1}{3}}$ enthält beide Faktorpreise, so dass es hier von Interesse sein kann, die Kreuzpreiselastizität der Faktornachfrage zu ermitteln:

**Definition 6.4 Kreuzpreiselastizität der Faktornachfrage**
Die Kreuzpreiselastizität der Faktornachfrage wird unter Verwendung der Ableitung der Faktornachfragefunktion wie folgt definiert:

$$\epsilon_{K,w} = \frac{\partial K}{\partial w} \cdot \frac{w}{K} \tag{6.61}$$

$$\epsilon_{L,r} = \frac{\partial L}{\partial r} \cdot \frac{r}{L} \tag{6.62}$$

Unter Verwendung der Definition ergibt sich:

$$K = \bar{x}^{\frac{1}{3}} \cdot \left(\frac{2w}{r}\right)^{\frac{1}{3}} \tag{6.63}$$

$$\epsilon_{K,w} = \frac{\partial K}{\partial w} \cdot \frac{w}{K} \tag{6.64}$$

$$\epsilon_{K,w} = \frac{1}{3} \cdot w^{-\frac{2}{3}} \cdot \bar{x}^{\frac{1}{3}} \cdot \left(\frac{2}{r}\right)^{\frac{1}{3}} \cdot \frac{w}{\bar{x}^{\frac{1}{3}} \cdot \left(\frac{2w}{r}\right)^{\frac{1}{3}}} \tag{6.65}$$

$$\epsilon_{K,w} = \frac{1}{3} \tag{6.66}$$

Bei der vorliegenden Faktornachfrage nach $K$ handelt es sich demnach um substitutive Produktionsfaktoren. Steigt der Preis der Arbeit - der Stundenlohn - um 3% an, so steigt die Faktornachfrage nach Kapital um 1% an. Sinken hingegen die Löhne um 6%, so geht die Faktornachfrage nach Kapital um 2% zurück.

**Aufgabe 6.7 Kreuzpreiselastizität der Faktornachfrage**
Verwenden Sie die folgenden Funktionen der Faktornachfrage und bestimmen Sie die zugehörigen Kreuzpreiselastizitäten der Faktornachfrage:

1. $L = \bar{x}^{\frac{1}{3}} \cdot \left(\frac{r}{2w}\right)^{\frac{2}{3}}$
2. $K = \bar{x}^{\frac{1}{5}} \cdot \left(\frac{4w}{r}\right)^{\frac{1}{5}}$

### 6.5.4 Produktionselastizität

Als zweiter Untersuchungsgegenstand für das Konzept der Elastizität bietet sich in der Produktionstheorie die Technologie selbst - also die Produktionsfunktion - an. Dazu wird wieder auf die allgemeine Cobb-Douglas-Produktionsfunktion zurückgegriffen:

$$f(K, L) = A \cdot K^\alpha \cdot L^\beta = \bar{x} \tag{6.67}$$

Gleichung (6.67) zeigt das Gegenstück der Produktionstheorie zur allgemeinen Cobb-Douglas-Nutzenfunktion der Konsumtheorie aus Gleichung (4.147) und kann analog interpretiert werden. Alle bisher verwendeten Produktionsfunktionen folgten dem Muster aus Gleichung (6.67), wobei der Multiplikator $A$ regelmäßig auf 1 gesetzt wurde.

Durch die Produktionselastizität wird nicht die Abhängigkeit einer Faktornachfrage untersucht, sondern bestimmt, mit welcher prozentualen Zunahme (Abnahme) der produzierten Menge $\bar{x}$ zu rechnen ist, wenn x Prozent mehr (weniger) von einem der beiden Produktionsfaktoren $K$ oder $L$ zur Verfügung stehen.

**Definition 6.5 Produktionselastizität**
Die Produktionselastizität wird unter Verwendung der Ableitung der Produktionsfunktion wie folgt definiert:

$$\epsilon_{\bar{x},K} = \frac{\partial \bar{x}}{\partial K} \cdot \frac{K}{\bar{x}} \tag{6.68}$$

$$\epsilon_{\bar{x},L} = \frac{\partial \bar{x}}{\partial L} \cdot \frac{L}{\bar{x}} \tag{6.69}$$

Wird die Definition auf die allgemeine Cobb-Douglas-Produktionsfunktion angewendet, so ergibt sich eine bessere inhaltliche Interpretation der Exponenten der beiden Produktionsfaktoren:

$$\bar{x} = K^\alpha \cdot L^\beta \tag{6.70}$$

$$\epsilon_{\bar{x},K} = \frac{\partial \bar{x}}{\partial K} \cdot \frac{K}{\bar{x}} \tag{6.71}$$

$$\epsilon_{\bar{x},K} = \alpha \cdot K^{\alpha-1} \cdot L^\beta \cdot \frac{K}{K^\alpha \cdot L^\beta} \tag{6.72}$$

$$\epsilon_{\bar{x},K} = \alpha \tag{6.73}$$

In der Konsumtheorie entsprechen die Exponenten der Cobb-Douglas-Nutzenfunktion den Einkommenselastizitäten und beantworten die Frage, wie eine prozentuale Veränderung des Einkommens prozentual in die nachgefragte Menge eines Gutes übertragen wird. In der Produktionstheorie entsprechen die Exponenten der Cobb-Douglas-Produktionsfunktion den Produktionselastizitäten. Aus $\alpha$ und $\beta$ kann bestimmt werden, um wie viel Prozent die hergestellte Menge $\bar{x}$ zunimmt (abnimmt), wenn x Prozent mehr (weniger) von $K$ zur Verfügung stehen. Der Multiplikator entspricht $\alpha$. Entsprechend ergibt sich $\beta$ in der folgenden Berechnung der Produktionselastizität von $L$.

$$\bar{x} = K^\alpha \cdot L^\beta \tag{6.74}$$

$$\epsilon_{\bar{x},L} = \frac{\partial \bar{x}}{\partial L} \cdot \frac{L}{\bar{x}} \tag{6.75}$$

$$\epsilon_{\bar{x},L} = \beta \cdot K^\alpha \cdot L^{\beta-1} \cdot \frac{L}{K^\alpha \cdot L^\beta} \tag{6.76}$$

$$\epsilon_{\bar{x},L} = \beta \tag{6.77}$$

## Aufgabe 6.8 Produktionselastizität

Verwenden Sie die folgenden Produktionsfunktionen und bestimmen Sie die Produktionselastizität jeweils für beide Produktionsfaktoren:

1. $\bar{x} = K^{\frac{1}{3}} \cdot L^{\frac{2}{3}}$
2. $\bar{x} = K^1 \cdot L^2$
3. $\bar{x} = K^7 \cdot L^2$
4. $\bar{x} = 5 \cdot K^7 \cdot L^2$
5. $\bar{x} = K^{\frac{1}{3}} \cdot L^{\frac{1}{3}}$

### 6.5.5 Skalenelastizität

Anstatt die Menge einzelner Produktionsfaktoren $K$ oder $L$ separat zu verändern, kann es auch interessant sein zu untersuchen, welcher Effekt auf die produzierte Menge entsteht, wenn alle Produktionsfaktoren gleichzeitig um den selben prozentualen Wert verändert werden. Mit anderen Worten wird untersucht, ob sich die *Skalierung* der Produktionsfaktoren proportional, unterproportional oder überproportional auf die produzierte Menge auswirkt.

**Definition 6.6 Skalenelastizität**
Die Skalenelastizität folgt dem allgemeinen Konzept der Elastizität. Vorab sollte aber die skalierte Produktionsfunktion dargestellt werden:

$$f(K, L) = A \cdot K^\alpha \cdot L^\beta = \bar{x} \tag{6.78}$$
$$f(\lambda K, \lambda L) = A \cdot (\lambda K)^\alpha \cdot (\lambda L)^\beta \tag{6.79}$$

Alle Argumente der Produktionsfunktion wurden gleichermaßen mit dem Multiplikator $\lambda$ skaliert.

$$\epsilon_{f(\lambda K, \lambda L), \lambda} = \frac{\partial f(\lambda K, \lambda L)}{\partial \lambda} \cdot \frac{\lambda}{f(\lambda K, \lambda L)} \tag{6.80}$$

Wird das Konzept wieder auf die vereinfachte Cobb-Douglas-Produktionsfunktion angewendet, so ergibt sich eine weitere Eigenschaft. Zur besseren Nachvollziehbarkeit wird die erste Gleichung leicht umformuliert, bevor für die Elastizität abgeleitet wird.

$$f(\lambda K, \lambda L) = A \cdot (\lambda K)^\alpha \cdot (\lambda L)^\beta \tag{6.81}$$
$$f(\lambda K, \lambda L) = \lambda^{\alpha+\beta} \cdot A \cdot K^\alpha \cdot L^\beta \tag{6.82}$$
$$\epsilon_{f(\lambda K, \lambda L), \lambda} = \frac{\partial f(\lambda K, \lambda L)}{\partial \lambda} \cdot \frac{\lambda}{f(\lambda K, \lambda L)} \tag{6.83}$$
$$\epsilon_{f(\lambda K, \lambda L), \lambda} = (\alpha + \beta) \cdot \lambda^{\alpha+\beta-1} \cdot A \cdot K^\alpha \cdot L^\beta \cdot \frac{\lambda}{\lambda^{\alpha+\beta} \cdot A \cdot K^\alpha \cdot L^\beta} \tag{6.84}$$
$$\epsilon_{f(\lambda K, \lambda L), \lambda} = \alpha + \beta \tag{6.85}$$

Die Skalenelastizität entspricht der Summe der Exponenten der Cobb-Douglas-Produktionsfunktion.

**Aufgabe 6.9 Skalenelastizität**
Verwenden Sie die folgenden Produktionsfunktionen und bestimmen Sie die Skalenelastizitäten:

1. $\bar{x} = K^{\frac{1}{3}} \cdot L^{\frac{2}{3}}$
2. $\bar{x} = K^1 \cdot L^2$
3. $\bar{x} = K^7 \cdot L^2$
4. $\bar{x} = 5 \cdot K^7 \cdot L^2$
5. $\bar{x} = K^{\frac{1}{3}} \cdot L^{\frac{1}{3}}$

## 6.6 Alternative Produktionsfunktionen

Bei der Untersuchung der Kreuzpreiselastizitäten der Faktornachfrage wurde bereits diskutiert, dass auch die Produktionsfaktoren $K$ und $L$ in substitutivem oder komplementärem Verhältnis zueinander stehen können.

### 6.6.1 Substitutive Produktionsfaktoren

Die allgemeine Produktionsfunktion von substitutiven Produktionsfaktoren lässt sich wie folgt darstellen:

$$f(K, L) = a \cdot K + b \cdot L = \bar{x} \tag{6.86}$$

Gleichung (6.86) zeigt durch ihre additive Form, dass die zu produzierende Menge $\bar{x}$ unter der ausschließlichen Verwendung von $K$ oder der ausschließlichen Verwendung von $L$ oder einer gleichzeitigen Verwendung beider Produktionsfaktoren erzielt werden kann.

Durch die Multiplikatoren $a$ und $b$ kann ausgedrückt werden, mit welcher Effizienz die beiden Faktoren in die Produktion eingehen. Ist beispielsweise eine Verpackungsmaschine - abstrahiert durch $K$ - doppelt so schnell wie ein Arbeiter - abstrahiert durch $L$ -, so könnte dies durch $a = 2$ und $b = 1$ oder deren beliebige Vielfache oder Teiler in der Produktionsfunktion veranschaulicht werden.

Für den doppelt so produktiven Faktor wäre ein Unternehmen im Gleichgewicht auch bereit, den doppelten Faktorpreis zu bezahlen. Zur Suche nach der optimal nachgefragten Menge an $K$ und $L$ kann wiederum eine Anlehnung an die Optimalitätsbedingung der Produktionstheorie gemacht werden:

$$\frac{\frac{\partial f(K,L)}{\partial K}}{\frac{\partial f(K,L)}{\partial L}} = \frac{r}{w} \tag{6.87}$$

Gleichung (6.87) zeigt auf der linken Seite wiederum die Grenzrate der technischen Substitution, die im Optimum dem Faktorpreisverhältnis entsprechen soll.

## 6.6. ALTERNATIVE PRODUKTIONSFUNKTIONEN

$$f(K, L) = 2 \cdot K + 1 \cdot L = \bar{x} \tag{6.88}$$

Wird die beschriebene Funktion (6.88) nach den beiden Produktionsfaktoren abgeleitet, um die GRTS zu bestimmen, so zeigt sich, dass der Faktor Kapital ein doppelt so großes Grenzprodukt wie der Faktor Arbeit besitzt. Wären beispielsweise beide Faktoren gleich teuer mit einem Preis von je 1 €, so zeigt sich durch folgende Ungleichung, dass das Unternehmen nur den Produktionsfaktor Kapital nachfragen sollte:

$$\frac{\frac{\partial f(K,L)}{\partial K}}{\frac{\partial f(K,L)}{\partial L}} = \frac{2}{1} > \frac{1}{1} = \frac{r}{w} \tag{6.89}$$

Die Kosten entstehen vollständig aus der Faktornachfrage nach Kapital. Da wegen des Multiplikators $a = 2$ pro Einheit von $K$ zwei Einheiten von $\bar{x}$ hergestellt werden, muss die zu produzierende Menge nur durch zwei geteilt werden, um auf die notwendige Menge an $K$ zu kommen. Die Faktornachfrage nach Arbeit beträgt Null.

$$K = \frac{\bar{x}}{2} \tag{6.90}$$
$$L = 0 \tag{6.91}$$

Aus der dargestellten Überlegung lässt sich wieder die grundsätzliche Herangehensweise zur Ermittlung der Faktornachfrage bei substitutiven Produktionsfaktoren entwickeln. Ist die GRTS - wie im obigen Fall beschrieben - größer als das Faktorpreisverhältnis, so wird keine Arbeit nachgefragt und die Faktornachfrage nach Kapital ergibt sich durch die zu produzierende Menge $\bar{x}$ geteilt durch $a$.

$$\frac{\frac{\partial f(K,L)}{\partial K}}{\frac{\partial f(K,L)}{\partial L}} > \frac{r}{w} \tag{6.92}$$
$$K = \frac{\bar{x}}{a} \tag{6.93}$$
$$L = 0 \tag{6.94}$$

Im umgekehrten Fall ist der Faktor Arbeit relativ effizienter. Kapital sollte dann gar nicht nachgefragt werden.

$$\frac{\frac{\partial f(K,L)}{\partial K}}{\frac{\partial f(K,L)}{\partial L}} < \frac{r}{w} \tag{6.95}$$
$$K = 0 \tag{6.96}$$
$$L = \frac{\bar{x}}{b} \tag{6.97}$$

Entsprechen sich die GRTS und das Faktorpreisverhältnis, so ist jede Kombination von $K$ und $L$ denkbar, so dass mittels $\lambda$ wieder die Skala der verschiedenen Möglichkeiten aufgezeigt werden kann:

$$\frac{\frac{\partial f(K,L)}{\partial K}}{\frac{\partial f(K,L)}{\partial L}} = \frac{r}{w} \tag{6.98}$$

$$\lambda \in [0;1] \tag{6.99}$$

$$K = \frac{\lambda \cdot \bar{x}}{a} \tag{6.100}$$

$$L = \frac{(1-\lambda) \cdot \bar{x}}{b} \tag{6.101}$$

**Aufgabe 6.10 Substitutive Produktionsfaktoren**
Verwenden Sie die Produktionsfunktion $f(K,L) = 4 \cdot K + 1 \cdot L = \bar{x}$

1. Bestimmen Sie die Grenzrate der Substitution.
2. Interpretieren Sie die Produktionsfunktion und finden Sie zwei typische Beispiele für einen derartigen Produktionsprozess.
3. Bestimmen Sie die Faktornachfrage und die nachgefragte Menge nach $K$ und $L$, wenn 100 Mengeneinheiten von $\bar{x}$ bei folgenden Faktorpreisen hergestellt werden sollen: $r = 5$ sowie $w = 10$.
4. Wie ändern sich die Ergebnisse der vorherigen Aufgabe bei folgenden Faktorpreisen $r = 20$ sowie $w = 10$?
5. Wie ändern sich die Ergebnisse der vorherigen Aufgabe bei folgenden Faktorpreisen $r = 50$ sowie $w = 10$?
6. Wie ändern sich die Ergebnisse der vorherigen Aufgabe bei folgenden Faktorpreisen $r = 40$ sowie $w = 10$?

### 6.6.2 Komplementäre Produktionsfaktoren

Im Gegensatz zum vorherigen Abschnitt können Produktionsfaktoren auch in einem komplementären Verhältnis zueinander stehen, wenn bei einem Produktionsprozess immer ein festes Einsatzmengenverhältnis festgelegt ist. Werden die Produktionsfaktoren mit $K$ und $L$ zusammengefasst, so lassen sich Produktionsfunktionen komplementärer Faktoren mittels Gleichung (6.102) darstellen.

$$f(K,L) = \min\{a \cdot K; b \cdot L\} = \bar{x} \tag{6.102}$$

Zahlenbeispiele zur Verwendung der Minimumfunktion finden sich in Abschnitt 4.8.2 bei der Untersuchung komplementärer Güter. Auch in der Produktionstheorie entsprechen die Multiplikatoren $a$ und $b$ den Kehrwerten des gewünschten Anteils der Einsatzmengen. Soll ein Produkt $\bar{x}$ beispielsweise zu zwei Dritteln durch Kapitaleinsatz und zu einem Drittel durch Arbeitseinsatz erstellt werden, so ergibt sich die spezifische Produktionsfunktion in Gleichung (6.103).

## 6.6. ALTERNATIVE PRODUKTIONSFUNKTIONEN

$$f(K,L) = min\left\{\frac{3}{2} \cdot K; \frac{3}{1} \cdot L\right\} = \bar{x} \tag{6.103}$$

$$f(K,L) = min\left\{\frac{3}{2} \cdot \frac{2}{3}; \frac{3}{1} \cdot \frac{1}{3}\right\} = 1 \tag{6.104}$$

$$f(K,L) = min\left\{\frac{3}{2} \cdot 2; \frac{3}{1} \cdot 1\right\} = 3 \tag{6.105}$$

Gleichung (6.104) zeigt durch Einsetzen der benannten Anteile, wie genau eine Einheit von $\bar{x}$ produziert wird. Beliebige Vielfache oder Bruchteile davon können wie in Gleichung (6.105) ebenfalls mittels der bestimmten Produktionskoeffizienten $a$ und $b$ produziert werden. Das optimale Einsatzmengenverhältnis in der Produktion ist dann gegeben, wenn sich die beiden Terme der geschwungenen Klammer genau entsprechen.

$$a \cdot K = b \cdot L \tag{6.106}$$

$$L = \frac{a}{b} \cdot K \tag{6.107}$$

Gleichung (6.107) stellt durch Auflösen nach $L$ den Expansionspfad dar und kann im K-L-Diagramm eingezeichnet werden, um alle optimalen Punkte der Produktionsisoquanten zu veranschaulichen.

$$\bar{x} = min\{a \cdot K; b \cdot L\} \tag{6.108}$$

$$\bar{x} = a \cdot K \tag{6.109}$$

$$\bar{x} = b \cdot L \tag{6.110}$$

Um die Faktornachfrage zu bestimmen, wird vom optimalen Faktoreinsatz ausgegangen, so dass die beiden Gleichungen (6.109) und (6.110) gleichzeitig gültig sind. Werden sie nach der Menge der zu verwendenden Produktionsfaktoren aufgelöst, so ergibt sich für jede gewünschte Menge von $\bar{x}$ die benötigte Faktormenge von $K$ bzw. $L$ unter Verwendung der Produktionskoeffizienten $a$ und $b$.

$$K = \frac{\bar{x}}{a} \tag{6.111}$$

$$L = \frac{\bar{x}}{b} \tag{6.112}$$

Die Gleichungen (6.111) und (6.112) beinhalten keine Faktorpreise. Technologisch bedingt, müssen beide Faktoren immer in festem Verhältnis eingesetzt werden. Im Gegensatz zu Cobb-Douglas-Produktionsfunktionen oder Produktionsfunktionen mit substitutiven Produktionsfaktoren, besteht bei Veränderungen der Faktorpreise keine Möglichkeit, den relativ teurer gewordenen Produktionsfaktor partiell oder vollständig durch den relativ günstiger gewordenen

Produktionsfaktor zu ersetzen. Die benötigten Mengen von $K$ und $L$ zur Herstellung einer vorgegebene Produktionsmenge von $\bar{x}$ orientieren sich daher nur an den jeweiligen Produktionskoeffizienten $a$ und $b$.

**Aufgabe 6.11 Komplementäre Produktionsfaktoren 1**
Sie produzieren Pulverschnee. Aus der Herstelleranweisung Ihrer Schneekanone wissen Sie, dass das zugeführte Wasser immer nur 40% der Schneemenge ($K$) ausmacht, während die verbleibenden 60% durch die Zufuhr von Luft ($L$) zustande kommen.

1. Bestimmen Sie die Produktionsfunktion.
2. Bestimmen Sie die Gleichung des entsprechenden Expansionspfads.
3. Bestimmen Sie die Faktornachfrage nach $K$ und $L$.
4. Welche Wirkung hat eine Verdoppelung der Wasserpreise auf die Faktornachfrage? Welche Wirkung hat die Verdoppelung auf die Kosten?
5. Sie wollen die Schneekanone einsetzen, um Löcher in der Schneedecke eines Ziehweges zur Talstation zu schließen und stellen die Kanone auf *Pappschnee* ein. Hierfür steigt der Wasseranteil auf 70%. Wie ändern sich die Ergebnisse der vorherigen Aufgaben?
6. Um im Sommer Besucher anzulocken, möchten Sie Ihre Schneekanone verwenden, um einen künstlichen Regenwald an der Bar *Einkehrschwung* zu bewässern. Wie ändern sich die Ergebnisse der Aufgabe, wenn hierfür nur ein Wasseranteil von 10% verwendet wird?

**Aufgabe 6.12 Komplementäre Produktionsfaktoren 2**
Sie steuern die Produktion einer Müslifabrik. Die Marktforschungsabteilung Ihrer Firma hat ermittelt, dass die größten Absatzchancen mit folgender Kombination zu erreichen sind: 70% Haferflocken ($K$) und 30% Schoko-Früchte-Mischung ($L$).

1. Bestimmen Sie die Produktionsfunktion.
2. Bestimmen Sie die Gleichung des entsprechenden Expansionspfads.
3. Bestimmen Sie die Faktornachfrage nach $K$ und $L$.
4. Welche Wirkung hat eine Verdoppelung der Haferflockenpreise auf die Faktornachfrage? Welche Wirkung hat die Verdoppelung auf die Kosten?
5. Sie müssen umstellen, da die Lebensmittelaufsichtsbehörde den Schoko-Früchte-Anteil auf 20% begrenzt hat und Sie entsprechend 80% Haferflocken verwenden müssen. Wie ändern sich die Ergebnisse der vorherigen Aufgaben?
6. Ihre Marktforschungsabteilung möchte den neuen Trend zu gesünderem Essen aufgreifen und bittet Sie nun eine Light-Variante zu produzieren, die 90% Haferflocken und 10% Schoko-Früchte-Mischung enthält. Sie müssen aber ergänzend auf einen anderen Hersteller mit Premium-Früchten ausweichen, so dass sich der Preis der Schoko-Früchte-Mischung verfünffacht. Wie wirkt sich dies wiederum auf die Ergebnisse aus?

## 6.7 Kostenfunktionen

Bei der Kostenminimierung in Abschnitt 6.1 wurde als Ausgangspunkt die Kostenfunktion $C(K, L) = r \cdot K + w \cdot L$ verwendet, bei der die entstehenden Kosten in Abhängigkeit von den beiden exogenen Faktorpreisen $r$ und $w$ und den endogenen Variablen $K$ und $L$ dargestellt werden.

Diese Perspektive ist als Ausgangspunkt der Analyse und zur firmeninternen Produktionsplanung angemessen. Für die Angebotserstellung, damit verbundene Preissetzungsüberlegungen und letztlich zur Gewinnmaximierung muss im Folgeschritt jedoch auch eine Kostenfunktion in $\bar{x}$ - also nicht $C(K, L)$, sondern $C(\bar{x})$ - definiert werden. Im Gegensatz zur Kostenfunktion in den Inputeinheiten $K$ und $L$, ermöglicht die Kostenfunktion in den Outputeinheiten $\bar{x}$ Aussagen der Art "$\bar{x}$ Einheiten kosten $\#$ €".

Erst durch eine derartige Darstellung werden die Überlegungen der einführenden Abschnitte zu Durchschnittskosten, Grenzkosten, Fixkosten und variablen Kosten möglich. Um auf die Kostenfunktion in Outputeinheiten zu kommen, werden die bestimmten Faktornachfragefunktionen in die Kostenfunktion in Inputeinheiten eingesetzt. Dazu wird nochmal auf die ermittelten Faktornachfragen des Ausgangsbeispiels zurückgegriffen.

$$K = \left(\bar{x} \cdot \frac{w}{r}\right)^{\frac{1}{2}} \tag{6.113}$$

$$L = \left(\bar{x} \cdot \frac{r}{w}\right)^{\frac{1}{2}} \tag{6.114}$$

$$C(K, L) = r \cdot K + w \cdot L \tag{6.115}$$

$$C(\bar{x}) = r \cdot \left(\bar{x} \cdot \frac{w}{r}\right)^{\frac{1}{2}} + w \cdot \left(\bar{x} \cdot \frac{r}{w}\right)^{\frac{1}{2}} \tag{6.116}$$

Werden die Klammern mit Exponenten aufgelöst, kann die rechte Seite durch Kürzen und Ausklammern zusammengefasst werden.

$$C(\bar{x}) = r \cdot \bar{x}^{\frac{1}{2}} \cdot w^{\frac{1}{2}} \cdot r^{-\frac{1}{2}} + w \cdot \bar{x}^{\frac{1}{2}} \cdot r^{\frac{1}{2}} \cdot w^{-\frac{1}{2}} \tag{6.117}$$

$$C(\bar{x}) = \bar{x}^{\frac{1}{2}} \cdot r^{\frac{1}{2}} \cdot w^{\frac{1}{2}} + \bar{x}^{\frac{1}{2}} \cdot r^{\frac{1}{2}} \cdot w^{\frac{1}{2}} \tag{6.118}$$

$$C(\bar{x}) = 2 \cdot \bar{x}^{\frac{1}{2}} \cdot r^{\frac{1}{2}} \cdot w^{\frac{1}{2}} \tag{6.119}$$

Die Kostenfunktion in Gleichung (6.119) wird nur noch in exogenen Größen angegeben. Abhängig von den Faktorpreisen und der Menge, die für einen Auftrag produziert werden soll, sind Aussagen über die Gesamtkosten möglich.

**Aufgabe 6.13 Kostenfunktionen**
Verwenden Sie die beiden Faktornachfragen $K = \bar{x}^{\frac{1}{3}} \cdot \left(\frac{2w}{r}\right)^{\frac{1}{3}}$ und $L = \bar{x}^{\frac{1}{3}} \cdot \left(\frac{r}{2w}\right)^{\frac{2}{3}}$, um die Kostenfunktion in $\bar{x}$ zu bestimmen.

## 6.8 Kostentypen

Ausgangspunkt der Produktionstheorie war der optimale Faktoreinsatz des Unternehmens, um gewinnmaximierende Mengen produzieren zu können. Zur Vereinfachung wurden dabei alle möglichen Produktionsfaktoren in physisches Kapital und Humankapital ($K$ und $L$) gegliedert. Da aber eine inputbasierte Formulierung von Kostenfunktionen nicht genutzt werden kann, um Preisuntergrenzen festzulegen und Gewinne eines Unternehmens zu bestimmen, wurden im vorherigen Abschnitt 6.7 Kostenfunktionen ermittelt, die nicht mehr in den Produktionsfaktoren $K$ und $L$, sondern in der produzierten Menge von $x$ (oder natürlich auch $y$) formuliert sind.

Implizit wurde eine derartige Formulierung der Kostenfunktionen bereits in Abschnitt 2.8 unterstellt, da dort bereits das Konzept der Grenzkosten wenigstens verbal vorgestellt wurde. Es wurde definiert, dass Grenzkosten diejenigen Kosten beschreiben, die zusätzlich entstehen, wenn eine (kleinstmögliche) Einheit mehr produziert und entsprechend auch verkauft wird. Die Grenzkosten entsprechen formal also der Ableitung der Kostenfunktion nach der produzierten Menge $x$.

**Definition 6.7 Grenzkosten**

$$\frac{\partial C(x)}{\partial x} = MC(x) \tag{6.120}$$

Zur besseren Veranschaulichung können die Grenzkosten aus einer einfachen Kostenfunktion ermittelt werden.

**Beispiel 6.1 Grenzkosten**

$$C(x) = 20 \cdot x^2 + 1000 \tag{6.121}$$
$$\frac{\partial C(x)}{\partial x} = MC(x) \tag{6.122}$$
$$MC(x) = 40 \cdot x \tag{6.123}$$

Die Grenzkosten der beispielhaften Kostenfunktion betragen $40 \cdot x$. Dabei zeigt sich durch Einsetzen von Zahlenwerten, dass die Kosten der nächsten produzierten Einheit mit einer zunehmenden Anzahl produzierter Einheiten zunehmen. Bei der ersten Einheit betragen die Grenzkosten $40 \cdot 1 = 40$. Sie verdoppeln sich bei der zweiten Einheit auf $40 \cdot 2 = 80$ und verdreifachen sich entsprechend mit der dritten Einheit usw. Der Verlauf der Grenzkosten ist in diesem Falle linear ansteigend.

Die dargestellte Kostenfunktion eignet sich noch, um auf zwei weitere Kostentypen zurückzugreifen: Fixe Kosten und variable Kosten. In Abschnitt 2.9 wurden fixe Kosten als diejenigen Kosten definiert, die nicht von der produzierten Menge abhängen, während variable Kosten als Gegenstück nur denjenigen Teil der Kostenfunktion bezeichnet, der von der produzierten Menge abhängt.

**Beispiel 6.2 Fixe und variable Kosten**

## 6.8. KOSTENTYPEN

$$C(x) = 20 \cdot x^2 + 1000 \quad (6.124)$$
$$FC = 1000 \quad (6.125)$$
$$VC(x) = 20 \cdot x^2 \quad (6.126)$$

Die Gleichungen (6.125) und (6.126) zeigen die jeweiligen Teile der Kostenfunktion. Bei Kostenkalkulationen und Preisverhandlungen wird oft in stückbezogenen Größen diskutiert, so dass neben der stückbezogenen Größe der Grenzkosten auch aus den Funktionen von $FC$ und $VC(x)$ stückbezogene Größen ermittelt werden sollen. Dazu werden die insgesamt angefallenen fixen Kosten und die insgesamt angefallenen variablen Kosten auf die produzierte Menge verteilt:

**Definition 6.8 Stückkostenbegriffe**

$$\frac{C(x)}{x} = \frac{FC}{x} + \frac{VC(x)}{x} \quad (6.127)$$
$$AC(x) = AFC(x) + AVC(x) \quad (6.128)$$

Die Definitionsgleichung zeigt, dass auch in der stückbezogenen Formulierung der Kostenfunktion ($AC(x)$) die Gliederug in stückbezogene fixe Kosten ($AFC(x)$) und stückbezogene variable Kosten ($AVC(x)$) erhalten bleibt.

Im Gegensatz zu $FC$ ist die Funktion $AFC(x)$ von der produzierten Menge abhängig. Mit zunehmender produzierter Menge, können die insgesamt anfallenden Fixkosten auf eine größere Stückzahl verteilt werden. $AFC(1) = \frac{1000}{1} = 1000$ während $AFC(2) = \frac{1000}{2} = 500$ und $AFC(4) = \frac{1000}{4} = 250$.

**Beispiel 6.3 Stückbezogene fixe und variable Kosten**

$$C(x) = 20 \cdot x^2 + 1000 \quad (6.129)$$
$$AC(x) = \frac{C(x)}{x} = \frac{20 \cdot x^2}{x} + \frac{1000}{x} \quad (6.130)$$
$$AC(x) = 20 \cdot x + \frac{1000}{x} \quad (6.131)$$
$$AFC(x) = \frac{1000}{x} \quad (6.132)$$
$$AVC(x) = 20 \cdot x \quad (6.133)$$

Gleichung (6.133) eignet sich auch, um den Unterschied zwischen stückbezogenen variablen Kosten und den Grenzkosten aufzuzeigen. Für die beispielhafte Funktion galt: $MC(x) = 40 \cdot x$ und $AVC(x) = 20 \cdot x$. Durch Einsetzen von Zahlenwerten lässt sich leicht feststellen, dass beide Funktionen im selben Punkt beginnen. $MC(0) = 0$ und $AVC(0) = 0$. Da die Funktionen aber einen anderen Steigungsparameter zeigen, entwickeln sie sich unterschiedlich. Mit einer Steigung von 40 entwickeln sich die Grenzkosten doppelt so schnell wie die stückbezogenen variablen Kosten.

Diese Beobachtung liegt natürlich an der verwendeten mathematischen Form. Sie lässt sich aber auch inhaltlich interpretieren: Grenzkosten beantworten die

Frage, welche Kosten mit der nächsten produzierten Einheit anfallen. Veränderungen von Faktorpreisen oder Sprungstellen, weil möglicherweise ab einer bestimmten produzierten Menge ein Rabatt nicht mehr in Anspruch genommen werden kann, werden durch die Grenzkosten direkt abgebildet. Stückbezogene variable Kosten reagieren wesentlich weniger sensibel auf Veränderungen, da ein Durchschnitt über die variablen Kosten aller produzierten Einheiten gebildet wird. Angenommen mit der beispielhaften Kostenfunktion sollen drei Einheiten produziert werden, so geht bei einer Durchschnittsbildung die erste Einheit, die mit Grenzkosten von 40 produziert wird, genau so ein, wie die dritte Einheit, die mit Grenzkosten von 120 produziert wird.

Dennoch ist die eingeführte Durchschnittsbildung nicht zwecklos. Überlegungen in Grenzbegriffen helfen nur bei der Suche nach der optimalen Menge. Grenzkosten geben Auskunft darüber, wie hoch die Kosten der nächsten produzierten Einheit sind, während der Grenzumsatz ermittelt, welcher zusätzliche Umsatz dieser nächsten produzierten Einheit gegenüber steht. Wie bereits in Abschnitt 2.8 erläutert, würde ein Unternehmen so lange die produzierte Menge erhöhen, wie der Grenzumsatz die Grenzkosten übersteigt.

Aus der Information, dass der Grenzumsatz größer, gleich oder kleiner als die Grenzkosten ist, lässt sich aber nicht ermitteln, wie hoch der Gewinn des Unternehmens ist. Derartige Überlegungen machen es notwendig, den erwirtschafteten Umsatz mit den angefallenen Kosten bzw. deren stückbezogene Entsprechungen gegenüber zu stellen.

## 6.9 Gewinnmaximierung und Angebot

Unternehmen bestimmen ihren Gewinn aus dem Vergleich von Umsatz mit Kosten. Zur Veranschaulichung wird noch einmal die Überlegung aus Abschnitt 2.8 wiederholt und weiter vertieft.

$$Gewinn = Umsatz - Kosten \tag{6.134}$$

$$\Pi(x) = R(x) - C(x) \tag{6.135}$$

$$\frac{\partial \Pi(x)}{\partial x} = \frac{\partial R(x)}{\partial x} - \frac{\partial C(x)}{\partial x} \stackrel{!}{=} 0 \tag{6.136}$$

Die gewinnoptimale Menge findet ein Unternehmen aus dem Vergleich von Grenzumsatz und Grenzgewinn. Der Gewinn ist optimal, wenn sich Grenzumsatz und Grenzkosten genau entsprechen. Wäre der Grenzgewinn größer als die Grenzkosten, so würde das Unternehmen seine produzierte Menge so lange steigern, bis der Unterschied durch eine Steigerung der Grenzkosten oder eine Reduzierung des Grenzumsatzes auf Null gesunken ist. Umgekehrt würde das Unternehmen seine produzierte Menge senken, wenn der Grenzumsatz geringer als die Grenzkosten ist, bis durch die Senkung der Grenzkosten und die Steigerung der Grenzumsatzes wieder Gleichheit besteht.

**Beispiel 6.4 Gewinnmaximierung**
Zur Veranschaulichung wird die Herangehensweise bei der Gewinnmaximierung

## 6.9. GEWINNMAXIMIERUNG UND ANGEBOT

auf die Kostenfunktion $C(x) = 20 \cdot x^2 + 1000$ angewendet. Dabei wird davon ausgegangen, dass der Umsatz durch die Funktion $R(x) = 2000 \cdot x$ beschrieben werden kann.

$$\Pi(x) = R(x) - C(x) \tag{6.137}$$
$$\Pi(x) = 2000 \cdot x - [20 \cdot x^2 + 1000] \tag{6.138}$$
$$\frac{\partial \Pi(x)}{\partial x} = 2000 - 40 \cdot x \stackrel{!}{=} 0 \tag{6.139}$$
$$2000 = 40 \cdot x \tag{6.140}$$
$$\frac{2000}{40} = x \tag{6.141}$$
$$x = 50 \tag{6.142}$$

Das Unternehmen sollte optimalerweise 50 Einheiten von $x$ produzieren.

Wie zuvor beschrieben, kann mit der Berechnung herausgefunden werden, welche Menge das Unternehmen optimalerweise produzieren sollte. Umsatz, Kosten und Gewinn bei der gewinnmaximierenden Menge müssen allerdings noch gefunden werden. Dazu wird im nächsten Schritt der Umsatz bestimmt:

$$R(x) = 2000 \cdot x = 2000 \cdot 50 = 100.000 \tag{6.143}$$

Auch die Kosten ergeben sich durch Einsetzen in die Kostenfunktion:

$$C(x) = 20 \cdot x^2 + 1000 = 20 \cdot 50^2 + 1000 = 51.000 \tag{6.144}$$

Aus dem Vergleich von Umsatz mit Kosten ergibt sich der maximal erzielbare Gewinn von 49.000 €.

**Aufgabe 6.14 Gewinnmaximierung 1**
Verwenden Sie die Umsatzfunktion $R(x) = 20 \cdot x$ und die Kostenfunktion $C(x) = 10 \cdot x^2 + 5$.

1. Benennen und bestimmen Sie: Grenzkosten, fixe und variable Kosten, stückbezogene Kosten sowie die stückbezogenen fixen und variablen Kosten.
2. Bestimmen Sie die gewinnoptimale Menge, die das Unternehmen produzieren sollte.
3. Wie hoch sind Umsatz, Kosten und Gewinn bei dieser Menge?
4. Was ändert sich, wenn die Fixkosten auf 10.000 € steigen? Sollte das Unternehmen weiterhin produzieren? Interpretieren Sie Ihr Ergebnis.

Nicht immer sind durch Aufgabenstellungen direkt die Umsatzfunktionen vorhanden. Möglicherweise folgen sie auch nicht immer der einfachen Struktur des Zahlenbeispiels. Da der Umsatz dem Produkt aus Preis und Menge entspricht, kann er auch ermittelt werden, wenn in einem Zahlenbeispiel nur die Preis-Absatz-Funktion bzw. - in mikroökonomischer Bezeichnung - die Nachfragefunktion gegeben ist.

**Beispiel 6.5 Nachfrage und Umsatz**
Angenommen der Preis und die nachgefragte Menge stehen in folgendem Zusammenhang $P(x) = 10 - x$, so kann aus dem Produkt von Preis und Menge die Umsatzfunktion ermittelt werden:

$$P(x) = 10 - x \tag{6.145}$$
$$R(x) = P(x) \cdot x \tag{6.146}$$
$$R(x) = (10 - x) \cdot x \tag{6.147}$$
$$R(x) = 10 \cdot x - x^2 \tag{6.148}$$

**Aufgabe 6.15 Gewinnmaximierung 2**
Verwenden Sie die Preis-Absatz-Funktion $P(x) = 50 - x$ und die Kostenfunktion $C(x) = 20 \cdot x^2 + 5$.

1. Benennen und bestimmen Sie: Grenzkosten, fixe und variable Kosten, stückbezogene Kosten sowie die stückbezogenen fixen und variablen Kosten.
2. Bestimmen Sie die gewinnoptimale Menge, die das Unternehmen produzieren sollte.
3. Wie hoch sind Preis, Umsatz, Kosten und Gewinn bei dieser Menge?

Die formalen Überlegungen zur Gewinnmaximierung lassen sich auch grafisch veranschaulichen. Dazu wird noch einmal auf die beispielhaft verwendete Umsatzfunktion $R(x) = 10 \cdot x - x^2$ zurückgegriffen. Bei der verwendeten Funktion handelt es sich um eine umgedrehte Parabel. Werden kleine Werte von $x$ eingesetzt, so überwiegt der positive Effekt des ersten Terms $10 \cdot x$, so dass die Funktion anfänglich ansteigt. Der quadratische negative Term $x^2$ überwiegt aber ab der fünften Mengeneinheit von $x$, so dass der Umsatz ab diesem Punkt wieder abzunehmen beginnt. Ab einer produzierten Menge von $x = 10$ ist der Umsatz auf Null gesunken.

Abbildung 6.2: Umsatz- und Kostenfunktion

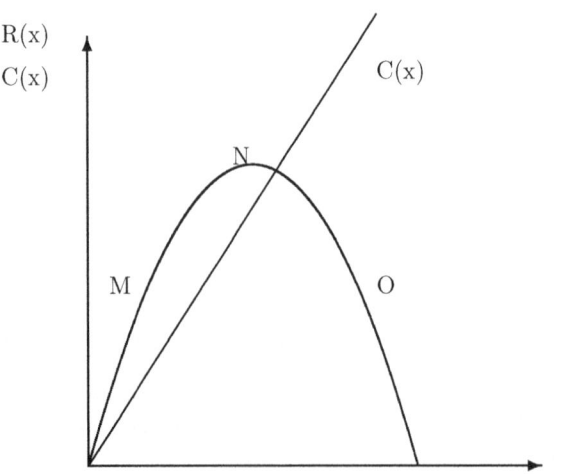

## 6.9. GEWINNMAXIMIERUNG UND ANGEBOT

Abbildung 6.2 stellt die Umsatzfunktion grafisch dar. Um sie gut von der verwendeten Kostenfunktion unterscheiden zu können, ist - anders als im bisher verwendeten Zahlenbeispiel - eine lineare Kostenfunktion abgebildet.

An der Umsatzfunktion sind die drei Bereiche der unterschiedlichen Umsatzentwicklungen mit den Punkten M, N und O bezeichnet. Im Bereich des Punktes M liegt ein positiver Grenzumsatz vor. Hier steigt mit zunehmender produzierter Menge der Umsatz an. Im Punkt N ist der Grenzumsatz Null. Im Bereich des Punktes O ist der Grenzumsatz negativ. Um den Umsatz zu steigern, sollte das Unternehmen seine produzierte Menge reduzieren.

Der Gewinn des Unternehmens ist dort maximal, wo der Umsatz die Kosten am stärksten übersteigt. Da Kosten in der Regel durch eine größere produzierte Stückzahl steigen, kann ein Gewinnmaximum nicht rechts vom Umsatzmaximum gefunden werden. Rechts vom Punkt N sinken bei zunehmender Anzahl produzierter Einheiten die Umsätze. In der Abbildung ist der maximale Gewinn etwas links von N zu finden, wo die Umsatzfunktion den größten vertikalen Abstand zur Kostenfunktion aufweist. Unterhalb dieses Punktes kann die gewinnoptimale Menge auf der x-Achse abgelesen werden.

Formal wird über Gleichung (6.136) das Gewinnmaximum an der Stelle gefunden, an der sich Grenzumsatz und Grenzkosten entsprechen. Zu Abbildung 6.2, welche in Gesamtgrößen dargestellt ist, wird daher eine entsprechende Abbildung in stückbezogenen Größen entwickelt. Bei Verwendung der Umsatzfunktion $R(x) = 10 \cdot x - x^2$ ergibt sich als Grenzumsatz die linear fallende Funktion $MR(x) = 10 - 2 \cdot x$.

Für die Abbildung wurde eine linear ansteigende Kostenfunktion wie z.B. $C(x) = 4 \cdot x$ verwendet, so dass sich konstante Grenzkosten von $MC(x) = 4$ ergeben. Werden diese beiden stückbezogenen Funktionen gegenüber gestellt, so lassen sie sich in der folgenden Abbildung 6.3 darstellen.

Abbildung 6.3: Grenzumsatz und Grenzkosten

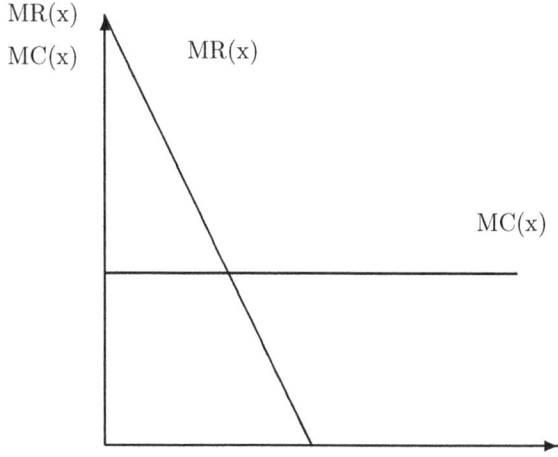

Unterhalb des Schnittpunkts von Grenzumsatz- ($MR(x)$) und Grenzkostenfunktion ($MC(x)$) kann an der x-Achse die gewinnmaximierende Menge für das Unternehmen abgelesen werden. Werden beide Abbildungen maßstabsgetreu untereinander gelegt, so befindet sich dieser Punkt genau unterhalb der Stelle, an der der Umsatz die Kosten am stärksten übersteigt.

Zwei abschließende Bemerkungen sollten noch gemacht werden:

1. Im Abschnitt zur Gewinnmaximierung wurde bereits eingangs eine grundsätzliche Regel definiert. Unabhängig von der jeweiligen Wettbewerbssituation (z.B. Monopol oder Vollkommener Wettbewerb im Vergleich) wird jedes Unternehmen seinen Gewinn nach der Regel *Umsatz minus Kosten* bestimmen und daher sein Gewinnmaximum an der Stelle finden, an der sich Grenzumsatz und Grenzkosten entsprechen. Märkte und deren Wettbewerbssituation unterscheiden sich durch unterschiedliche Umsatzfunktionen, so dass zum Beispiel der Grenzumsatz eines Monopolisten wesentlich vom Grenzumsatz eines Unternehmens im Vollkommenen Wettbewerb abweicht.

2. Auch die funktionale Form der Kostenfunktion kann unterschiedlich sein. Dies wurde in der Beschreibung der Kostenminimierung unter der Nebenbedingung der gegebenen Technologie deutlich. An der Grundregel zur Gewinnmaximierung ändert sich sachlich wiederum nichts. Allerdings würde eine andere funktionale Form das Aussehen der letzten Abbildung 6.3 leicht verändern. Üblicherweise wird mit quadratischen Kostenfunktionen der Art $C(x) = a \cdot x^2$ gearbeitet, so dass Abbildung 6.2 einen quadratisch ansteigenden Kostenkurvenverlauf und Abbildung 6.3 einen linear ansteigenden Grenzkostenkurvenverlauf zeigen würde - anstatt der horizontalen Grenzkostenlinie.

# Kapitel 7

# Allgemeines Gleichgewicht

## 7.1 Grundlagen

In den Abschnitten zur Konsum- und Produktionstheorie wurden zweimal beide Marktseiten isoliert betrachtet. Konsumenten fragen die Sachgüter und Dienstleistungen von Unternehmen nach. Unternehmen fragen Produktionsfaktoren (Arbeit und Kapital) von den Konsumenten nach. In der allgemeinen Gleichgewichtstheorie wird die Herangehensweise vorgestellt, mit der sowohl auf Gütermärkten (Konsumenten fragen nach, Unternehmen bieten an) als auch auf Faktormärkten (Unternehmen fragen nach, Konsumenten bieten an) die beiden Marktseiten Angebot und Nachfrage zum Ausgleich gebracht werden. Im Kern der allgemeinen Gleichgewichtstheorie steht der Preis, der beide Marktseiten verbindet.

**Definition 7.1 Gleichgewichtspreis**
Der Gleichgewichtspreis ist derjenige Preis, für den die angebotene Menge genau der nachgefragten Menge entspricht.

**Definition 7.2 Gleichgewichtsmenge**
Die Gleichgewichtsmenge ist die beim Gleichgewichtspreis angebotene und nachgefragte Menge.

In den meisten ökonomischen Lehrbüchern wird der Schwerpunkt der Untersuchung des allgemeinen Gleichgewichts auf die Beschreibung und Untersuchung der beiden Elemente der Definition verwendet. Der Weg zum Gleichgewicht steht deswegen seltener im Vordergrund, weil informationseffiziente Märkte unterstellt werden und meist auch die Rolle von Transaktionskosten zur Vereinfachung nicht berücksichtigt wird. Wäre der Markt einmal außerhalb des Gleichgewichts, z.B. indem nicht alle Anbieter zum selben Preis von z.B. 1 € verkaufen, sondern ein einzelner Anbieter identische Waren den Kunden zum Preis von 2 € anbietet, so könnte diese Situation nicht lange bestehen. Die Kunden wüssten durch die Informationseffizienz sofort, dass alle anderen Anbieter günstiger sind, und könnten ohne negative Auswirkungen dort einkaufen, weil durch die Abwesenheit von Transaktionskosten z.B. ein weiterer Weg zum nächsten Anbieter keine Rolle spielt. Der ursprünglich teurere Anbieter hätte nur noch die Wahl, seinen Preis auf 1 € herabzusetzen oder aus dem Markt auszuscheiden.

Natürlich sind derartige Märkte für die Realität zu abstrakt. Bezogen auf Finanzmärkte oder andere elektronisch handelbare Dinge, wie zum Beispiel im Internet angebotene Dienstleistungen ist eine derartige Vorstellung des Marktes allerdings passender. Mit unendlich schneller Reaktionsgeschwindigkeit bewegt sich der Markt wieder zurück, falls einmal kurzfristig eine Situation außerhalb des Gleichgewichts eintrat. Die kurze Reaktionsgeschwindigkeit macht für viele ökonomische Untersuchungsgegenstände eine weitere Untersuchung von Situationen außerhalb des Gleichgewichts zweitrangig.

Jüngere Entwicklungen in der Forschung befassen sich allerdings auch zunehmend mit Situationen außerhalb des Gleichgewichts. So wird insbesondere in der Marktmikrostrukturtheorie auch untersucht, welche Auswirkungen entstehen, wenn Märkte nicht informationseffizient sind. Hotelling-Modelle befassen sich mit der Auswirkung von Transaktionskosten und möglicherweise parallel bestehenden unterschiedlichen Preisen auf Märkten.

Zur Vereinfachung soll jedoch auch hier der Fokus auf der Gleichheit von angebotener und nachgefragter Menge liegen, so dass die Definition des Gleichgewichtspreises auch formalisiert werden kann:

$$AT(X) \stackrel{!}{=} NE(X) \tag{7.1}$$

Die Angebots- und Nachfragefunktion aus Gleichung (7.1) lassen sich grafisch sehr einfach darstellen, so dass die Untersuchung des allgemeinen Gleichgewichts zunächst nicht formal, sondern anhand der folgenden Abbildungen erfolgen soll. In Abbildung 7.1 wird der Gleichgewichtspreis mit $P^*$ und die Gleichgewichtsmenge mit $X^*$ bezeichnet. Sie liegen im Schnittpunkt der steigenden Angebotsfunktion mit der fallenden Nachfragefunktion.

Abbildung 7.1: Allgemeines Gleichgewicht

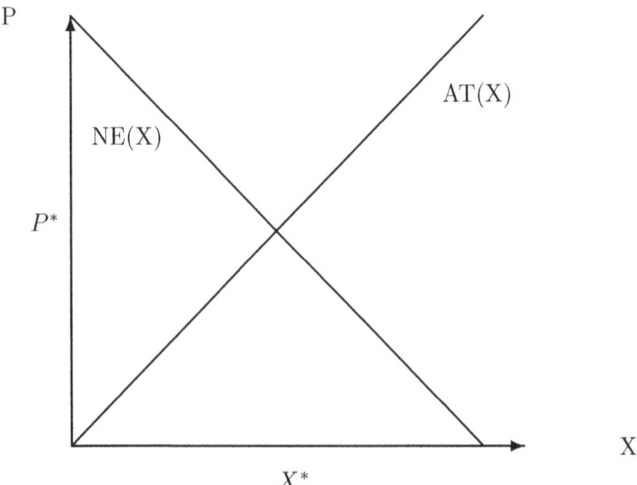

## 7.1. GRUNDLAGEN

Die grafische Darstellung des Gleichgewichts hilft auch dabei, das Verständnis von Produzenten- und Konsumentenrente zu verbessern. Auf der Seite der Konsumenten wurde bereits intuitiv der Unterschied zwischen Zahlungsbereitschaft und zu bezahlendem Preis beschrieben. Dabei wurde unterstellt, dass dasjenige Individuum die größte Chance zum Kauf erhalten sollte, welches bereit war, den höchsten Preis zu bezahlen. Durch die Anordnung in Abbildung 7.1 wird dieses Prinzip verwirklicht. Die Individuen sind auf der Nachfragefunktion von links her in absteigender Höhe der Zahlungsbereitschaften aufgereiht. Auf der anderen Seite sind die Unternehmen von links her in aufsteigender Reihenfolge der Grenzkosten aufgereiht. Als erstes Paar möglicher Handelspartner treffen sich dann das Individuum mit der höchsten Zahlungsbereitschaft und das Unternehmen mit den geringsten Grenzkosten.

Rechts vom Schnittpunkt der beiden Funktionen liegt die Nachfragefunktion unter der Angebotsfunktion. Mit anderen Worten ist die Zahlungsbereitschaft unter die Grenzkosten gesunken. Daher findet jenseits der Gleichgewichtsmenge kein Handel mehr statt. Hierin zeigt sich die bereits angesprochene Effizienz des Marktmechanismus: Um mit anderen handeln zu können, haben Unternehmen Anreize zu möglichst geringen Kosten. Individuen haben auf der anderen Seite bei knappen Gütern einen Anreiz zu hoher Zahlungsbereitschaft.

Noch einmal sollte hervor gehoben werden, dass alle Marktteilnehmer zum selben Preis handeln. Da weiterhin Informationseffizienz unterstellt wird, kennen alle den Marktpreis. Dies führt dazu, dass die Individuen nicht bereit sind, zu abweichenden Preisen zu handeln. Sowohl ein Individuum mit einer Zahlungsbereitschaft von 3 € als auch ein Individuum mit einer Zahlungsbereitschaft von nur 1 € werden nicht bereit sein, von einem möglichen Marktpreis von 0,80 € abzuweichen. Dieselbe Argumentation lässt sich bezogen auf Kosten auch auf die Unternehmen übertragen.

Im einführenden intuitiven Abschnitt wurde bei der Diskussion der Zahlungsbereitschaft auf die Konsumentenrente verwiesen. Person 1 mit der Zahlungsbereitschaft von 3 € konnte bei einem Marktpreis von 0,80 € von seiner Zahlungsbereitschaft 2,20 € *sparen*, während die zweitgenannte Person 0,20 € ihrer Zahlungsbereitschaft übrig hatte. Die Summe aller gesparten Zahlungsbereitschaften wurde dann als Konsumentenrente bezeichnet. In Abbildung 7.1 entspricht Sie einem Dreieck vom linken oberen Ende der Nachfragefunktion herunter auf $P^*$ und nach rechts bis zum Schnittpunkt der Funktionen.

Demgegenüber steht die Produzentenrente als Summe aller quasi *Deckungsbeiträge* der Unternehmen. Die Produzentenrente lässt sich grafisch veranschaulichen durch ein Dreieck ausgehend vom Nullpunkt, herauf bis $P^*$ und nach rechts bis zum Schnittpunkt der Funktionen.

Die beiden Renten werden üblicherweise mit $KR$ für Konsumentenrente und $PR$ für Produzentenrente abgekürzt. Da sie für jede Gruppe von Marktteilnehmern ein Indikator der Vorteilhaftigkeit des marktlichen Handelns darstellen, werden sie für Vergleiche verschiedener Marktbedingungen verwendet. Verschiebt sich beispielsweise die Nachfragefunktion nach rechts, weil die Zahl der Nachfrager unvorhergesehen zugenommen hat, so lässt sich aus den Veränderungen der Flächen von $KR$ und $PR$ ableiten, wie sich die veränderte Marktkonstellation auf die Vorteilhaftigkeit beider Gruppen von Marktteilnehmern auswirkt. Aus der

Diskussion der Elastizitäten ist bekannt, dass Angebots- und Nachfragefunktionen unterschiedlich steil verlaufen können. Auch die Änderungen von Elastizitäten auf diese Vorteilhaftigkeitsindikatoren sind oft Gegenstand ökonomischer Untersuchungen.

Werden beispielsweise durch wirtschaftspolitische Maßnahmen Veränderungen an Angebots- und Nachfragefunktionen herbeigeführt, stehen Fragen der Umverteilung zur Diskussion. Durch die Untersuchung der Veränderung von $KR$ und $PR$ z.B. infolge einer Erhöhung der Umsatzsteuer kann einerseits ermittelt werden, ob neben der Auswirkung auf die Nachfrager auch die Anbieter benachteiligt werden. Es können Vergleiche zwischen Benachteiligungen beider Gruppen angestellt werden oder gegebenenfalls auch Umverteilungen des Wohlstandes sichtbar gemacht werden. Um zu messen, ob sich der Wohlstand insgesamt verändert, werden die beiden Renten addiert:

$$KR + PR = W \qquad (7.2)$$

$W$ wird als Wohlfahrt (manchmal auch Wohlstand) der Gesellschaft bezeichnet und bietet einen Maßstab für die Vorteilhaftigkeit des Marktes insgesamt. Wie die drei folgenden Abbildungen zeigen, wird durch staatliche Eingriffe die Wohlfahrt meist reduziert.

Abbildung 7.2: Mengenbeschränkung

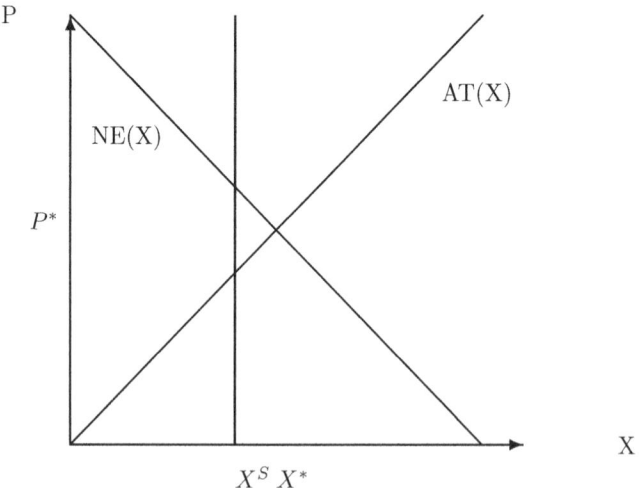

Die staatlich festgelegte Mengenbeschränkung auf dem Niveau von $X^S$ führt zu keiner Veränderung des Gleichgewichtspreises, da seine Determinanten (Zahlungsbereitschaften der Nachfrager und Technologie der Unternehmen) unbeeinflusst bleiben. Allerdings bleiben rechts der beschränkten Menge eine Reihe von Nachfragern übrig, deren Zahlungsbereitschaft nicht hoch genug ist. Demgegenüber bleiben auch Anbieter übrig, die nicht günstig genug produzieren

## 7.1. GRUNDLAGEN

können. In einer Situation ohne Mengenbeschränkung hätten mehr Marktteilnehmer handeln können. Im Vergleich zur Wohlfahrt ohne Mengenbeschränkung fehlt flächenmäßig ein Dreieck in der Abbildung. Ausgehend von der vertikalen Linie, die die Mengenbeschränkung darstellt, fehlt das Dreieck, welches durch die beiden Funktionen eingeschlossen wird und bis zum Schnittpunkt reicht. Das *verloren* gegangene Dreieck wird entsprechend als **Wohlfahrtsverlust** bezeichnet.

Ein weiteres Beispiel für Wohlfahrtsverluste sind Mindestpreise, die eigentlich zum Schutz einer Gruppe von Marktteilnehmern eingeführt werden. Bei Mindestpreisen wird durch staatliche Maßnahmen ein Preis festgelegt, der oberhalb eines wettbewerblich entstehenden Marktpreises liegt. Grund dafür sind meist sozialpolitische Überlegungen oder gesellschaftliche Diskussionen wie um den Milchpreis oder den Mindestlohn.

Abbildung 7.3: Mindestpreise

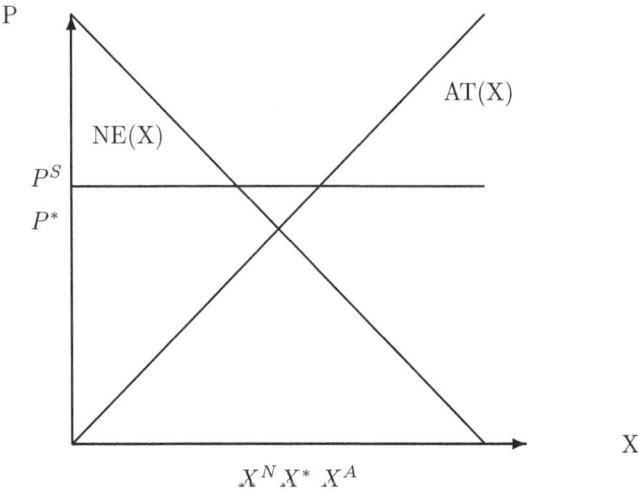

Abbildung 7.3 zeigt die Wirkung der Einführung des Mindestpreises $P^S$. Für die Nachfrager gilt statt $P^*$ der nun höhere Preis $P^S$, der zu einem Rückgang der nachgefragten Menge auf $X^N$ führt. Auf der anderen Seite kann nicht uneingeschränkt von einer Verbesserung für die Anbieter gesprochen werden. Zwar findet eine Umverteilung von Konsumentenrente auf Produzentenrente statt, da Anbieter im Volumen von $X^N$ zum nunmehr höheren Preis $P^S$ verkaufen können. Auf der anderen Seite zeigt sich, dass nun ein Überangebot besteht, da bei einem Preis von $P^S$ eigentlich ein Angebot von $X^A$ entsteht. Es ist nicht nur so, dass die neu hinzugekommenen Anbieter keine Abnehmer mehr finden. Die nachgefragte Menge reduziert sich von $X^*$ auf $X^N$, so dass die Mindestpreise zu einem Rückgang der Anbieter führen. Der Anstieg der Produzentenrente verteilt sich auf eine geringere Anzahl an Anbietern.

Aus der Perspektive der Wohlfahrt ist die Umverteilung also kein Nullsummenspiel. Links von $X^N$ wird Konsumentenrente in Produzentenrente umgewandelt, während rechts von $X^N$ Wohlfahrtsverluste gegenüber der wettbewerblichen Situation entstehen. Auch Höchstpreise sind kritisch zu betrachten, wie die folgende Abbildung 7.4 zeigt.

Abbildung 7.4: Höchstpreise

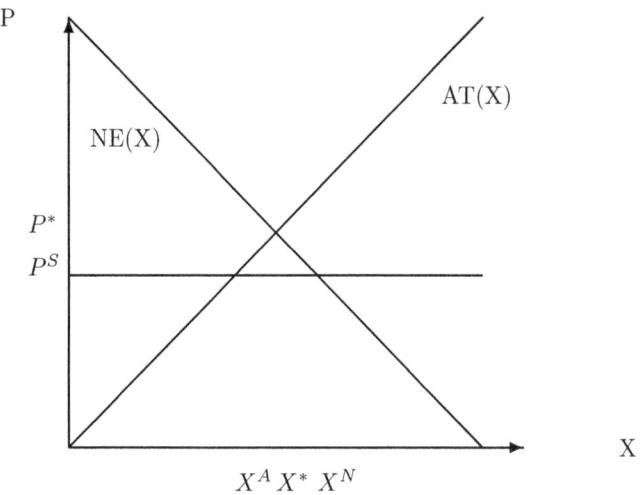

Der Höchstpreis unterhalb des Marktpreises, welcher beispielsweise auf dem Mietmarkt eingesetzt wird, lässt sich spiegelbildlich zum Mindestpreis analysieren. Hier findet eine Umverteilung von Rente von den Anbietern zu den Nachfragern statt. Allerdings ist auch ersichtlich, dass die angebotene Menge bei $X^A$ verharrt, so dass nach Einführung des Höchstpreises nur eine geringere Anzahl an Nachfragern zum Zuge kommt als unter wettbewerblichen Bedingungen. Die Vorteile der Höchstpreise verteilen sich wiederum nur auf eine geringere Anzahl.

Nach der grafischen Analyse soll nun auch rechnerisch das Marktgleichgewicht bestimmt werden.

**Beispiel 7.1 Marktgleichgewicht rechnerisch**
Die Nachfrage auf einem Markt lasse sich mit der Funktion $P(X) = 100 - 2 \cdot X$ beschreiben. Demgegenüber steht die Angebotsfunktion $P(X) = 10 + 2 \cdot X$. Der Gleichgewichtspreis ist derjenige Preis, bei dem angebotene und nachgefragte Menge identisch sind, so dass auf die einführende formale Definitionsgleichung (7.1) zurückgegriffen wird:

$$AT(X) \stackrel{!}{=} NE(X) \tag{7.3}$$
$$10 + 2 \cdot X = 100 - 2 \cdot X \tag{7.4}$$
$$4 \cdot X = 90 \tag{7.5}$$
$$X^* = \frac{45}{2} \tag{7.6}$$

## 7.1. GRUNDLAGEN

Durch das Gleichsetzen und Auflösen der beiden Funktionen, die im Preis formuliert sind, wird zuerst die Gleichgewichtsmenge $X^*$ bestimmt. Der Gleichgewichtspreis wird dann gefunden, indem $X^*$ in eine der beiden Funktionen (Angebot oder Nachfrage) eingesetzt wird. Zur Probe wird im vorliegenden Beispiel in beide Funktionen eingesetzt.

$$AT(X): P(X) = 10 + 2 \cdot X \qquad (7.7)$$
$$P(X) = 10 + 2 \cdot \frac{45}{2} \qquad (7.8)$$
$$P^* = 55 \qquad (7.9)$$

$$NE(X): P(X) = 100 - 2 \cdot X \qquad (7.10)$$
$$P(X) = 100 - 2 \cdot \frac{45}{2} \qquad (7.11)$$
$$P^* = 55 \qquad (7.12)$$

**Aufgabe 7.1 Marktgleichgewicht 1**
Die Nachfrage auf einem Markt lasse sich mit der Funktion $P(X) = 100 - 4 \cdot X$ beschreiben. Demgegenüber steht die Angebotsfunktion $P(X) = 20 + 2 \cdot X$. Bestimmen Sie Gleichgewichtspreis und Gleichgewichtsmenge.

**Aufgabe 7.2 Marktgleichgewicht 2**
Die Nachfrage auf einem Markt lasse sich mit der Funktion $P(X) = 50 - 4 \cdot X$ beschreiben. Demgegenüber steht die Angebotsfunktion $P(X) = 5 + 4 \cdot X$. Bestimmen Sie Gleichgewichtspreis und Gleichgewichtsmenge.

**Beispiel 7.2 Mindestpreis rechnerisch**
Wiederum werden die Nachfrage $P(X) = 100 - 2 \cdot X$ und das Angebot $P(X) = 10 + 2 \cdot X$ verwendet. Allerdings wird ein staatlicher Mindestpreis von 70 verlangt. Welche Menge wird bei diesem Preis nachgefragt und welche Menge wird angeboten?

$$P(X) = 100 - 2 \cdot X \stackrel{!}{=} 70 \qquad (7.13)$$
$$100 - 70 = 2 \cdot X \qquad (7.14)$$
$$30 = 2 \cdot X \qquad (7.15)$$
$$X^N = 15 \qquad (7.16)$$
$$P(X) = 10 + 2 \cdot X \stackrel{!}{=} 70 \qquad (7.17)$$
$$10 - 70 = -2 \cdot X \qquad (7.18)$$
$$60 = 2 \cdot X \qquad (7.19)$$
$$X^A = 30 \qquad (7.20)$$

Vor der Einführung des Mindestpreises entstand ein Gleichgewichtspreis von 55, bei dem 22,5 Einheiten am Markt verkauft wurden. Durch den höheren Mindestpreis sinkt die nachgefragte Menge auf 15 Einheiten, während die angebotene Menge auf 30 Einheiten steigt. Nur 15 der 30 Einheiten können an die Nachfrager verkauft werden, so dass der Anstieg an Konsumentenrente durch den gestiegenen Verkaufspreis nur auf zwei Drittel der Menge verteilt wird, die vor der Einführung des Mindestpreises verkauft wurde.

**Aufgabe 7.3 Marktgleichgewicht 3**
Verwenden Sie die Nachfrage $P(X) = 100 - 2 \cdot X$ und das Angebot $P(X) = 10 + 2 \cdot X$ des Beispiels und zeigen Sie die Wirkung eines Höchstpreises von 40.

## 7.2 Steuern, Subventionen und Transfers

Was ändert sich durch Steuern und Subventionen? Die grafische Wirkung ähnelt der Auswirkung von Mindest- und Höchstpreisen. Statt auseinanderfallender Angebots- und Nachfragemengen, entstehen durch Steuern unterschiedliche Preise für Anbieter und Nachfrager. Beispielsweise wird bei einer Umsatzsteuer mit 20% Steuersatz dazu führen, dass die Angebotsfunktion aus Sicht der Nachfrager um 20% nach oben verschoben ist. Jeder Euro, der bei den Anbietern in der Netto-Angebotsfunktion ankommt, wird von den Nachfragern als 1,20 Euro aufgefasst und bestimmt letztlich die am Markt absetzbare Menge. Grafisch lässt sich auch hier ein Wohlfahrtsverlust durch die *künstliche* Erhöhung der Preise feststellen.

Abbildung 7.5: Umsatzsteuer

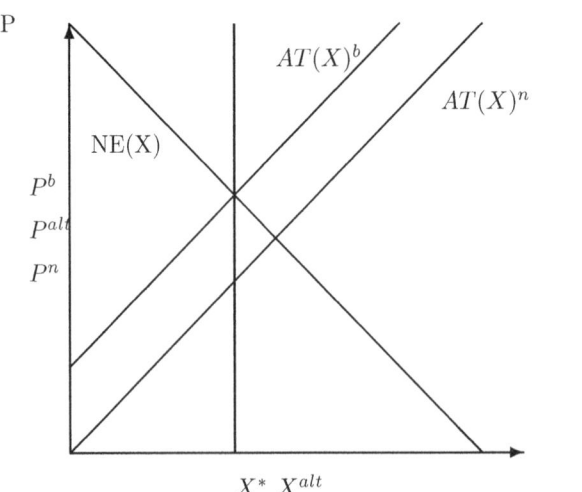

Zum Vergleich mit einer Situation ohne Steuer ist in Abbildung 7.5 durch $X^{alt}$ und $P^{alt}$ die Situation ohne Steuer eingezeichnet. Die Umsatzsteuer führt also zu einer Reduzierung der am Markt verkauften Menge von $X^{alt}$ auf $X^*$. Dabei entsteht ein Wohlfahrtsverlust, der von der Fläche der vertikalen Orientierungs-

## 7.2. STEUERN, SUBVENTIONEN UND TRANSFERS

linie über $X^*$ zwischen den Achsen bis zum alten Schnittpunkt der Funktionen entspricht.

Im Vergleich zur Situation ohne Steuer bezahlen die Nachfrager den höheren Bruttopreis $P^b$ ($> P^{alt}$), während die Anbieter einen geringeren Nettopreis $P^n$ ($< P^{alt}$) erhalten. Neben dem Wohlfahrtsverlust zeigt sich also, dass sowohl Anbieter als auch Nachfrager von der Umsatzsteuer betroffen sind, obwohl die Zahlungen der Steuer immer über die Anbieter abgewickelt werden. Diese Überlegung ist Gegenstand der so genannten **Steuerinzidenzanalyse**, bei der Steuern jenseits von der Abführung der Zahlungen daraufhin untersucht werden, welche der beteiligten Gruppen tatsächlich die Steuer trägt. Im Falle der spiegelbildlichen Situation der Angebots- und Nachfragefunktion verteilt sich die Auswirkung auf die beiden Gruppen ungefähr gleichmäßig. Wäre allerdings die Angebotsfunktion steiler (weniger elastisch), so würde sich das Verhältnis von 1-zu-1 möglicherweise auf $\frac{1}{3}$-zu-$\frac{2}{3}$ verschieben.

Abbildung 7.6: Umsatzsteuer bei steilerem Angebot

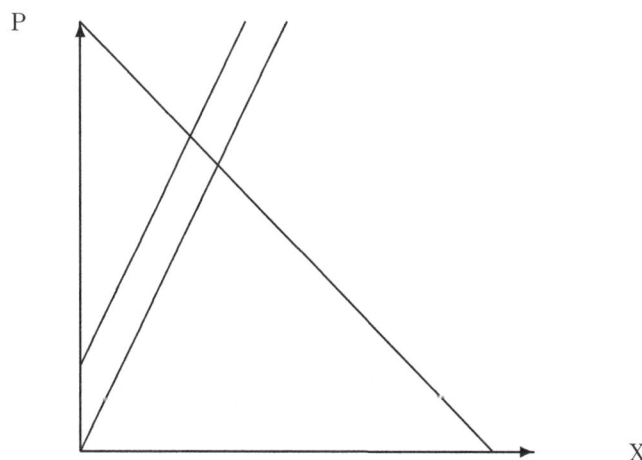

Die modifizierte Abbildung 7.6 zeigt im Vergleich zwischen Konsumenten- und Produzentenrente unterschiedlich große Flächen. Allerdings führt die Einführung der Umsatzsteuer auch zu einem verhältnismäßig stärkeren Rückgang der Produzentenrente.

Wenn nun von der Umsatzsteuer nicht nur die zahlenden Unternehmen betroffen sind, ist es möglich, dass von der Einkommensteuer nicht nur die zahlenden Konsumenten betroffen sind. Zum Vergleich wird daher in der ursprünglichen Situation statt einer Umsatzsteuer eine Einkommensteuer eingeführt.

Abbildung 7.7: Einkommensteuer

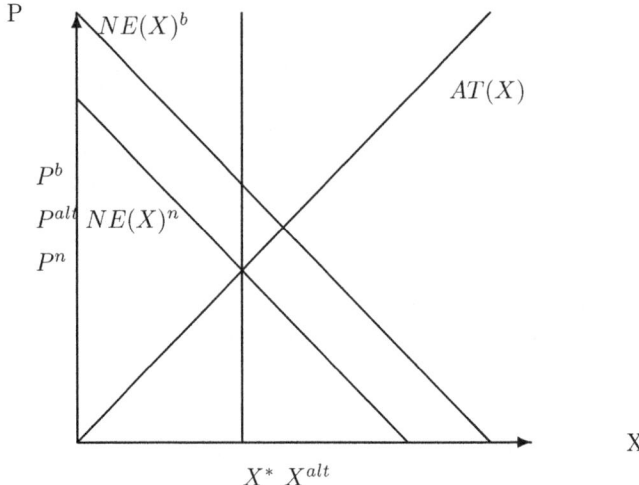

Abbildung 7.7 zeigt mit Ausnahme von verschobenen Angebots- und Nachfragefunktionen ähnliche Wirkungen wie in Abbildung 7.5. Die Einführung einer Einkommensteuer im selben Umfang wie eine Umsatzsteuer führt zu einer Reduzierung der verkauften Menge in identischem Umfang, generiert identische Wohlfahrtsverluste und führt zum Rückgang von Konsumenten- und Produzentenrente im selben Ausmaß.

Für politische Entscheidungen zur Erhöhung der Staatseinnahmen folgt aus den Überlegungen, dass die beiden Instrumente der Einkommensteuer und der Umsatzsteuer faktisch dieselbe Wirkung erzielen können, wenn sie im selben Umfang ausgestaltet werden. Die Wahl für eine der beiden Maßnahmen kann also danach erfolgen, welche von beiden Alternativen politisch leichter durchsetzbar (weniger unpopulär) ist.

Formal unterscheidet sich die Darstellung von Steuern und Subventionen/Transfers nur geringfügig. Während eine Steuer für die Nachfrager wie die Einkommensteuer quasi zu einer Linksverschiebung der Nachfragefunktion führt, führt ein Transfer an die Nachfrager wie beispielsweise das Kindergeld zu einer Rechtsverschiebung der Nachfragefunktion. Der Linksverschiebung der Angebotsfunktion durch eine Steuer für Anbieter steht eine Rechtsverschiebung der Angebotsfunktion bei einer Subvention für Anbieter gegenüber.

## 7.2. STEUERN, SUBVENTIONEN UND TRANSFERS

Abbildung 7.8: Transfer an die Konsumenten

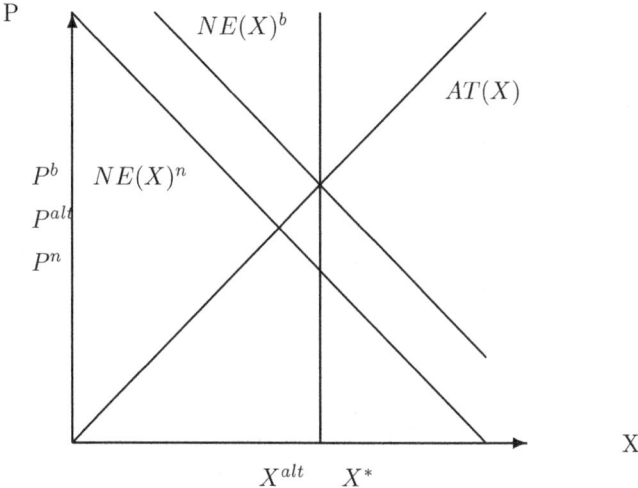

Abbildung 7.8 zeigt die Auswirkungen eines Transfers an die Konsumenten. Ergebnis der Transfers ist eine höhere verkaufte Menge bei einem höheren Marktpreis sowie gestiegene Renten für Konsumenten und Produzenten.

Abbildung 7.9: Subvention für Anbieter

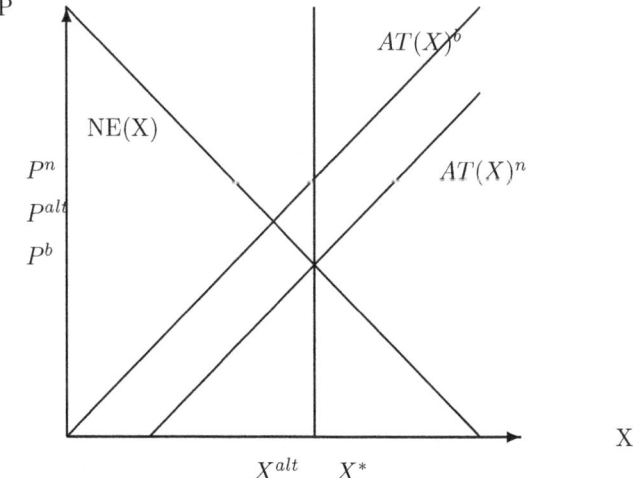

In Abbildung 7.9 sind die Auswirkungen einer Subvention für die Unternehmen dargestellt. Ähnlich wie bei den Transfers wird eine höhere Menge verkauft. Allerdings sinkt in diesem Falle der Marktpreis. Eine Zunahme ist sowohl bei der Konsumentenrente als auch bei der Produzentenrente und folglich auch bei der Wohlfahrt festzustellen.

Die vorgestellten Situationen lassen sich auch rechnerisch untersuchen. Nennenswert ist, dass sich an der grundsätzlichen Gleichheit von Angebot und Nachfrage nichts ändert, so dass die folgende Gleichung weiterhin den Grundstein der Überlegungen bildet:

$$AT(X) \stackrel{!}{=} NE(X) \qquad (7.21)$$

Im Kern der Überlegungen bei Steuern, Subventionen und Transfers steht dann immer die Frage, welche Angebotsfunktion welcher Nachfragefunktion gegenüber zu stellen ist (brutto oder netto). Zur Veranschaulichung wird das einführende Beispiel des Allgemeinen Gleichgewichts aufgegriffen:

**Beispiel 7.3 Umsatzsteuer**
Die Nachfrage auf einem Markt lasse sich mit der Funktion $P(X) = 100 - 2 \cdot X$ beschreiben. Dem gegenüber steht die Angebotsfunktion $P(X) = 10 + 2 \cdot X$. Die Regierung führt nunmehr eine Umsatzsteuer von 20% ein. Damit wird die *alte* Angebotsfunktion zur Nettoangebotsfunktion. Bei einem Steuersatz von 20% gilt dann folgende Bruttoangebotsfunktion:

$$
\begin{align}
P(X)^n &= 10 + 2 \cdot X & (7.22) \\
P(X)^b &= P(X)^n \cdot 1,2 & (7.23) \\
P(X)^b &= (10 + 2 \cdot X) \cdot 1,2 & (7.24) \\
P(X)^b &= 12 + 2,4 \cdot X & (7.25)
\end{align}
$$

Da die Konsumenten zum Bruttopreis einkaufen, muss die Nachfragefunktion diesem Bruttoangebot gegenüber gestellt werden, um die neue verkaufte Menge zu finden.

$$
\begin{align}
12 + 2,4 \cdot X &= 100 - 2 \cdot X & (7.26) \\
4,4 \cdot X &= 88 & (7.27) \\
X^* &= 20 & (7.28)
\end{align}
$$

Mit Einführung der Steuer sinkt die verkaufte Menge von damals 22,5 Einheiten auf nun 20 Einheiten. Entsprechend entsteht ein Wohlfahrtsverlust. Wie die folgende Rechnung zeigt, zahlen die Nachfrager einen höheren Bruttopreis und die Anbieter erhalten einen geringeren Nettopreis.

## 7.2. STEUERN, SUBVENTIONEN UND TRANSFERS

$$NE(X) : P(X)^b = 100 - 2 \cdot X \tag{7.29}$$
$$P(X)^b = 100 - 2 \cdot 20 \tag{7.30}$$
$$P(X)^b = 60 \tag{7.31}$$
$$AT(X) : P(X)^n = 10 + 2 \cdot X \tag{7.32}$$
$$P(X)^n = 10 + 2 \cdot 20 \tag{7.33}$$
$$P(X)^n = 50 \tag{7.34}$$

Das ursprüngliche Preisniveau betrug 55. Mittels der gemachten Überlegungen lassen sich auch die Steuereinnahmen einfach bestimmen. Der Unterschied zwischen Brutto- und Nettopreis beträgt 10 € (= 60 − 50). Dieser stückbezogene Steuerbetrag wird für 20 Mengeneinheiten verlangt. Es entstehen also Steuereinnahmen in Höhe von 200 € (= 10 · 20).

Zum Vergleich können dieselben Funktionen verwendet werden, um die Wirkung einer Einkommensteuer zu untersuchen.

**Beispiel 7.4 Einkommensteuer**

Die Nachfrage auf einem Markt lasse sich weiterhin mit der Funktion $P(X) = 100 - 2 \cdot X$ beschreiben. Dem gegenüber steht die Angebotsfunktion $P(X) = 10 + 2 \cdot X$. Die Regierung führt nunmehr eine Einkommensteuer von 20% ein. Damit wird die *alte* Nachfragefunktion zur Bruttonachfragefunktion. Bei einem Steuersatz von 20% gilt dann folgende Nettonachfragefunktion:

$$P(X)^b = 100 - 2 \cdot X \tag{7.35}$$
$$P(X)^n = P(X)^b \cdot 0,8 \tag{7.36}$$
$$P(X)^n = (100 - 2 \cdot X) \cdot 0,8 \tag{7.37}$$
$$P(X)^n = 80 - 1,6 \cdot X \tag{7.38}$$

Den Konsumenten steht nur das Nettoeinkommen zur Verfügung, welches dem Angebot gegenüber gestellt werden muss, um die neue verkaufte Menge zu finden.

$$10 + 2 \cdot X = 80 - 1,6 \cdot X \tag{7.39}$$
$$3,6 \cdot X = 70 \tag{7.40}$$
$$X^* \approx 19,4 \tag{7.41}$$

Mit Einführung der Steuer sinkt die verkaufte Menge von damals 22,5 Einheiten auf nun 19,4 Einheiten. Entsprechend entsteht ein Wohlfahrtsverlust. Durch Einsetzen in die Nettonachfragefunktion oder in die Angebotsfunktion ergibt sich der neue Marktpreis:

$$NE(X) : P(X)^n = 80 - 1,6 \cdot X \tag{7.42}$$
$$P(X)^n = 80 - 1,6 \cdot 19,4 \tag{7.43}$$
$$P(X)^n = 48,96 \tag{7.44}$$
$$AT(X) : P(X) = 10 + 2 \cdot 19,4 \tag{7.45}$$
$$P(X) = 10 + 2 \cdot 19,4 \tag{7.46}$$
$$P(X) = 48,8 \tag{7.47}$$

Die unterschiedlichen Preise ergeben sich aus dem Rundungsunterschied. Die weiteren Überlegungen werden zur Vereinfachung mit dem Preis aus der Angebotsfunktion in Höhe von 48,8 fortgeführt.

Da jeder ausgegebene Euro 80% des Bruttoeinkommens entspricht, sind die restlichen 20% den Steuereinnahmen zuzurechnen. Die Steuer wird auf 19,4 Mengeneinheiten erhoben.

$$P(X) = 48,8 \tag{7.48}$$
$$\frac{48,8}{0,8} = 61 \tag{7.49}$$
$$61 - 48,8 = 12,2 = t \tag{7.50}$$
$$T = t \cdot X^* = 12,2 \cdot 19,4 \tag{7.51}$$
$$T = 236,68 \tag{7.52}$$

Aus der Rechnung wird deutlich, dass die Steuer pro Stück 12,2 € beträgt, so dass sich die gesamten Steuereinnahmen auf 236,68 € summieren.

Die Rechnung führt den grafischen Vergleich zwischen Umsatz- und Einkommensteuer fort. Weil im einen Fall 20% aufgeschlagen werden und im anderen Fall 20% abgezogen werden, sind die Ergebnisse nicht ganz deckungsgleich. Der Abschlag in Höhe von 20% im Falle der Einkommensteuer führt zu einem leicht größeren Steueraufkommen. Wird die Rechnung quasi rückwärts begonnen, indem die Frage in den Vordergrund gestellt wird, wie hoch der Steuersatz sein muss, um ebenfalls ein Steueraufkommen von 200 € zu generieren, so kann die Einkommensteuer so ausgestaltet werden, dass sie zu identischen Einnahmen wie die Umsatzsteuer führt.

Ähnliches gilt auch für den Vergleich von Subventionen mit Transfers. Auf rechnerische Beispiele zu Subventionen und Transfers kann verzichtet werden, da sich die Verfahren nicht unterscheiden. Es müssen nur andere Multiplikatoren angewendet werden.

Im Falle der Subvention für Unternehmen wird auf die Angebotsfunktion statt eines Aufschlags ein Abschlag vorgenommen. Bei einem Transfer wird die Nachfragefunktion nicht mit einem Abschlag, sondern mit einem Aufschlag belegt, weil das verfügbare Einkommen der Individuen steigt.

## Aufgabe 7.4 Subventionen und Transfers
Verwenden Sie die Nachfragefunktion $P(X) = 100 - 2 \cdot X$ und die Angebotsfunktion $P(X) = 10 + 2 \cdot X$ und untersuchen Sie die Wirkung ...

1. einer Subvention für die Unternehmen in Höhe von 20%.
2. eines Transfers an die Konsumenten in Höhe von 20%.

## Aufgabe 7.5 Subventionen und Transfers
Verwenden Sie die Nachfragefunktion $P(X) = 50 - 2 \cdot X$ und die Angebotsfunktion $P(X) = 10 + X$ und untersuchen Sie die Wirkung von...

1. einer Umsatzsteuer für die Unternehmen in Höhe von 10%.
2. einer Einkommensteuer für die Konsumenten in Höhe von 10%.
3. einer Subvention für die Unternehmen in Höhe von 10%.
4. eines Transfers an die Konsumenten in Höhe von 10%.

## 7.3 Von der Individualperspektive zur Marktperspektive

Zwischen den Untersuchungen zum Allgemeinen Gleichgewicht sowie der Konsum- und Produktionstheorie ist noch eine Lücke zu schließen. Zur Bestimmung von Gleichgewichtspreis und Gleichgewichtsmenge wurden aggregierte Funktionen verwendet. Das heißt, dass davon ausgegangen wurde, dass das gesamte Marktangebot und die gesamte Marktnachfrage bekannt sind. Die Lagrange-Berechnungen der Konsum- und Produktionstheorie führten allerdings zu Nachfragefunktionen einzelner Individuen bzw. Faktornachfragefunktionen einzelner Unternehmen. Ebenso wurden im Rahmen der Gewinnmaximierung Angebotsfunktionen (die Grenzkosten der Unternehmen) entwickelt, die sich auf einzelne Unternehmen bezogen. Gegenstand dieses Abschnitts ist daher die Schließung dieser Lücke, indem individuelle Größen zu aggregierten Größen zusammengezählt werden.

Vor der Vorstellung der Herangehensweise mittels eines Zahlenbeispiels ist eine grundsätzliche Überlegung wichtig. Werden individuelle Größen wie beispielsweise zwei individuelle Nachfragefunktionen zusammengezählt, so wird stets **horizontal** aggregiert. Der Unterschied lässt sich leicht an einem Beispiel verdeutlichen:

Die Bezeichnung "horizontal" orientiert sich an der Richtung im Koordinatenkreuz. In einer Abbildung werden zwei Nachfragefunktionen immer entlang der x-Achse - also horizontal - zusammengezählt.

Wird das Gegenteil durchdacht - vertikales aggregieren über die Preisachse - wird schnell klar, warum es mehr Sinn macht, Mengen zusammen zu zählen. Angenommen auf einem Markt befinden sich zwei Nachfrager, von denen jeder bei drei Eiskugeln eine Zahlungsbereitschaft von 0,80 € je Kugel offenbart. Würden diese individuellen Nachfragefunktionen vertikal aggregiert, so entstünde folgende Aussage: Auf dem Markt werden drei Kugeln Eis mit einer Zahlungsbereitschaft von 1,60 € je Kugel nachgefragt. Mehr Sinn macht natürlich die

Aussage der horizontalen Aggregation: Die Marktnachfrage offenbart für sechs Kugeln eine Zahlungsbereitschaft von 0,80 € je Kugel.

**Beispiel 7.5 Horizontales und vertikales Aggregieren**
Vor einer Eisdiele stehen zwei Kunden, die jeweils zwei Kugeln kaufen wollen und für jede der Kugeln eine Zahlungsbereitschaft von 0,80 € je Kugel nennen. Die Gesamtnachfrage bestimmt sich über die Gesamtmenge und nicht über die gesamte Zahlungsbereitschaft.

$$x_A + x_B = 2 + 2 = 4 \tag{7.53}$$
$$zb_A + zb_B = 1,60 + 1,60 = 3,20 \tag{7.54}$$

Die beiden Gleichungen verdeutlichen den Unterschied zwischen horizontaler und vertikaler Aggregation. In der ersten Zeile werden die Mengen auf der *horizontalen* x-Achse addiert. Daraus lässt sich die Aussage treffen, dass bei 0,80 € je Kugel 4 Einheiten nachgefragt werden.

In der folgenden Zeile werden für die jeweils gleiche Menge der 2 Kugeln die Zahlungsbereitschaften addiert. Daraus ergäbe sich die Aussage, dass die Marktnachfrage 2 Kugeln zum Preis von 3,20 € beträgt. Die zuvor getroffene Aussage erscheint also schlüssiger.

Auf einem Markt befindet sich ein Anbieter mit der Angebotsfunktion $P(x) = 3 + x$. Als einziger Anbieter ist seine individuelle Angebotsfunktion identisch mit der Marktangebotsfunktion, so dass sachlich gleichbedeutend auch $P(X) = 3 + X$ formuliert werden kann.

Um Funktionen aggregieren zu können, müssen sie also stets nach $x$ aufgelöst sein. Zur Veranschaulichung der rechnerischen Herangehensweise wird das folgende Zahlenbeispiel verwendet:

**Beispiel 7.6 Zwei Nachfrager und ein Anbieter**
Auf einem Markt befindet sich ein Anbieter mit der Angebotsfunktion $P(x) = 3 + x$. Als einziger Anbieter ist seine individuelle Angebotsfunktion identisch mit der Marktangebotsfunktion, so dass sachlich gleichbedeutend auch $P(X) = 3 + X$ formuliert werden kann.

Dem Anbieter stehen die beiden Nachfrager $A$ und $B$ mit den folgenden individuellen Nachfragefunktionen gegenüber: $P(x_A) = 10 - 5 \cdot x_A$ und $P(x_B) = 10 - 2 \cdot x_B$. Die individuellen Nachfragefunktionen sind nach dem Preis aufgelöst, so dass sie direkt in ein Koordinatenkreuz eingezeichnet werden können. Um sie zur Marktnachfrage aggregieren und dem Marktangebot gegenüber stellen zu können, müssen sie allerdings zuerst nach $x_i$ aufgelöst werden.

## 7.3. INDIVIDUEN UND DER MARKT

$$P(x_A) = 10 - 5 \cdot x_A \tag{7.55}$$
$$5 \cdot x_A = 10 - P(x_A) \tag{7.56}$$
$$x_A = 2 - \frac{1}{5} \cdot P(x_A) \tag{7.57}$$
$$P(x_B) = 10 - 2 \cdot x_B \tag{7.58}$$
$$2 \cdot x_B = 10 - P(x_B) \tag{7.59}$$
$$x_B = 5 - \frac{1}{2} \cdot P(x_B) \tag{7.60}$$

Die insgesamt am Markt nachgefragte Menge wird aus der Summe der individuell nachgefragten Mengen ermittelt. Da beide Individuen zum selben Gleichgewichtspreis nachfragen, wird in den folgenden Rechnungen auf die Klammern nach den Preisen verzichtet.

$$X = x_A + x_B \tag{7.61}$$
$$X = 2 - \frac{1}{5} \cdot P + 5 - \frac{1}{2} \cdot P \tag{7.62}$$
$$X = 2 - \frac{2}{10} \cdot P + 5 - \frac{5}{10} \cdot P \tag{7.63}$$
$$X = 7 - \frac{7}{10} \cdot P \tag{7.64}$$
$$\frac{7}{10} \cdot P = 7 - X \tag{7.65}$$
$$P(X) = 10 - \frac{10}{7} \cdot X \tag{7.66}$$

Die vorliegende Marktnachfrage kann nun nach der Grundregel des Allgemeinen Gleichgewichts dem Marktangebot gegenüber gestellt werden.

$$AT(X) = NE(X) \tag{7.67}$$
$$10 - \frac{10}{7} \cdot X = 3 + X \tag{7.68}$$
$$7 = \frac{17}{7} \cdot X \tag{7.69}$$
$$X^* = \frac{49}{17} \tag{7.70}$$

Die bestimmte Gleichgewichtsmenge kann nun entweder in die Marktnachfrage oder ins Marktangebot eingesetzt werden, um den Gleichgewichtspreis zu finden. Davon ausgehend müssen noch die individuell nachgefragten Mengen bestimmt werden.

$$AT(X) : P(X) = 3 + X \tag{7.71}$$

$$P(X) = 3 + \frac{49}{17} \tag{7.72}$$

$$P(X) = \frac{51}{17} + \frac{49}{17} = \frac{100}{17} \tag{7.73}$$

$$x_A = 2 - \frac{1}{5} \cdot P(x_A) \tag{7.74}$$

$$x_A = 2 - \frac{1}{5} \cdot \frac{100}{17} \tag{7.75}$$

$$x_A = \frac{34}{17} - \frac{20}{17} = \frac{14}{17} \tag{7.76}$$

$$x_B = 5 - \frac{1}{2} \cdot P(x_B) \tag{7.77}$$

$$x_B = 5 - \frac{1}{2} \frac{100}{17} \tag{7.78}$$

$$x_B = \frac{85}{17} - \frac{50}{17} = \frac{35}{17} \tag{7.79}$$

**Aufgabe 7.6 Zwei Nachfrager und ein Anbieter**
Verwenden Sie die individuellen Nachfragefunktionen $P(x_A) = 20 - 2 \cdot x_A$ und $P(x_B) = 20 - x_B$ sowie die Angebotsfunktion $P(X) = 3 + X$ und bestimmen Sie die Marktnachfrage, die Gleichgewichtsmenge, den Gleichgewichtspreis sowie die individuell nachgefragten Mengen beim Marktgleichgewicht.

**Aufgabe 7.7 Drei Nachfrager und ein Anbieter**
Verwenden Sie die individuellen Nachfragefunktionen $P(x_A) = 20 - 2 \cdot x_A$, $P(x_B) = 20 - x_B$ und $P(x_C) = 20 - x_C$ sowie die Angebotsfunktion $P(X) = 3 + X$ und bestimmen Sie die Marktnachfrage, die Gleichgewichtsmenge, den Gleichgewichtspreis sowie die individuell nachgefragten Mengen im Marktgleichgewicht.

**Aufgabe 7.8 Ein Nachfrager und zwei Anbieter**
Verwenden Sie die Nachfragefunktion $P(X) = 100 - X$ und die beiden individuellen Angebotsfunktionen $P(x_A) = 3 + x_A$ sowie $P(x_B) = 3 + 2 \cdot x_B$ und bestimmen Sie die Marktnachfrage, die Gleichgewichtsmenge, den Gleichgewichtspreis sowie die individuell nachgefragten Mengen im Marktgleichgewicht.

Bei den bisher verwendeten Funktionstypen handelt es sich in einer Hinsicht um Vereinfachungen, da innerhalb der Beispielrechnungen und Aufgaben die individuellen Funktionen immer durch dieselben Achsenabschnitte charakterisiert sind. Dies muss nicht immer so sein und lässt sich mittels der Nachfragefunktion leicht veranschaulichen.

In der Nachfragefunktion wird der Abschnitt an der Preisachse auch als Reservationspreis oder Prohibitivpreis bezeichnet. Damit ist derjenige Preis gemeint, der wenigstens geringfügig unterschritten werden muss, bevor Individuen an einem Markt Nachfrage entwickeln. Angenommen die Individuen $A$ und $B$ hätten unterschiedliche Reservationspreise in Höhe von 20 und 10, so könnte Individuum $A$ bereits bei Preisen knapp unter 20 nachfragen, während eine gemeinsame Nachfrage mit Individuum $B$ erst ab Preisen gleich und unter 10 möglich wä-

## 7.3. INDIVIDUEN UND DER MARKT

re. Ähnlich gestaltet sich dann auch die Nachfragefunktion. In der Preisregion über 10 fragt einzig Individuum $A$ nach, so dass die Marktnachfrage hier mit der individuellen Nachfrage von $A$ identisch ist. Eine Marktnachfrage aus dem Aggregat von $A$ und $B$ wird erst ab Preisen von 10 und darunter relevant. Die kombinierte Nachfragefunktion entspricht grafisch dann keiner Geraden mehr, da sie auf dem Preisniveau von 10 einen Knick macht, der durch unterschiedliche Preise (Steigungen) unter- und oberhalb verursacht wird.

**Beispiel 7.7 Zwei Nachfrager mit unterschiedlichen Reservationspreisen und ein Anbieter**
Im Vergleich zum vorherigen Beispiel wird nur der Reservationspreis von Individuum $B$ heraufgesetzt, so dass die beiden Nachfragefunktionen $P(x_A) = 10 - 5 \cdot x_A$ und $P(x_B) = 20 - 2 \cdot x_B$ einer Angebotsfunktion von $P(X) = 3 + X$ gegenüber stehen.

Oberhalb eines Preisniveaus von 10 fragt nur Person $B$ nach. Bei Preisen von 10 und darunter wird eine aggregierte (Teil-)Nachfragefunktion gebildet.

$$P(x_A) = 10 - 5 \cdot x_A \tag{7.80}$$
$$5 \cdot x_A = 10 - P(x_A) \tag{7.81}$$
$$x_A = 2 - \frac{1}{5} \cdot P(x_A) \tag{7.82}$$
$$P(x_B) = 20 - 2 \cdot x_B \tag{7.83}$$
$$2 \cdot x_B = 20 - P(x_B) \tag{7.84}$$
$$x_B = 10 - \frac{1}{2} \cdot P(x_B) \tag{7.85}$$
$$X = x_A + x_B \tag{7.86}$$
$$X = 2 - \frac{1}{5} \cdot P + 10 - \frac{1}{2} \cdot P \tag{7.87}$$
$$X = 2 - \frac{2}{10} \cdot P + 10 - \frac{5}{10} \cdot P \tag{7.88}$$
$$X = 12 - \frac{7}{10} \cdot P \tag{7.89}$$
$$\frac{7}{10} \cdot P = 12 - X \tag{7.90}$$
$$P(X) = \frac{120}{7} - \frac{10}{7} \cdot X \tag{7.91}$$

Die vorliegende Funktion beschreibt nur den unteren Teil der Marktnachfrage. Formal richtig ist es, die Marktnachfrage abschnittsweise zu definieren.

$$P(X) = \begin{cases} 20 - 2 \cdot X & \forall \quad 10 < P \leq 20 \\ \frac{120}{7} - \frac{10}{7} \cdot X & \forall \quad 0 \leq P \leq 10 \end{cases} \tag{7.92}$$

Im nächsten Schritt muss die Marktnachfrage dem Marktangebot gegenüber gestellt werden. Die Marktnachfrage ist jedoch über zwei Abschnitte definiert, von denen nur eine Funktionsgleichung zu sinnvollen Ergebnissen führt. Kann nicht durch Erfahrungswerte mit dem Funktionstyp abgeschätzt werden, in welcher Region der abschnittsweise definierten Nachfrage das Allgemeine Gleichgewicht liegt, müssen sukzessiv beide Funktionen verwendet werden. Die Lösung einer der beiden Funktionen wird dann zu sinnlosen Ergebnissen führen und kann ausgeschlossen werden.

Ein sinnloses Ergebnis wäre beispielsweise gegeben, wenn der obere Bereich der Marktnachfrage verwendet wird und nach der Gegenüberstellung mit dem Marktangebot ein Gleichgewichtspreis von 10 oder darunter bestimmt wird. Der obere Bereich der Nachfragefunktion ist nur für Preise oberhalb von 10 definiert. Wird hier ein geringerer Preis ermittelt, so ist direkt klar, dass die Lösung im unteren Bereich liegen muss und die Funktion $P(X) = \frac{120}{7} - \frac{10}{7} \cdot X$ verwendet werden sollte. Besteht bei eigenständigen Berechnungen Unsicherheit, sollten immer beide Rechenwege verfolgt und am Ende deren Ergebnisse verglichen und auf Sinnhaftigkeit überprüft werden. Zur Veranschaulichung der Herangehensweise wird das Beispiel mit dem oberen Abschnitt der Nachfragefunktion begonnen.

$$AT(X) = NE(X) \tag{7.93}$$
$$20 - 2 \cdot X = 3 + X \tag{7.94}$$
$$17 = 3 \cdot X \tag{7.95}$$
$$X^* = \frac{17}{3} \tag{7.96}$$
$$AT(X) : P(X) = 3 + X \tag{7.97}$$
$$P(X) = 3 + \frac{17}{3} = \frac{26}{3} < 10 \tag{7.98}$$

Die Verwendung des oberen Abschnitts der Nachfragefunktion führt zu einem Gleichgewichtspreis unter 10, der außerhalb des Definitionsbereichs liegt. Folglich sollten die bestimmten Ergebnisse verworfen und die Berechnung im unteren Bereich der Nachfragefunktion neu aufgenommen werden:

$$AT(X) = NE(X) \tag{7.99}$$
$$\frac{120}{7} - \frac{10}{7} \cdot X = 3 + X \tag{7.100}$$
$$\frac{99}{7} = \frac{17}{7} \cdot X \tag{7.101}$$
$$X^* = \frac{99}{17} \tag{7.102}$$
$$AT(X) : P(X) = 3 + X \tag{7.103}$$
$$P(X) = 3 + \frac{99}{17} = \frac{150}{17} < 10 \tag{7.104}$$

Der nunmehr bestimmte Gleichgewichtspreis liegt im Definitionsbereich, so dass nur noch die Berechnung der individuell nachgefragten Mengen verbleibt.

## 7.3. INDIVIDUEN UND DER MARKT

$$x_A = 2 - \frac{1}{5} \cdot P(x_A) \tag{7.105}$$

$$x_A = 2 - \frac{1}{5} \cdot \frac{150}{17} \tag{7.106}$$

$$x_A = \frac{34}{17} - \frac{30}{17} = \frac{4}{17} \tag{7.107}$$

$$x_B = 10 - \frac{1}{2} \cdot P(x_B) \tag{7.108}$$

$$x_B = 10 - \frac{1}{2} \frac{150}{17} \tag{7.109}$$

$$x_B = \frac{170}{17} - \frac{75}{17} = \frac{95}{17} \tag{7.110}$$

**Aufgabe 7.9 Zwei Nachfrager mit unterschiedlichen Reservationspreisen und ein Anbieter**
Verwenden Sie die individuellen Nachfragefunktionen $P(x_A) = 20 - 2 \cdot x_A$ und $P(x_B) = 40 - x_B$ sowie die Angebotsfunktion $P(X) = 3 + X$ und bestimmen Sie die Marktnachfrage, die Gleichgewichtsmenge, den Gleichgewichtspreis sowie die individuell nachgefragten Mengen beim Marktgleichgewicht.

# Kapitel 8

# Wettbewerbstheorie

Im Alltagsleben nehmen wir als Kunden auf Märkten Wettbewerb meistens durch die Anzahl der anbietenden Unternehmen war. Dass eine derartige Bewertung aus ökonomischer Perspektive nicht ganz ausreichend ist, wird intuitiv leicht deutlich, wenn ein paar realwirtschaftliche Entwicklungen genauer nachvollzogen werden.

Auf dem Markt für mobile Telekommunikation oder Breitbandinternet gibt es nur eine geringe Anzahl an Wettbewerbern (plusminus vier). Ebenso gibt es auf dem deutschen Strommarkt auch nur vier große Anbieter. Während die Preise für Energie stetig und signifikant steigen, ist Telekommunikation heute so günstig wie nie zuvor. Eine geringe Anzahl an Anbietern allein ist also genau so wenig ein Indiz für die Abwesenheit von Wettbewerb, wie eine große Anzahl an Marktteilnehmern starken Konkurrenzdruck sicher stellen kann. Die 12 Mitgliedsstaaten der OPEC befinden sich möglicherweise in weniger wettbewerblichen Bedingungen als die Deutsche Bahn dem - auf den meisten Strecken - einzigen Anbieter von Personenbeförderung in Deutschland.

Anhand der Deutschen Bahn lässt sich sogar ein weiteres wettbewerbliches Element vorstellen. Selbst ein Unternehmen, das als einziger Anbieter auf einem Markt aktiv ist, muss nicht notwendigerweise die Produzentenrente eines Monopolisten erreichen. Selbst wenn die Deutsche Bahn nicht an eine staatliche Zustimmungspflicht für Fahrpreiserhöhungen gebunden wäre, könnte sie nicht beliebig die Preise erhöhen. Bei zu starken Preiserhöhungen würde es möglicherweise für andere Anbieter möglich, mit der Bahn in Wettbewerb zu treten.

Die Obergrenze für mögliche Preiserhöhungen durch einen Monopolisten in der derartigen Situation ist durch die Preisuntergrenze seiner potentiellen Wettbewerber gegeben. Allein die Drohung dieser potentiellen Wettbewerber, am Markt aktiv zu werden, kann dafür sorgen, dass nahezu wettbewerbliche Bedingungen auf einem Markt herrschen, obwohl nur ein einziges Unternehmen anbietet.

Hinter der Wettbewerbstheorie stehen also Überlegungen zur Preis- und Kostenstruktur sowie zu den marktlichen Rahmenbedingungen. Um Unterschiede zwischen verschiedenen Wettbewerbssituationen deutlich machen zu können, werden zu jeder Wettbewerbsform je zwei Zahlenbeispiele (einmal mit identischen

Grenzkosten der Unternehmen und einmal mit unterschiedlichen Grenzkosten) vorgerechnet. Einführend werden die beiden Extreme Vollkommener Wettbewerb und Monopol gegenüber gestellt, um daran die Ergebnisse der anderen Wettbewerbsordnungen orientieren zu können. Zuvor soll die folgende Tabelle noch zur Veranschaulichung der verschiedenen Wettbewerbsformen dienen:

Tabelle 8.1: Wettbewerbsformen

|  | ein Nachfrager | wenige Nachfrager | viele Nachfrager |
|---|---|---|---|
| ein Anbieter | bilaterales Monopol | - | Monopol |
| wenige Anbieter | - | bilaterales Oligopol | Oligopol |
| viele Anbieter | Monopson | Oligopson | Vollkommener Wettbewerb |

Tabelle 8.1 veranschaulicht die verschiedenen Wettbewerbsformen. Die Analyse der folgenden Abschnitte wird sich insbesondere an der letzten Spalte der Tabelle orientieren. Eine erneute Beschreibung der unteren Zeile ist dann nur noch bei Besonderheiten notwendig, da sich beispielsweise die Herangehensweise zur Untersuchung eines Marktes mit vielen Nachfragern und einem Anbieter (Monopol) spiegelbildlich auf einen Markt mit einem Nachfrager und vielen Anbietern (Monopol) übertragen lässt.

## 8.1 Vollkommener Wettbewerb

Der Idealtyp einer wettbewerblichen Marktordnung wird mit dem Begriff **Vollkommener Wettbewerb** oder Vollkommene Konkurrenz bezeichnet. In dieser Wettbewerbsform stehen viele Nachfrager vielen Anbietern gegenüber. Diese Situation führt dazu, dass alle Marktteilnehmer sich am Gleichgewichtspreis und an der Gleichgewichtsmenge orientieren müssen.

Ein einzelner Anbieter würde scheitern, falls er versuchen würde, höhere Preise als den Gleichgewichtspreis durchzusetzen. Seine ehemaligen Nachfrager wüssten aufgrund der bestehenden Informationseffizienz über die Preise anderer Anbieter Bescheid und würden ihre Nachfrage bei den anderen Anbietern zum günstigeren $P^*$ decken.

Ein einzelner Nachfrager kann auch keinen Druck auf Anbieter ausüben, Preise unter $P^*$ zu senken. Würde ein Anbieter mit einer derartigen Forderung eines Nachfragers konfrontiert, könnte er sich an eine Reihe anderer Nachfrager wenden, die zum höheren $P^*$ einkaufen würden.

Die Konsequenzen der Argumentation fließen zum Teil in die vorgestellten Modelle ein. In allen Anwendungen des Lagrange-Verfahrens wird eine Optimalitätsbedingung aus den partiellen Ableitungen der Lagrange-Funktion gebildet. Zum Beispiel wird bei der Nutzenmaximierung das Verhältnis der Grenznutzen - also die individuelle Tauschbereitschaft - dem Verhältnis der Marktpreise - den marktlichen Tauschmöglichkeiten gegenüber gestellt. Dabei wird Wettbewerb zwischen den Unternehmen unterstellt bzw. das einzelne Individuum als klein gegenüber dem Markt betrachtet. Es muss seine individuelle Nachfrageentscheidung an den Gegebenheiten des Marktes orientieren.

Welche Auswirkungen ergeben sich daraus für die Gewinnmaximierung der Unternehmen? Das übliche Gewinnmaximierungskalkül bestimmt den Gewinn, indem der Umsatz um die anfallenden Kosten gemindert wird. Die gewinnoptimale Menge ergibt sich im Gleichgewicht von Grenzumsatz mit den Grenzkosten nach der folgenden Regel.

$$MR(X) \stackrel{!}{=} MC(X) \qquad (8.1)$$

Wie zuvor geschildert, ist jedoch die Marktmacht des einzelnen Individuums bei vollkommenem Wettbewerb verschwindend gering. Ein einzelnes Unternehmen hat keine Möglichkeit, den Marktpreis zu beeinflussen und muss diesen als gegeben akzeptieren. Dies wirkt sich auf den Grenzumsatz $MR(X)$ aus. Der Umsatz der nächsten verkaufbaren Einheit $x_i$ einer Firma $i$ ist mit dem Grenzumsatz identisch. Im Vollkommenen Wettbewerb gilt also:

$$MR(X) = P \qquad (8.2)$$
$$P \stackrel{!}{=} MC(X) \qquad (8.3)$$

Der Marktpreis entspricht den Grenzkosten der anbietenden Firmen. Dabei ist wie bei der Analyse des Allgemeinen Gleichgewichts wichtig, Marktgrößen mit großen Buchstaben wie $X$ oder $P$ von individuellen oder unternehmensspezifischen Größen mit kleinen Buchstaben wie $x_i$ zu unterscheiden. Zur Veranschaulichung der Herangehensweise und zum Vergleich mit anderen Wettbewerbsformen, wird mit dem folgenden Zahlenbeispiel das Marktgleichgewicht und die Auswirkungen für die einzelnen Marktteilnehmer bestimmt:

**Beispiel 8.1 Vollkommener Wettbewerb**
Die Marktnachfrage eines Wettbewerbsmarktes lasse sich mit der folgenden Nachfragefunktion beschreiben: $P(X) = 30 - X$. Dort anbietende Unternehmen seien identisch und müssten folgende Kostenfunktion $C(x_i) = 3 \cdot x_i$ aufwenden. Die Gleichgewichtsmenge ergibt sich aus der Summe aller individuell produzierten Mengen $X = x_A + x_B$. Das Marktgleichgewicht wird dann nach der Regel "Preis gleich Grenzkosten" gefunden.

$$C(x_i) = 3 \cdot x_i \qquad (8.4)$$
$$MC(x_i) = \frac{\partial C(x_i)}{x_i} = 3 \qquad (8.5)$$
$$P(X) \stackrel{!}{=} MC(X) \qquad (8.6)$$
$$30 - X = 3 \qquad (8.7)$$
$$X^* = 27 \qquad (8.8)$$
$$P^*(X) = 3 \qquad (8.9)$$

Da die Unternehmen zu Grenzkostenpreisen verkaufen, machen sie im Vollkommenen Wettbewerb keine Gewinne ($\Pi_i = 0$). Die individuell angebotene Menge

## 8.2. MONOPOL

ergibt sich, indem die Gesamtmenge $X^*$ durch die Anzahl der Unternehmen geteilt wird.

**Aufgabe 8.1 Vollkommener Wettbewerb**
Die Marktnachfrage eines Wettbewerbsmarktes lasse sich mit der folgenden Nachfragefunktion beschreiben: $P(X) = 50 - 2 \cdot X$. Dort anbietende Unternehmen seien identisch und müssten folgende Kostenfunktion $C(x_i) = 5 \cdot x_i$ aufwenden. Bestimmen Sie die Gleichgewichtsmenge, den Gleichgewichtspreis, die Gewinne und die Mengen, die die einzelnen Unternehmen in diesem Markt anbieten.

## 8.2 Monopol

Die Analyse der Vollkommenen Konkurrenz modellierte eine Situation, in der vielen Nachfragern auch viele Anbieter gegenüber stehen. Im anderen Extrem des Monopols steht den vielen Nachfragen nur ein Anbieter zur Verfügung. Da es im Monopol nur einen Anbieter gibt, fallen individuelles Angebot und Marktangebot zusammen.

Umgangssprachliche Formulierungen in Bezug auf den Monopolisten können manchmal zu Missverständnissen führen. Natürlich hat der Monopolist im Vergleich zu Wettbewerbsunternehmen eine sehr große Marktmacht. Dennoch ist es nicht so, dass er Preis und Menge frei auswählen kann. Im Gegenteil ist er an die vorliegende Marktnachfrage gebunden. Allerdings kann er sich einen Punkt auf der Nachfragefunktion auswählen und somit wenigstens entweder Preis oder Menge bestimmen. Der jeweils andere Achsenabschnitt ergibt sich aus der Nachfrage.

Formal ist der Monopolist nicht an die Regel "Preis gleich Grenzkosten" gebunden. Wird zum Vergleich mit den Ergebnissen im Vollkommenen Wettbewerb eine identische Nachfragefunktion und identische Kosten verwendet, kann der Monopolist wie gewohnt die (für ihn) optimale Menge bestimmen.

**Beispiel 8.2 Monopol**
Weiterhin wird die Nachfrage $P(X) = 30 - X$ verwendet. Der Monopolist habe Kosten in Höhe von $C(x_i) = 3 \cdot x_i = 3 \cdot X$.

$$\Pi(X) = R(X) - C(X) \tag{8.10}$$

$$\Pi(X) = P(X) \cdot X - C(X) \tag{8.11}$$

$$\Pi(X) = (30 - X) \cdot X - 3 \cdot X \tag{8.12}$$

$$\Pi(X) = 27 \cdot X - X^2 \tag{8.13}$$

$$\frac{\Pi(X)}{X} = 27 - 2 \cdot X \stackrel{!}{=} 0 \tag{8.14}$$

$$2 \cdot X = 27 \tag{8.15}$$

$$X^M = \frac{27}{2} \tag{8.16}$$

$$P^M(X) = 30 - X = 30 - \frac{27}{2} = \frac{33}{2} \tag{8.17}$$

Die Menge, die für den Monopolisten optimal wäre, sowie der dazugehörige Preis sind mit einem $M$ gekennzeichnet, um sie vom wettbewerblichen Optimum $X^*$ bzw. $P^*$ zu unterscheiden. Der Vergleich zur Wettbewerbssituation zeigt erwartungsgemäß einen höheren Preis und eine niedrigere Menge. Der Monopolist erwirtschaftet Gewinne, wie die folgende Berechnung zeigt:

$$\Pi(X) = P^M(X) \cdot X^M - C(X^M) \tag{8.18}$$

$$\Pi(X) = \frac{33}{2} \cdot \frac{27}{2} - 3 \cdot \frac{27}{2} = \frac{27}{2} \cdot \frac{27}{2} = \frac{27^2}{2^2} \tag{8.19}$$

**Aufgabe 8.2 Monopol**
Verwenden Sie die Marktnachfrage: $P(X) = 50 - 2 \cdot X$ und die Kostenfunktion $C(X) = 5 \cdot X$, um für einen Monopolisten die Gleichgewichtsmenge, den Gleichgewichtspreis und den Gewinn zu bestimmen.

## 8.3 Kartell

Aus der Einleitung des Kapitels wurde deutlich, dass die Bezeichnung *Oligopol* eine Reihe von Wettbewerbsformen zusammenfasst. So scheinen die wettbewerblichen Rahmenbedingungen auf dem Telekommunikationsmarkt von den Bedingungen auf Energiemärkten verschieden zu sein. Eine geringe Anzahl an Anbietern kann trotzdem zu unterschiedlichen Wirkungen auf das Preis-Mengen-Gleichgewicht sowie hinsichtlich Wohlfahrt und Renten führen.

Das Kartell bezeichnet das erste Oligopolmodell, in dem sich die (wenigen) Kartellmitglieder gemeinsam wie ein Monopolist verhalten. Sie folgen dabei der Logik, dass als Gegenpol zum Vollkommenen Wettbewerb der Monopolist die größtmöglichen Gewinne anstrebt, die ein Unternehmen aus der unveränderlichen Nachfragefunktion erzielen kann. Die Mitglieder eines Kartells teilen quasi diese größtmöglichen Gewinne untereinander auf. Sie sind aber darauf angewiesen, dass sich einzelne Mitglieder an Absprachen halten.

Worin besteht formal der Unterschied zwischen Monopol und Kartell? Die monopolistisch optimale Menge, welche in Gleichung (8.16) ermittelt wurde, wird nun unter den Kartellmitgliedern aufgeteilt. Im einfachsten Fall von zwei identischen Mitgliedern $A$ und $B$ bietet jedes Kartellmitglied die Hälfte der Menge an:

$$X^M = \frac{27}{2} \tag{8.20}$$

$$\frac{X^M}{2} = x_A = x_B = \frac{27}{4} \tag{8.21}$$

Der Preis in diesem Kartell ist mit dem monopolistischen Preis identisch. Da bei diesem identischen Preis, von jedem Unternehmen die Hälfte der Menge angeboten wird, erzielen beiden Kartellmitglieder jeweils die Hälfte der monopolistischen Gewinne $\frac{27^2}{8}$. Alternativ und zur Probe können die Gewinne auch über die Gewinnfunktion der Kartellmitglieder bestimmt werden:

$$\Pi(X) = P^M(X) \cdot x_A - C(x_A) \tag{8.22}$$

$$\Pi(X) = \frac{33}{2} \cdot \frac{27}{4} - 3 \cdot \frac{27}{4} = \frac{27}{2} \cdot \frac{27}{4} = \frac{27^2}{8} \tag{8.23}$$

**Aufgabe 8.3 Kartell**
Verwenden Sie die Marktnachfrage: $P(X) = 50 - 2 \cdot X$ und die Kostenfunktion $C(x_i) = 5 \cdot x_i$, um für ein Kartell die Gleichgewichtsmenge, den Gleichgewichtspreis sowie die Gewinne und Mengen der einzelnen Kartellmitglieder zu bestimmen.

Nicht ganz so einfach ist die Analyse eines Kartells, in dem die Mitglieder unterschiedliche Grenzkosten aufweisen. Dann können sich zwei grundsätzlich verschiedene Wettbewerbsformen entwickeln:

1. Das Kartell bleibt stabil und die Unternehmen halten sich trotz unterschiedlicher Kostenstrukturen an den abgesprochenen monopolistischen Preis.

2. Das Kartell wird instabil, weil sich beide Unternehmen gegenseitig unterbieten.

Aus dem ersten Fall ergeben sich zwei theoretische Ausprägungen, die sich am leichtesten in Anlehnung an das Beispiel eines Unternehmens mit mehreren Produktionsstandorten nachvollziehen lassen. Bei unterschiedlichen Produktionskosten dieser beiden Standorte wird die Firma entscheiden, ob die gesamte Produktion auf den günstigeren Standort verlagert wird, oder ob weiterhin beide Standorte die Hälfte der optimalen Menge produzieren.

Natürlich ist durch die Gewinnmaximierung eine Konzentration am günstigeren Standort sinnvoll. Allerdings kann die Firma in einer langfristigen Perspektive möglicherweise erwarten, dass sich der Markt verändert, und möchte durch eine Nutzung des teureren Standortes für die Hälfte der Produktion sicher stellen, dass künftig weitere Produktionskapazität zur Verfügung steht. Werden wieder zwei separate Unternehmen betrachtet, kann es gute Gründe wie zum Beispiel die Außenwahrnehmung geben, warum ein Unternehmen nicht akzeptieren möchte, seine Hälfte der optimal zu produzierenden Menge an das andere Kartellmitglied auszulagern.

Die erste der beiden Lösungen ist rechnerisch leicht nachvollziehbar, weil durch eine mögliche Kostensteigerung bei Unternehmen $B$ nur dessen produzierte Menge auf $A$ verlagert wird, der weiterhin zu identischen Grenzkosten produzieren kann. Damit diese Lösung stabil bleibt, muss dann $A$ die Hälfte der erwirtschafteten Gewinne an Unternehmen $B$ abgeben oder $B$ die Hälfte der produzierten Menge zu Selbstkosten überlassen.

Angenommen im Vergleich zum vorherigen Beispiel steigen die Kosten von Unternehmen $B$ auf $C(x_B) = 6 \cdot x_B$, so wird die insgesamt zu produzierende monopolistische Menge weiterhin wie zuvor ermittelt. Es werden $X^M = \frac{27}{2}$ produziert, die zu einem Preis von $P^M(X) = \frac{33}{2}$ verkauft werden. Wird von jedem Unternehmen die Hälfte der Menge produziert, so wirkt sich die Kostenänderung bei Unternehmen $B$ auch nur auf dessen Gewinn aus:

$$\Pi_A(X) = P^M(X) \cdot x_A - C(x_A) \tag{8.24}$$

$$\Pi_A(X) = \frac{33}{2} \cdot \frac{27}{4} - 3 \cdot \frac{27}{4} = \frac{27}{2} \cdot \frac{27}{4} = \frac{729}{8} \tag{8.25}$$

$$\Pi_B(X) = P^M(X) \cdot x_B - C(x_B) \tag{8.26}$$

$$\Pi_B(X) = \frac{33}{2} \cdot \frac{27}{4} - 6 \cdot \frac{27}{4} = \frac{21}{2} \cdot \frac{27}{4} = \frac{567}{8} \tag{8.27}$$

Im Vergleich zur anderen Variante eines stabilen Kartells entsteht in dieser Version eine geringere Wohlfahrt. Die Konsumentenrente ist in beiden Fällen identisch, weil in beiden Fällen dieselbe Menge zum selben Preis verkauft wird. Die Gewinne von Unternehmen $A$ sind identisch und die Gewinne von Unternehmen $B$ sind gesunken, so dass die Unternehmen insgesamt weniger Gewinn und auch eine geringere Rente erwirtschaften.

## 8.4 Bertrand-Wettbewerb

Die zweite Möglichkeit eines instabil werdenden Kartells wird erst in diesem Abschnitt aufgegriffen, weil sie in Bertrand-Wettbewerb mündet. Unter Bertrand-Wettbewerb wird eine Situation verstanden, in der die Unternehmen gegenseitig ihre Preise unterbieten. Angenommen, der Marktpreis sei $\frac{33}{2}$ und jedes Mitglied eines Kartells produziere eine Menge von $\frac{27}{4}$, dann besteht ein Anreiz für Unternehmen $A$, das Unternehmen $B$ preislich zu unterbieten. Bei einem geringeren Preis von beispielsweise $\frac{32}{2}$ würden sich alle Nachfrager an Unternehmen $B$ wenden. Unternehmen $A$ ginge weiterhin mit $P = \frac{33}{2}$ auf den Markt und würde keine Abnehmer mehr finden. Das Angebot wird vollständig durch $B$ bereit gestellt.

Aus individueller Sicht hat eine Umverteilung stattgefunden, die aber insgesamt betrachtet kein *Nullsummenspiel* ist. Anhand der Nachfragefunktion lässt sich zeigen, dass der geringere Preis zu einer insgesamt größeren verkauften Menge führt. Der Mengenzuwachs kompensiert allerdings nicht vollständig die Preisreduzierung. Der Gewinn, der insgesamt durch alle Unternehmen erzielt wird, ist im Vergleich zu zuvor geringer geworden. (Andernfalls könnte der zuvor bestimmte Preis nicht der optimale Monopolpreis sein.)

Wird nun wiederum $A$ das Unternehmen $B$ unterbieten, so muss erneut ein geringerer Preis gesetzt werden und nochmals sinken die insgesamt erzielbaren Gewinne. Diese Abwärtsspirale des Preiswettbewerbs endet dann, wenn die Anreize eines Unternehmens entfallen, das andere zu unterbieten. Werden die Grenzkosten eines Unternehmens erreicht, würde eine weitere Reduktion des Preises dazu führen, dass das Unternehmen für die nächste verkaufte Einheit weniger einnimmt, als es zu deren Produktion ausgibt. Auf diesem Preisniveau kommt der Unterbietungswettbewerb zum Stillstand.

Folglich gibt es nach Bertrand-Wettbewerb zwei mögliche Situationen:

1. Auf dem Markt bleiben mehrere Unternehmen als Anbieter übrig, die alle zum selben Preis anbieten, weil sie identische Grenzkosten haben.

## 8.4. BERTRAND-WETTBEWERB

2. Auf dem Markt bleibt nur ein Unternehmen übrig, weil es durch günstigere Grenzkosten in der Lage ist, das andere Unternehmen aus dem Markt zu drängen.

Im ersten Fall ist der Bertrand-Wettbewerb kaum vom Vollkommenen Wettbewerb zu unterscheiden. Der Marktpreis entspricht den Grenzkosten, die Unternehmen teilen sich die insgesamt produzierte Menge und machen keinen Gewinn.

Im zweiten Fall kann sich das verbleibende Unternehmen nur bedingt mit einem Monopolisten vergleichen. Hat Unternehmen $A$ Grenzkosten von 3 und Unternehmen $B$ Grenzkosten von 6, so endet der Unterbietungswettbewerb bei einem Preis knapp unter 6. Bei Zahlenbeispielen und Übungsaufgaben wird zur Vereinfachung nicht mit einem Preis knapp unter den Grenzkosten (hier zum Beispiel 5,99), sondern mit exakt den Grenzkosten gerechnet.

Im durchgängigen Zahlenbeispiel der Wettbewerbstheorie mit der Nachfragefunktion $P(X) = 30 - X$ und den Kosten $C(x_A) = 3 \cdot x_A$ bzw. $C(x_B) = 6 \cdot x_B$ ergibt sich dann ein Preis von 6, bei dem nur Unternehmen $A$ mit Gewinnen anbieten kann. Unter dieser Annahme ergibt sich folgendes Marktgleichgewicht:

$$P^B = max\{MC(x_A); MC(x_B)\} = 6 \qquad (8.28)$$
$$x_B = 0 \qquad (8.29)$$
$$6 = P(X) = 30 - X \qquad (8.30)$$
$$X^B = 24 = x_A \qquad (8.31)$$
$$\Pi_B(X) = 0 \qquad (8.32)$$
$$\Pi_A(X) = P^B \cdot x_A - C(x_A) \qquad (8.33)$$
$$\Pi_A(X) = 6 \cdot 24 - 3 \cdot 24 = 3 \cdot 24 = 72 \qquad (8.34)$$

Gleichung (8.28) beschreibt formal die Auswahl des Marktpreises aus den höheren Grenzkosten mittels der Maximumfunktion. Da Unternehmen $A$ als alleiniger Anbieter auf dem Markt verbleibt, bestimmt Gleichung (8.29) Null für die Menge, die von Unternehmen $B$ angeboten wird. Der Preis wird danach in die Nachfragefunktion eingesetzt, um die Gleichgewichtsmenge zu finden. Diese beträgt 24 Einheiten und wird nur durch Unternehmen $A$ hergestellt.

Die Gewinne der Unternehmen werden dann in den Gleichungen (8.32) bis (8.34) ermittelt. Unternehmen $B$ kann ohne Produktion keine Gewinne erzielen. Unternehmen $A$ erwirtschaftet Gewinne in Höhe von 72. Wird dieser Wert mit den Gewinnen eines stabilen Kartells verglichen, zeigen sich für beide Unternehmen geringere Gewinne. Daraus folgt, dass im Bertrand-Wettbewerb Unternehmen schlechter gestellt werden, während Konsumenten besser gestellt werden.

**Aufgabe 8.4 Bertrand-Wettbewerb**
Verwenden Sie die Marktnachfrage: $P(X) = 50 - 2 \cdot X$ und die Kostenfunktionen $C(x_A) = 5 \cdot x_A$ sowie $C(x_B) = 10 \cdot x_B$, um für Bertrand-Wettbewerb die Gleichgewichtsmenge, den Gleichgewichtspreis sowie die Gewinne und Mengen der einzelnen Unternehmen zu bestimmen.

## 8.5 Cournot-Wettbewerb

Statt über Preise können Unternehmen auch über die am Markt abgesetzte Menge in Wettbewerb treten. Wird das Gleichgewicht auf einem Markt so gebildet, dass angebotene und nachgefragte Menge zum Ausgleich gebracht werden und so der Gleichgewichtspreis gefunden wird, lässt sich leicht nachvollziehen, wie die individuell angebotenen Mengen über das Marktangebot auf den Gleichgewichtspreis wirken.

$$
\begin{align}
X &= x_A + x_B \tag{8.35}\\
P(X) &= 30 - X \tag{8.36}\\
P(X) &= 30 - x_A - x_B \tag{8.37}
\end{align}
$$

Werden die individuellen Mengen in die Marktmenge eingesetzt, so kann auch die Nachfragefunktion in anderer Weise dargestellt werden, so dass der Marktpreis nicht als Funktion der Gesamtmenge, sondern als Summe der einzelnen Mengen wie in Gleichung (8.37) dargestellt werden kann. Werden mit $C(x_i) = 3 \cdot x_i$ wieder identische Kostenfunktionen unterstellt, lassen sich spiegelbildliche Gewinnfunktionen für die Unternehmen aufschreiben:

$$
\begin{align}
\Pi_A(x_A; x_B) &= P(X) \cdot x_A - C(x_A) \tag{8.38}\\
\Pi_A(x_A; x_B) &= (30 - x_A - x_B) \cdot x_A - 3 \cdot x_A \tag{8.39}\\
\Pi_A(x_A; x_B) &= 27 \cdot x_A - x_A^2 - x_A \cdot x_B \tag{8.40}\\
\Pi_B(x_A; x_B) &= 27 \cdot x_B - x_B^2 - x_A \cdot x_B \tag{8.41}
\end{align}
$$

Im Unterschied zu den bekannten Gewinnfunktionen haben die dargestellten Gleichungen des Unternehmens $A$ und des Unternehmens $B$ je zwei Argumente. Da die beiden angebotenen Mengen durch die Marktnachfrage zusammengeführt werden, hängt der Gewinn des Unternehmens $A$ nicht nur von der eigenen produzierten Menge ab. Die Menge des Unternehmens $B$ wirkt sich auf den Gleichgewichtspreis und damit auch auf die Gewinne des Unternehmens $A$ aus. Umgekehrt hängen auch die Gewinne von Unternehmen $B$ von den Mengen beider Unternehmen ab.

Soll die gewinnoptimale Menge bestimmt werden, kann jedes Unternehmen allerdings nur eine eigene optimale Menge bestimmen. Zur Optimierung muss die Gewinnfunktion von Unternehmen $A$ also nach dessen Menge abgeleitet werden, während die Gewinnfunktion des Unternehmens $B$ nach dessen Menge abgeleitet werden muss.

## 8.5. COURNOT-WETTBEWERB

$$\Pi_A(x_A; x_B) = 27 \cdot x_A - x_A^2 - x_A \cdot x_B \tag{8.42}$$

$$\frac{\partial \Pi_A}{\partial x_A} = 27 - 2 \cdot x_A - x_B = 0 \tag{8.43}$$

$$27 - x_B = 2 \cdot x_A \tag{8.44}$$

$$x_A = \frac{1}{2}(27 - x_B) \tag{8.45}$$

Die dargestellte Gleichung (8.45) zeigt, dass Unternehmen $A$ nicht mehr eigenständig seine gewinnoptimale Menge festlegen kann. Vielmehr beschreibt die Gleichung eine Funktion, nach welcher $A$ optimalerweise auf die Angebotsentscheidung des $B$ reagieren sollte. Diese Funktion wird als **Reaktionsfunktion** bezeichnet. Auch für $B$ lässt sich eine entsprechende Reaktionsfunktion (auf die Menge des Unternehmens $A$) bestimmen.

$$\Pi_B(x_A; x_B) = 27 \cdot x_B - x_B^2 - x_A \cdot x_B \tag{8.46}$$

$$\frac{\partial \Pi_B}{\partial x_B} = 27 - 2 \cdot x_B - x_A = 0 \tag{8.47}$$

$$27 - x_A = 2 \cdot x_B \tag{8.48}$$

$$x_B = \frac{1}{2}(27 - x_A) \tag{8.49}$$

Die beiden Funktionen werden synchronisiert, indem davon ausgegangen wird, dass sich beide Unternehmen optimal verhalten. Es ist also möglich, eine Reaktionsfunktion in die andere einzusetzen, um das Marktgleichgewicht zu bestimmen:

$$x_A = \frac{1}{2}(27 - x_B) \tag{8.50}$$

$$x_A = \frac{1}{2}\left(27 - \frac{1}{2}(27 - x_A)\right) \tag{8.51}$$

$$x_A = \frac{54}{4} - \frac{27}{4} + \frac{1}{4} \cdot x_A \tag{8.52}$$

$$\frac{3}{4} \cdot x_A = \frac{27}{4} \tag{8.53}$$

$$x_A = 9 \tag{8.54}$$

$$x_B = \frac{1}{2}(27 - x_A) = 9 \tag{8.55}$$

$$X^C(X) = x_A + x_B = 9 + 9 = 18 \tag{8.56}$$

Im Cournot-Wettbewerb werden insgesamt 18 Mengeneinheiten produziert, von denen jedes Unternehmen die Hälfte herstellt. Die Gleichgewichtsmenge lässt sich verwenden, um den Gleichgewichtspreis zu bestimmen. Mittels Gleichgewichtspreis und einzeln hergestellten Mengen werden dann die Gewinne der Unternehmen berechnet.

$$P^C(X) = 30 - X = 30 - 18 = 12 \tag{8.57}$$
$$\Pi_A = P^C(X) \cdot x_A - C(x_A) \tag{8.58}$$
$$\Pi_A = 12 \cdot 9 - 3 \cdot 9 = 81 = \Pi_B \tag{8.59}$$

Die untersuchten Unternehmen zeigen identische Grenzkosten. Zum Vergleich werden die Rechenschritte wiederholt. Für Unternehmen $B$ wird allerdings von doppelten Grenzkosten in Höhe von $C(x_B) = 6 \cdot x_B$ ausgegangen:

$$X = x_A + x_B \tag{8.60}$$
$$P(X) = 30 - X \tag{8.61}$$
$$P(X) = 30 - x_A - x_B \tag{8.62}$$

$$\Pi_A(x_A; x_B) = P(X) \cdot x_A - C(x_A) \tag{8.63}$$
$$\Pi_A(x_A; x_B) = (30 - x_A - x_B) \cdot x_A - 3 \cdot x_A \tag{8.64}$$
$$\Pi_A(x_A; x_B) = 27 \cdot x_A - x_A^2 - x_A \cdot x_B \tag{8.65}$$
$$\Pi_B(x_A; x_B) = (30 - x_A - x_B) \cdot x_B - 6 \cdot x_B \tag{8.66}$$
$$\Pi_B(x_A; x_B) = 24 \cdot x_B - x_B^2 - x_A \cdot x_B \tag{8.67}$$

$$\Pi_A(x_A; x_B) = 27 \cdot x_A - x_A^2 - x_A \cdot x_B \tag{8.68}$$
$$\frac{\partial \Pi_A}{\partial x_A} = 27 - 2 \cdot x_A - x_B = 0 \tag{8.69}$$
$$27 - x_B = 2 \cdot x_A \tag{8.70}$$
$$x_A = \frac{1}{2}(27 - x_B) \tag{8.71}$$

$$\Pi_B(x_A; x_B) = 24 \cdot x_B - x_B^2 - x_A \cdot x_B \tag{8.72}$$
$$\frac{\partial \Pi_B}{\partial x_B} = 24 - 2 \cdot x_B - x_A = 0 \tag{8.73}$$
$$24 - x_A = 2 \cdot x_B \tag{8.74}$$
$$x_B = \frac{1}{2}(24 - x_A) \tag{8.75}$$

$$x_A = \frac{1}{2}(27 - x_B) \tag{8.76}$$

$$x_A = \frac{1}{2}\left(27 - \frac{1}{2}(24 - x_A)\right) \tag{8.77}$$

$$x_A = \frac{54}{4} - \frac{24}{4} + \frac{1}{4} \cdot x_A \tag{8.78}$$

$$\frac{3}{4} \cdot x_A = \frac{30}{4} \tag{8.79}$$

$$x_A = \frac{30}{3} = 10 \tag{8.80}$$

$$x_B = \frac{1}{2}(24 - x_A) = 7 \tag{8.81}$$

$$X^C(X) = x_A + x_B = 10 + 7 = 17 \tag{8.82}$$

Da Unternehmen $B$ höhere Grenzkosten als Unternehmen $A$ verursacht, produziert es auch eine geringere Menge. Insgesamt geht die Gleichgewichtsmenge von 18 auf 17 Einheiten zurück. Entsprechend wird ein höherer Marktpreis verlangt.

$$P^C(X) = 30 - X = 30 - 17 = 13 \tag{8.83}$$

$$\Pi_A = P^C(X) \cdot x_A - C(x_A) \tag{8.84}$$

$$\Pi_A = 13 \cdot 10 - 3 \cdot 10 = 100 \tag{8.85}$$

$$\Pi_B = P^C(X) \cdot x_B - C(x_B) \tag{8.86}$$

$$\Pi_B = 13 \cdot 7 - 6 \cdot 7 = 49 \tag{8.87}$$

Der Gewinn des Unternehmens $A$ steigt von 81 auf 100, während der Gewinn von Unternehmen $B$ von 81 auf 49 zurückgeht. Die Summe der Unternehmensgewinne geht insgesamt zurück.

**Aufgabe 8.5 Cournot-Wettbewerb**
Verwenden Sie die Marktnachfrage: $P(X) = 50 - 2 \cdot X$ und die Kostenfunktionen $C(x_i) = 5 \cdot x_i$, um für Cournot-Wettbewerb die Gleichgewichtsmenge, den Gleichgewichtspreis sowie die Gewinne und Mengen der einzelnen Unternehmen zu bestimmen.

Was ändert sich an Ihren Ergebnissen, wenn für Unternehmen $B$ die Kostenfunktion $C(x_B) = 10 \cdot x_B$ verwendet werden soll, während die Kosten von Unternehmen $A$ unverändert bleiben?

## 8.6 Stackelberg-Wettbewerb

Der Stackelberg-Wettbewerb ist eine Möglichkeit, die Angebotsentscheidung der beiden Unternehmen sukzessiv statt synchron wie im Cournot-Wettbewerb zu untersuchen. Dazu werden die Unternehmen des Stackelberg-Wettbewerbs in einen Stackelberg-Führer und hier einen (allgemein, aber möglicherweise mehrere) Stackelberg-Folger unterschieden. Es wird davon ausgegangen, dass der

Stackelberg-Führer seine Produktionsentscheidung vor dem Stackelberg-Folger trifft, so dass letzterer mit seinem Angebot nur noch auf die bereits am Markt befindliche Menge reagieren kann.

Eine weitere Annahme ist, dass der Stackelberg-Führer die Reaktionsfunktion seines Stackelberg-Folgers kennt und diese in die eigenen Angebotsüberlegungen einbeziehen kann. Zur Veranschaulichung wird das Zahlenbeispiel des Cournot-Wettbewerbs mit identischen Kosten $C(x_i) = 3 \cdot x_i$ fortgesetzt. Für Unternehmen $B$ wurde die Reaktionsfunktion $x_B = \frac{1}{2}(27 - x_A)$ bestimmt. Diese wird vom Stackelberg-Führer verwendet, bevor dieser seine optimale Menge bestimmt. Im Gegensatz zur Herangehensweise beim Cournot-Wettbewerb trifft Unternehmen $A$ als Stackelberg-Führer seine Produktionsentscheidung unter Beachtung der Reaktion von Unternehmen $B$.

$$X = x_A + x_B \tag{8.88}$$

$$X = x_A + \frac{1}{2}(27 - x_A) \tag{8.89}$$

$$X = \frac{1}{2} \cdot x_A + \frac{27}{2} \tag{8.90}$$

$$P(X) = 30 - X = 30 - \frac{1}{2} \cdot x_A - \frac{27}{2} \tag{8.91}$$

$$P(X) = \frac{33}{2} - \frac{1}{2} \cdot x_A \tag{8.92}$$

$$\Pi_A = P^C(X) \cdot x_A - C(x_A) \tag{8.93}$$

$$\Pi_A = (\frac{33}{2} - \frac{1}{2} \cdot x_A) \cdot x_A - 3 \cdot x_A \tag{8.94}$$

$$\Pi_A = \frac{27}{2} \cdot x_A - \frac{1}{2} \cdot x_A^2 \tag{8.95}$$

$$\frac{\partial \Pi_A}{\partial x_A} = \frac{27}{2} - x_A \stackrel{!}{=} 0 \tag{8.96}$$

$$x_A = \frac{27}{2} \tag{8.97}$$

Mit 13,5 Mengeneinheiten produziert der Stackelberg-Führer deutlich mehr als bei vergleichbaren Funktionsparametern im Cournot-Wettbewerb. Mittels der Reaktionsfunktion von Unternehmen $B$ lässt sich leicht bestimmen, welche Menge vom Stackelberg-Folger produziert wird.

$$x_B = \frac{1}{2}(27 - x_A) \tag{8.98}$$

$$x_B = \frac{1}{2}\left(27 - \frac{27}{2}\right) \tag{8.99}$$

$$x_B = \frac{27}{4} \tag{8.100}$$

$$X^S = x_A + x_B \tag{8.101}$$

$$X^S = \frac{27}{2} + \frac{27}{4} = \frac{81}{4} \tag{8.102}$$

## 8.6. STACKELBERG-WETTBEWERB

Der Stackelberg-Folger produziert die Hälfte der Menge des Stackelberg-Führers. Werden die Gesamtmengen zwischen Cournot- und Stackelberg-Wettbewerb verglichen, zeigt sich, dass im Stackelberg-Wettbewerb eine insgesamt größere Menge angeboten wird.

$$P^S(X) = 30 - X^S = \frac{120}{4} - \frac{81}{4} = \frac{39}{4} \tag{8.103}$$

$$\Pi_A = P^S(X) \cdot x_A - C(x_A) \tag{8.104}$$

$$\Pi_A = \frac{39}{4} \cdot \frac{27}{2} - 3 \cdot \frac{27}{2} = \frac{27^2}{8} \tag{8.105}$$

$$\Pi_B = P^S(X) \cdot x_B - C(x_B) \tag{8.106}$$

$$\Pi_B = \frac{39}{4} \cdot \frac{27}{4} - 3 \cdot \frac{27}{4} = \frac{27^2}{16} \tag{8.107}$$

Die vergleichsweise größere Menge führt im Stackelberg-Wettbewerb zu einem geringeren Gleichgewichtspreis. Da beide Unternehmen zum selben Gleichgewichtspreis anbieten und identische Kostenfunktionen haben, stehen die Gewinne im selben Verhältnis wie die angebotenen Mengen.

Wird wiederum eine Verdoppelung der Grenzkosten bei Unternehmen $B$ untersucht, so kann die Reaktionsfunktion aus dem zweiten Zahlenbeispiel zum Cournot-Wettbewerb verwendet werden: $x_B = \frac{1}{2}(24 - x_A)$.

$$X = x_A + x_B \tag{8.108}$$

$$X = x_A + \frac{1}{2}(24 - x_A) \tag{8.109}$$

$$X = \frac{1}{2} \cdot x_A + 12 \tag{8.110}$$

$$P(X) = 30 - X = 30 - \frac{1}{2} \cdot x_A - 12 \tag{8.111}$$

$$P(X) = 18 - \frac{1}{2} \cdot x_A \tag{8.112}$$

$$\Pi_A = P^C(X) \cdot x_A - C(x_A) \tag{8.113}$$

$$\Pi_A = (18 - \frac{1}{2} \cdot x_A) \cdot x_A - 3 \cdot x_A \tag{8.114}$$

$$\Pi_A = 15 \cdot x_A - \frac{1}{2} \cdot x_A^2 \tag{8.115}$$

$$\frac{\partial \Pi_A}{\partial x_A} = 15 - x_A \overset{!}{=} 0 \tag{8.116}$$

$$x_A = 15 \tag{8.117}$$

Durch die gestiegenen Grenzkosten des Stackelberg-Folgers wird der Stackelberg-Führer seine angebotene Menge steigern.

$$x_B = \frac{1}{2}(24 - x_A) \tag{8.118}$$

$$x_B = \frac{1}{2}(24 - 15) \tag{8.119}$$

$$x_B = \frac{9}{2} \tag{8.120}$$

$$X^S = x_A + x_B \tag{8.121}$$

$$X^S = \frac{30}{2} + \frac{9}{2} = \frac{39}{2} \tag{8.122}$$

$$P^S(X) = 30 - X^S = \frac{60}{2} - \frac{39}{2} = \frac{21}{2} \tag{8.123}$$

$$\Pi_A = P^S(X) \cdot x_A - C(x_A) \tag{8.124}$$

$$\Pi_A = \frac{21}{2} \cdot 15 - 3 \cdot 15 = \frac{225}{2} \tag{8.125}$$

$$\Pi_B = P^S(X) \cdot x_B - C(x_B) \tag{8.126}$$

$$\Pi_B = \frac{21}{2} \cdot \frac{9}{2} - 6 \cdot \frac{9}{2} = \frac{81}{4} \tag{8.127}$$

Die Gewinne verschieben sich zu Gunsten des Unternehmens $A$.

**Aufgabe 8.6 Stackelberg-Wettbewerb**

Verwenden Sie die Marktnachfrage: $P(X) = 50 - 2 \cdot X$ und die Kostenfunktionen $C(x_i) = 5 \cdot x_i$, um für Stackelberg-Wettbewerb die Gleichgewichtsmenge, den Gleichgewichtspreis sowie die Gewinne und Mengen der einzelnen Unternehmen zu bestimmen. Gehen Sie dabei davon aus, dass Unternehmen $A$ der Stackelberg-Führer und Unternehmen $B$ der Stackelberg-Folger ist. Sie können dabei gegebenenfalls auf vorhergehende Berechnungen der Reaktionsfunktion des Stackelberg-Folgers aus dem Cournot-Wettbewerb zurückgreifen.

Was ändert sich an Ihren Ergebnissen, wenn für Unternehmen $B$ die Kostenfunktion $C(x_B) = 10 \cdot x_B$ verwendet werden soll, während die Kosten von Unternehmen $A$ unverändert bleiben?

# Kapitel 9

# Spieltheorie

Eine Reihe von Entscheidungen des realen Wirtschaftslebens lässt sich nicht in das bekannte Schema alternativer Entscheidungen zwischen $A$ und $B$ eingliedern. Auch bei gestufter Betrachtung der Art - erst $A$ gegen $B$ und dann $B1$ gegen $B2$ - ist es manchmal schwierig, die verschiedenen Entscheidungen von Individuen und deren Konsequenzen übersichtlich darzustellen. Darüber hinaus zeigen vor allem die Oligopolmodelle der Wettbewerbstheorie, dass sich Individuen und Firmen in strategischer Interaktion befinden. Beispielsweise zieht die Entscheidung eines Individuums A eine Reaktion von Individuum B nach sich. Daher ist es aus Sicht des A sinnvoll, sich vor seiner Entscheidung Gedanken über mögliche Reaktionen von B zu machen. Der Vergleich zwischen den Stackelberg- und Cournot-Oligopolen zeigt, dass durch bessere Informationen über die Reaktion des anderen bessere Entscheidungen getroffen werden können.

Für wirtschaftswissenschaftliche Untersuchungsgegenstände sind strategische Überlegungen also von zentraler Bedeutung. Bei der Vorstellung der grundlegenden Herangehensweise der Spieltheorie wird aber bewusst auch auf Fragestellungen eingegangen, die nicht allein ökonomische Untersuchungsgegenstände behandeln. Die Spieltheorie kann durchaus auch auf politische und andere Entscheidungssituationen angewendet werden.

Im Mittelpunkt der Spieltheorie steht eine Modellierung der Interaktion von Akteuren. Da es sich um ökonomische Individuen, Unternehmen, Parteien oder andere handeln kann, deren Interessen sich in einer Position bündeln lassen, werden die Teilnehmer verallgemeinernd als **Spieler** bezeichnet. Jedes Spiel - auch ohne ökonomischen Untersuchungsgegenstand - lässt sich nach folgenden Dimensionen charakterisieren:

1. Regeln
2. Strategien
3. Auszahlungen
4. Ergebnisse

Jedes Spiel ist durch seine spezifischen Regeln definiert, auf deren Basis die beteiligten Spieler Strategien zur Erreichung ihrer Auszahlungen aufbauen. Ein Ergebnis wird durch die Interaktion der Spieler herbeigeführt, die ihre Strategien verwirklichen.

**Beispiel 9.1 Gefangenendilemma:**
Das wohl bekannteste ökonomische Spiel ist das so genannte Gefangenendilemma. Üblicherweise wird das Spiel vorgestellt, indem ein chronologischer Tatsachenbericht erfolgt. Um sich aber auf die Erübung des Lösungskonzeptes der Spieltheorie konzentrieren zu können, wird hiervon bewusst abgewichen. Das Gefangenendilemma wird in Anlehnung an die oben geschilderten spieltheoretischen Dimensionen beschrieben:

Ein Sheriff kann zwei Verbrecher (die beiden Spieler A und B) in flagranti fassen und hält sie in unterschiedlichen Zellen gefangen, damit sie nicht miteinander kommunizieren können. Der Sheriff kann sie zwar wegen des einen Verbrechens anklagen, hat aber keine Beweise - nur Indizien - für eine Reihe vorheriger Straftaten mit wesentlich größerem Ausmaß. (Hinweis: Der Sheriff wird versuchen, die Regeln des Spiels so zu gestalten, dass die Anreize zu gestehen für A und B möglichst hoch werden.)

Die strategischen Überlegungen beider Spieler haben zwei Ebenen. Auf der ersten Ebene stehen die Möglichkeiten, die einem Spieler A oder B zur Verfügung stehen: *Gestehen* oder *nicht gestehen*.

Hat sich ein Spieler A für eine dieser beiden möglichen Strategien entschieden, besteht auf den ersten Blick Unsicherheit über das Ergebnis des Spiels, da die Entscheidung des B für den A unbekannt ist. Auf der zweiten Ebene konzentrieren sich die Lösungsansätze des A also darauf, zu untersuchen, wie B auf eine mögliche Strategiewahl reagieren würde bzw. wie sich B unter bestimmten Annahmen optimalerweise verhalten sollte.

Aus den zwei Spielern, die jeweils zwei Strategien wählen können, ergeben sich vier mögliche Ergebnisse des Spiels. Der Sheriff nennt jedem Spieler die vier folgenden Auszahlungen bei den vier möglichen Strategiekombinationen: Gesteht kein Spieler, so erhalten beide eine Haftstrafe von je 2 Jahren. Gesteht ein Spieler alleine, so tritt er quasi als Kronzeuge auf und erhält als Hafterleichterung nur 1 Jahr Gefängnis. Der andere, ungeständige Spieler ist nun aller Straftaten überführt und erhält daher 10 Jahre Gefängnis. Gestehen beide Spieler, erhalten beide eine Gefängnisstrafe von je 3 Jahren. Die Situation lässt sich durch die folgende Spielmatrix veranschaulichen:

|   |   | B | |
|---|---|---|---|
|   |   | gestehen | nicht gestehen |
| A | gestehen | 3;X | 1;X |
|   | nicht gestehen | 10;X | 2;X |

Die Spielmatrix konzentriert sich zur besseren Übersicht vorerst auf die Sichtweise des A. Bereits auf den ersten Blick ist klar, welches Ergebnis ihm die beste Auszahlung bringt. Wenn A gesteht und B nicht, erhält A nur eine Gefängnisstrafe von einem Jahr. A kann dieses Ergebnis allerdings nicht eigenständig herbei führen. Zwar kann er sich dafür entscheiden, zu gestehen. Er hat aber keine Möglichkeit, B zu beeinflussen, um nicht zu gestehen.

Zur Lösung muss sich A also allein auf seine Entscheidungsposition konzentrieren, indem er für jede mögliche Situation des Spiels überlegt, ob in dieser Situation Anreize bestehen, von der gewählten Strategie abzuweichen. Situationen, in denen für A Anreize zum Abweichen bestehen, kommen als Lösung des Spiels in Frage, während Situationen mit Anreizen zum Abweichen umgehend als Lösung ausgeschlossen werden.

Anreize zum Abweichen von einer Strategie hat A dann, wenn die Auszahlung der alternativen Strategiewahl für ihn interessanter ist. In der Spielmatrix des Beispiels hat A im Feld links unten Anreize zum Abweichen. Er vergleicht die 10 Jahre Gefängnisstrafe mit 3 Jahren Gefängnisstrafe, die er erhalten würde, wenn er sich für die andere Strategie (gestehen) entscheiden würde. Ein Vergleich der 10 Jahre mit den 2 Jahren im rechten unteren Feld ist für A allerdings nicht möglich. Wie oben beschrieben kann Bs Strategie durch A nicht beeinflusst werden. Ausgehend vom Feld links unten, ist es A aus eigener Kraft nicht möglich, das Feld rechts unten zu erreichen.

Mit anderen Worten führt A nur vertikale Vergleiche durch. Im Feld links unten entscheidet er sich für die alternative Strategie. Damit ist klar, dass im Feld links oben keine Anreize zum Abweichen bestehen. Im Feld rechts oben hat A auch keine Anreize zum Abweichen, da 1 Jahr Gefängnisstrafe attraktiver als 2 Jahre sind. Damit kommen aus Sicht des A nur die beiden oberen Felder als Lösung des Spiels in Frage.

Um die Anreize und möglichen Lösungen des Spiels zu veranschaulichen, werden oft auch Pfeile von den Auszahlungen in verschiedenen Situationen in die Spielmatrix gezeichnet. Alle Pfeile des A können dann nur eine vertikale Richtung haben. Pfeile des B müssen horizontal verlaufen, da sich aus seiner Sicht die Matrix spiegelbildlich darstellt:

|   |   | B | |
|---|---|---|---|
|   |   | gestehen | nicht gestehen |
| A | gestehen | X;3 | X;10 |
|   | nicht gestehen | X;1 | X;2 |

B wird ebenfalls zwei Felder der Matrix ausschließen. Er vergleicht das linke obere mit dem rechten oberen Feld und wird in dieser Situation ebenfalls die Strategie *gestehen* wählen, da er 3 Jahre Gefängnis den 10 Jahren vorzieht. Auch im Vergleich der unteren beiden Felder tendiert er nach links. 1 Jahr ist besser als 2 Jahre.

Die Lösung des Spiels ergibt sich, indem beide Perspektiven gleichzeitig betrachtet werden. Die zuvor dargestellten Zwischenschritte wurden nur aus didaktischen Gründen vorgenommen. Üblicherweise wird die Spielmatrix wie in der folgenden Volldarstellung betrachtet.

|   |   | B | |
|---|---|---|---|
|   |   | gestehen | nicht gestehen |
| A | gestehen | 3;3 | 1;10 |
|   | nicht gestehen | 10;1 | 2;2 |

Für die beiden Spieler A und B kommen jeweils zwei Lösungen in Frage: Aus Sicht des A handelt es sich um die beiden oberen Lösungen, während B nur die beiden linken Lösungen wählen würde. Eine Situation, in der wenigstens ein Spieler Anreize hat, seine Strategie zu verändern, kann aber nicht Lösung des Spiels sein. A würde zwar die beiden oberen Lösungen wählen, B lehnt aber die Lösung oben rechts ab, so dass dieses Feld als mögliche Lösung nicht in Frage kommt. Entsprechend kommt auch das linke untere Feld nicht in Frage. Es wäre zwar für B eine mögliche Lösung, wird aber von A abgelehnt. Nur im Schnittpunkt beider möglichen Lösungen liegt das Ergebnis des Spiels. Im Feld links oben hat keiner der beiden Spieler einen Anreiz abzuweichen. Das Ergebnis der vorgestellten Lösungsstrategie wird als Nash-Gleichgewicht bezeichnet.

**Definition 9.1 Nash-Gleichgewicht:**
Ein Nash-Gleichgewicht wird manchmal auch als nicht-kooperative Lösung bezeichnet. Das Nash-Gleichgewicht beschreibt eine Situation, bei der keiner der beteiligten Spieler Anreize hat, einseitig abzuweichen.

Die sehr allgemeine, ergebnisorientierte Definition des Nash-Gleichgewichts bewirkt aber auch, dass keine fest definierte Anzahl an Nash-Gleichgewichten pro Spiel existiert. Je nach Art des Spiels kann es eines, mehrere oder gar kein Nash-Gleichgewicht geben.

Aus der Darstellung des Fallbeispiels wurde noch etwas anderes deutlich. Das Nash-Gleichgewicht entspricht der grundlegenden mikrotheoretischen Herangehensweise, indem es sich an Anreizen orientiert. Allerdings kann es Lösungen geben, die für die beteiligten Spieler *unter dem Strich* besser sind. Das Nash-Gleichgewicht definiert eine Situation, in der beide Spieler gestehen und eine Haftstrafe von 3 Jahren verbüßen. Bereits auf den ersten Blick in die Spielmatrix war aber klar, dass es für beide Spieler besser wäre, nicht zu gestehen. Diese mögliche Lösung scheiterte daran, dass das Spiel durch den Sheriff so gestaltet wurde, dass keine Absprache zwischen den beteiligten Spielern möglich ist. Könnten sich die Spieler absprechen, würden sie sich möglicherweise für eine andere Lösung entscheiden:

**Definition 9.2 Kooperative Lösung:**
Die kooperative Lösung eines Spiels entsteht durch die Kombination an Strategien, welche die gemeinsamen Auszahlungen maximiert. Dies impliziert, dass eine Koordination der Handlungen bindend möglich ist.

Vor allem der zweite Satz der Definition ist entscheidend und erklärt den hohen Stellenwert des Nash-Gleichgewichts. Im Fallbeispiel ist es leicht anzunehmen, dass beide Spieler kooperieren, sofern es der Sheriff ermöglicht. Wird die Spieltheorie auf andere Untersuchungsgegenstände angewendet, ist eine kooperative Lösung nicht immer so leicht anzunehmen: Beispielsweise wurde in der bereits behandelten Wettbewerbstheorie die Situation der beteiligten Unternehmen an einem Kartell untersucht. Für diese Unternehmen entstehen in der Regel starke Anreize, die anderen Kartellmitglieder preislich zu unterbieten, so dass aus einem Kartell möglicherweise Bertrand-Wettbewerb entstehen kann. Auch bei Verhandlungen internationaler Unternehmen oder Staaten (z.B. in Bezug auf Fischfang oder Freihandel) muss ein gewisses Maß an Vertrauen und freiwilliger Bindung an geschlossene Abkommen bestehen. Werden Kooperationsvereinbarungen gebrochen, existieren nur selten Sanktionsmöglichkeiten. Da sich internationale Unternehmen und Staaten dieser Gefahr bewusst sind, orientieren sie sich stärker an eigenen Anreizen als an der besten Lösung *unter dem Strich*. Nash-Gleichgewichte sind dann wahrscheinlicher als kooperative Lösungen.

Technisch bleibt anzumerken, dass im Gegensatz zum Fallbeispiel auch Spielmatrizen existieren können, in denen das Nash-Gleichgewicht und die kooperative Lösung in einer identischen Situation zusammen fallen. Es gibt noch eine Reihe anderer Lösungsstrategien, die in der Spieltheorie denkbar sind. Stellvertretend wird noch eine Strategie vorgestellt, die sich an sehr starker Risikoaversion orientiert.

**Definition 9.3 Mini-Max-Strategie**
...minimiert die maximalen Verluste eines Spielers.

Die Mini-Max-Strategie unterstellt einen sehr risikoaversen Spieler. Er untersucht alle Felder der Matrix und prüft, welche Strategie für ihn zum schlimmstmöglichen Ergebnis führt. Aus Sicht des Spielers A ist das schlimmstmögliche Ergebnis eine Gefängnisstrafe von 10 Jahren. Das Risiko dieser Strafe besteht, falls sich A für die Strategie *nicht gestehen* entscheidet. Aus diesem Grund lehnt A diese Strategie ab und wählt als Mini-Max-Strategie *gestehen*. Da das Spiel spiegelbildlich aufgebaut ist, lässt sich auf Basis dieser Argumentation auch für B bestimmen, dass er gestehen wird. Die Mini-Max-Strategie führt dazu, dass beide Spieler gestehen. In diesem Fallbeispiel ist das Ergebnis der Mini-Max-Strategie mit dem Nash-Gleichgewicht identisch.

**Beispiel 9.2** Zwei Unternehmen sind auf dem Markt für Schokoladenprodukte aktiv. In der Marketingabteilung von Unternehmen A wird über die Preisstrategie diskutiert und auf Ihre strategischen Kompetenzen zurückgegriffen. Man hat bereits Prognosen über die Ergebnisse möglicher Strategien berechnen lassen, kann sich aber auf Grund der Unsicherheit über die Reaktion von Unternehmen B noch nicht zu einer Entscheidung durchringen. Wählen beide Unternehmen die Strategie *niedriger Preise* macht Unternehmen A einen Verlust in Höhe von 20. Unternehmen B macht einen Verlust von 30. Wählen beide Unternehmen *hohe Preise* machen beide einen Gewinn von 50. Wählt A einen *hohen* und B einen *niedrigen Preis*, so macht A einen Gewinn von 100 und B einen Gewinn von 800. Wählt A einen *niedrigen* und B einen *hohen Preis*, so macht A einen Gewinn von 900 und B einen Gewinn von 600.

1. Stellen Sie die Auszahlungen mittels einer Spielmatrix dar.

2. Bestimmen Sie das Nash-Gleichgewicht.

3. Bestimmen Sie die kooperative Lösung.

4. Bestimmen Sie die Lösung auf die Mini-Max-Strategie.

**Lösung:**

1.  
|   |         | B       |        |
|---|---------|---------|--------|
|   |         | niedrig | hoch   |
| A | niedrig | -20;-30 | 900;600 |
|   | hoch    | 100;800 | 50;50  |

2. Das Spiel hat zwei Nash-Gleichgewichte. Entweder A wählt einen hohen und B einen niedrigen Preis oder A wählt einen niedrigen und B einen

hohen Preis. In keinem Fall bestehen Anreize einseitig von der Strategie abzuweichen. Der Zufall entscheidet, welches Nash-Gleichgewicht auf dem Markt entsteht.

3. $900 + 600 > 100 + 800 > 50 + 50 > -20 + -30$.
   Die kooperative Lösung besteht durch niedrige Preise von A und hohe Preise von B.

4. A lehnt niedrige Preise ab, da hier das Risiko besteht, Gewinne von -20 erzielen. B lehnt niedrige Preise ab, da hier das Risiko besteht, Gewinne von -30 erzielen. Die Mini-Max-Lösung besteht in hohen Preise beider Unternehmen.

**Aufgabe 9.1** Sie haben sich als Unternehmensberater selbständig gemacht und beraten Pepsi und Coke bei der Entscheidung über eine neue Werbekampagne. Wenn beide Unternehmen Werbung machen, erzielt Pepsi Gewinne von 50 und Coke Gewinne von 70. Wenn beide Unternehmen keine Werbung machen, erzielt Pepsi Verluste von 10 und Coke Gewinne von 60. Wenn Pepsi Werbung macht und Coke nicht, erzielt Pepsi Gewinne von 60 und Coke Gewinne von 50. Wenn Pepsi keine Werbung macht und Coke Werbung macht, erzielt Pepsi Verluste von 30 und Coke Gewinne von 90.
1. Stellen Sie die Auszahlungen mittels einer Spielmatrix dar.
2. Bestimmen Sie das Nash-Gleichgewicht.
3. Bestimmen Sie die kooperative Lösung.
4. Bestimmen Sie die Lösung auf die Mini-Max-Strategie.

**Aufgabe 9.2** Sie sind ein österreichischer Anbieter für Softgetränke und überlegen, in welchem Preissegment Sie Ihren neuen Energydrink platzieren wollen. Sie können wählen zwischen einem hohen oder einem niedrigen Einführungspreis. Auf dem Markt befindet sich bereits ein russischer Wodkaproduzent, von dem Sie hoffen, dass er gemeinsam mit Ihnen ein Mixgetränk anbietet. Der Wodkaproduzent kann also wählen zwischen Zusammenarbeit und keiner Zusammenarbeit.

Arbeiten die Firmen bei hohen Preisen zusammen, erhalten Sie Gewinne von 40, der Wodkaproduzent von 80. Arbeiten die Firmen bei niedrigen Preisen zusammen, erhalten Sie Gewinne von 10, der Wodkaproduzent von 10. Ohne Zusammenarbeit erhalten Sie bei hohen Preisen Verluste von 10, der Wodkaproduzent Gewinne von 20. Ohne Zusammenarbeit erhalten Sie bei niedrigen Preisen Gewinne von 20, der Wodkaproduzent Gewinne von 40.
1. Stellen Sie die Auszahlungen mittels einer Spielmatrix dar.
2. Bestimmen Sie das Nash-Gleichgewicht.
3. Bestimmen Sie die kooperative Lösung.
4. Bestimmen Sie die Lösung auf die Mini-Max-Strategie.

**Aufgabe 9.3** Sie beraten die Firmen I und A zu deren Forschungsstrategie. Beide Firmen haben jeweils die Option zu forschen oder nicht.

Wenn beide Firmen gleichzeitig forschen, macht I einen Gewinn von 50 und A einen Gewinn von 15. Wenn nur Intell forscht, A nicht, sind die Gewinne 20 (I) und -30 (A). Wenn umgekehrt nur A forscht, nicht aber I, so sind die Gewinne 90 (I) und 30 (A). Wenn beide Firmen nicht forschen, sind Is Gewinne 100 und As Gewinne 10.
1. Stellen Sie die Auszahlungen mittels einer Spielmatrix dar.
2. Bestimmen Sie das Nash-Gleichgewicht.
3. Bestimmen Sie die kooperative Lösung.
4. Bestimmen Sie die Lösung auf die Mini-Max-Strategie.

**Aufgabe 9.4** Neben Ihrer Lieblingseisdiele (L) eröffnet ein Wettbewerber (W). Beide Firmen haben die Wahl zwischen hohen und niedrigen Preisen.

Wenn beide Firmen gleichzeitig hohe Preise setzen, macht L Verluste von 5 und W Verluste von 40. Wenn beide niedrige Preise setzen, macht L Nullgewinn und W Verluste in Höhe von 10. Wenn L hohe Preise setzt und W niedrige, macht L Gewinne von 20 und W Gewinne von 10. Wenn L niedrige Preise setzt und W hohe, macht L Gewinne von 100 und W Nullgewinn.
1. Stellen Sie die Auszahlungen mittels einer Spielmatrix dar.
2. Bestimmen Sie das Nash-Gleichgewicht.
3. Bestimmen Sie die kooperative Lösung.
4. Bestimmen Sie die Lösung auf die Mini-Max-Strategie.

# Kapitel 10

# Marktunvollkommenheiten

In den vorherigen Kapiteln werden eine Reihe mikrotheoretischer Analyse- und Lösungsinstrumente vorgestellt. Bei der Diskussion dieser Instrumente wird an vielen Stellen nicht nur auf die Anwendungsmöglichkeiten, sondern auch auf die jeweiligen Grenzen hingewiesen. Es ist klar, dass sich Märkte wesentlich unterscheiden können, weil einerseits institutionelle Rahmenbedingungen von den vorgestellten Modellen abweichen oder weil gehandelte Güter von besonderen Eigenschaften gekennzeichnet sind, die durch die bisher behandelten Modelle noch nicht erfasst sind. Viele derartige Abweichungen lassen sich auf zwei Kerncharakteristika zurück führen, die nun noch genauer beschrieben werden sollen. Es handelt sich dabei einerseits um die grundsätzliche **Marktfähigkeit** von *Gütern* und andererseits um **Externe Effekte**, die vom Markt eines Gutes auf den Markt eines anderen Gutes wirken können.

## 10.1 Marktfähigkeit

Nicht alle Arten von *Gütern* können derart mit den untersuchten Modellen behandelt werden, dass die prognostizierten Ergebnisse auch in die Realität übersetzbar sind. Die Ursache lässt sich meist in Abweichungen der Gütereigenschaften vom idealtypischen Marktmodell finden. Bei der Vorstellung der diskutierten Modelle wurden zum Beispiel wichtige Annahmen wie Informationseffizienz und Produkthomogenität angesprochen. Es gibt aber auch Güter, die sich trotz perfekter Erfüllung derartiger Anforderungen nicht für marktlichen Handel eignen. Dazu werden zwei weitere Eigenschaften von Gütern vorgestellt:

**Definition 10.1 Ausschließbarkeit**
Ausschließbarkeit liegt für diejenigen Güter vor, bei denen es technisch möglich sowie ökonomisch und sozialpolitisch vertretbar ist, einzelne Individuen vom Konsum dieser Güter auszuschließen.

Die Eigenschaft der Ausschließbarkeit fehlt beispielsweise beim Gut Atemluft. Es ist offenkundig, dass die oben genannten Bedingungen für Atemluft nicht erfüllt werden können.

## 10.1. MARKTFÄHIGKEIT

**Definition 10.2 Rivalität**
Rivalität im Konsum liegt dann vor, wenn der Konsum durch ein Individuum das Gut ganz oder teilweise aufzehrt. Nach dem Konsum durch das erste Individuum liegt das Gut nicht mehr der Art vor, dass es denselben Nutzen entwickeln könnte, wie in der Situation, bevor es konsumiert wurde.

Apps für Smartphones können (in der Regel gegen Gebühr) auf beliebig vielen Smartphones installiert werden. Hier liegt keine Rivalität im Konsum vor.

Da die beiden Eigenschaften Ausschließbarkeit und Rivalität jeweils vorliegen können oder nicht, ergeben sich vier mögliche Gütertypen zur Diskussion.

Tabelle 10.1: Gütertypen

|  |  | Rivalität | |
|---|---|---|---|
|  |  | ja | nein |
| Ausschließbarkeit | ja | Private Güter | Mautgüter |
|  | nein | Allmendegüter | Öffentliche Güter |

Tabelle 10.1 zeigt die vier möglichen Gütertypen in Orientierung an den gemachten Definitionen. Beispiele lassen sich leicht für die Gütertypen finden. Da sich Modelle der Mikrotheorie meist mit Märkten befassen, werden im vorliegenden Buch implizit diejenigen Gütertypen der Tabelle behandelt, die marktlich handelbar sind. Für Modellierungen des Vollkommenen Wettbewerbs eignen sich die privaten Güter am besten. Als Beispiele hierfür lassen sich alle Massenkonsumgüter anführen. Für Batterien der Größe AA oder ein neues Sommerkleid ist schwerlich begründbar, warum Ausschließbarkeit oder Rivalität nicht vorliegen sollten.

Auch Mautgüter wie die bereits angesprochene Smartphone-App oder ein Freizeitpark eignen sich für marktlichen Handel. Aus der Namensgebung ist klar, dass auch Autobahnen diesem Gütertyp zuzurechnen sind. Nur diejenigen, die für ein derartiges Gut bezahlen, dürfen es auch nutzen (Ausschließbarkeit erfüllt). Rivalität im Konsum herrscht jedoch nicht, da eine Autobahn durch die einzelne PKW-Nutzung nicht so stark *aufgezehrt* wird, dass nach diesem PKW kein weiterer mehr darauf fahren kann.

Die Begrifflichkeit einer Allmende ist im Sprachgebrauch etwas zurück gegangen, so dass nicht immer offenkundig ist, welche Eigenschaften diesen Gütertyp kennzeichnen und welche weiteren Beispiele sich finden lassen. Eine Allmende ist eine Wiese, die nicht einem einzelnen Landwirt gehört, sondern der Allgemeinheit aller Landwirte eines Ortes, einer Gemeinde oder einer Region zur Verfügung steht. Da keine spezifischen Eigentumsrechte definiert sind, darf auch niemand von der Nutzung ausgeschlossen werden. Bringt aber ein Landwirt sein Vieh zum Grasen auf die Weide, so reduziert das die Möglichkeiten anderer, dort ihr Vieh zu sättigen. Die damit eng verbundene *Allmendeproblematik* bezeichnet daher nichts anderes als die Übernutzung des Allmendegutes durch die Berechtigten. Weitere Beispiele für Allmendegüter sind der Himalaya oder die offene See. Durch zu starke Nutzung und Überfischung werden die künftigen Nutzungsmöglichkeiten anderer geschmälert oder gar zerstört.

Auch bei öffentlichen Gütern besteht keine Ausschließbarkeit und daher auch keine Zahlungsbereitschaft der Nutzer. Für die Restaurierung öffentlicher Denkmäler oder Gebäude würden nur wenige Zahlungsbereitschaft aufbringen, dennoch kommen alle in den Genuss, die restaurierten Werke zu bestaunen. Denkmäler und Gebäude werden durch die Betrachtung allerdings nicht aufgezehrt.

Gerade der Mangel an Zahlungsbereitschaft ist bei der Bereitstellung öffentlicher Güter ein Problem. Wenn auch der einzelne keine Zahlungsbereitschaft für öffentliche Güter hat, so hat er doch wenigstens ein gewisses Interesse an deren Existenz. Beispielsweise sind eine Reihe von Leistungen und Aufgaben der öffentlichen Verwaltung Grundlage eines funktionsfähigen Wirtschaftssystems, von dem alle (jedoch in unterschiedlichem Maße) profitieren. Der einzelne Marktteilnehmer dieses Wirtschaftssystems wird daher keine Zahlungsbereitschaft entwickeln. Somit sind in der öffentlichen Verwaltung nur personen- oder vorgangsbezogene Leistungen wie beispielsweise die Anmeldung eines PKW oder die Beantragung eines neuen Personalausweises mit Gebühren belegt.

Öffentliche Güter müssen nicht notwendigerweise vom Staat produziert werden. Es wird dabei unterschieden zwischen öffentlicher Bereitstellung und der darin enthaltenen Teilmenge öffentlicher Produktion. Eine Reihe von Leistungen wird nicht von staatlichen (Eigen-)Betrieben erbracht, sondern bei privaten Dienstleistern beauftragt. Dahinter stehen zwei wesentliche Überlegungen: Möglicherweise existieren privatwirtschaftliche Unternehmen, die eine definierte Dienstleistung effizienter als der Staat erbringen können. Treten im Rahmen der Angebotsvergabe mehrere Unternehmen miteinander in Wettbewerb, so kann der beauftragende Staat und damit die Gesellschaft, die Effizienz dieser Unternehmen nutzen und kostengünstig bereitstellen.

Die verbleibenden öffentlichen Güter werden öffentlich produziert, weil sie für eine privatwirtschaftliche Produktion nicht geeignet sind (z.B. Bundesregierung) oder weil eine privatwirtschaftliche Produktion nicht gewünscht ist (z.B. Atomwaffen).

**Aufgabe 10.1 Marktfähigkeit 1**
Finden Sie für jeden der vier genannten Gütertypen je zwei geeignete Beispiele und begründen bzw. beschreiben Sie.

**Aufgabe 10.2 Marktfähigkeit 2**
Ordnen Sie die folgenden Beispiele den vier Gütertypen zu und begründen Sie gegebenenfalls:
1. Blutspende
2. Hochschulstudium
3. Discountlebensmittel
4. Auto
5. Feuerwehr
6. Wanderwege im Schwarzwald
7. Campingplatz
8. Sitzplatz im Zug

## 10.2 Externe Effekte

Marktunvollkommenheiten können auch in Form externer Effekte vorkommen. In der Analyse von Substituten und Komplementen wurde bereits deutlich, dass nicht alle Märkte isoliert voneinander betrachtet werden können. In vielen Fällen existieren Verbindungen, so dass die Wirkung von Preisänderungen auf einem Markt A Auswirkungen auf das Gleichgewicht des Marktes B hat. In der Diskussion der Substitute und Komplemente wird gerade die Verbindung der Märkte in den Vordergrund gerückt und wie beim Fallbeispiel der Drucker und Druckerpatronen oder der Rasierer und Rasierklingen meist ausdrücklich berücksichtigt oder von einem Marktteilnehmer genutzt. Bei externen Effekten ist dies nicht zwingend so.

**Definition 10.3 Externe Effekte**
...bestehen, wenn die wirtschaftliche Aktivität eines Marktteilnehmers Auswirkungen auf die wirtschaftliche Aktivität eines anderen Marktteilnehmers hat.

Meist berücksichtigt der ausübende Marktteilnehmer die von ihm ausgehenden Effekte nicht, sondern konzentriert sich auf seine Partialsituation.

Externe Effekte werden in zwei Dimensionen unterschieden: Einerseits können sie sich entweder auf den Konsum oder auf die Produktion beziehen. Andererseits können externe Effekte mit positiven oder negativen Wirkungen verbunden sein.

Wiederum lassen sich zwei mal zwei Möglichkeiten von externen Effekten charakterisieren, die mittels der folgenden Beispiele vorgestellt werden:

- **Negative Produktionsexternalitäten:** Ein Stahlproduzent siedelt sich am oberen Ende eines Flusslaufes an und benachteiligt einen Fischer am unteren Ende des Flusslaufs. Ein Atomkraftwerk wird in einer Touristenregion gebaut.

- **Positive Produktionsexternalitäten:** Ein Imker stellt seine Waben neben einer Obstplantage auf. Ein Produzent für Computerhardware erlaubt den Mitarbeitern des benachbarten IT-Service-Dienstleisters, das firmeneigene Restaurant für die Mittagspause zu nutzen.

- **Negative Konsumexternalitäten:** Rauchen. Laute Parties.

- **Positive Konsumexternalitäten:** Impfung. Deo.

Die meisten der Beispiele sind selbsterklärend. So wird der Stahlproduzent durch die Temperaturerhöhung und Verschmutzung des Wassers den Fischbestand reduzieren und die Gewinne des Fischers schmälern. Der Stahlproduzent wird bei seiner Gewinnmaximierung jedoch nur Umsatz und Kosten der Stahlproduktion berücksichtigen. Die entgangenen Gewinne des Fischers kommen in seinem Kalkül nicht vor.

Ähnlich verhält es sich im Falle des Atomkraftwerks. Die sinkenden Grundstückspreise und abnehmenden Einnahmen aus dem Verkauf von Souvenirs werden vom Betreiber des Atomkraftwerks nicht ohne weiteres einkalkuliert.

Positiv wirkt ein Imker neben der Obstplantage. Da Bienen auf der Suche nach Honig zur Befruchtung der Pflanzen beitragen, steigern sie den Ertrag des Obstbauern. Eine Zahlung wird der Imker dafür wahrscheinlich aber nicht erhalten. Ähnlich sieht es mit den Tipps aus, die die Mitarbeiter des Hardwareproduzenten von den Softwareingenieuren erhalten.

Der Konsum einer Zigarette setzt voraus, dass eine Präferenz und eine Zahlungsbereitschaft beim konsumierenden Individuum vorhanden ist. Für benachbarte Individuen muss dies nicht immer gelten. Die Lautstärke einer Party kann ein Indiz für deren Qualität sein. Allerdings gilt dies nur für diejenigen, die an der Party teilnehmen. Ein Studierender, der sich in der benachbarten Wohnung auf seine Klausur in Mikroökonomik vorbereiten muss, wird möglicherweise unter der Lautstärke leiden.

Positiv wirkt eine Impfung nicht nur auf das geimpfte Individuum, das seltener krank wird. Gleichzeitig werden auch andere Individuen profitieren, weil das Ansteckungsrisiko reduziert wird. Ähnlich selbsterklärend ist die Wirkung von Deo im Hochsommer.

Wie sind nun externe Effekte technisch zu betrachten? Bei der formalen Analyse externer Effekte wird deutlicher als in den bisherigen Analyse zwischen den Wirkungen für den verursachenden Marktteilnehmer und den Wirkungen für die anderen Marktteilnehmern unterschieden. Dazu wird der folgende formale Zusammenhang verwendet:

$$MSB(X) = MPB(X) + MEB(X) \quad (10.1)$$
$$MSC(X) = MPC(X) + MEC(X) \quad (10.2)$$

Gleichung (10.1) veranschaulicht den Fall der beiden Konsumexternalitäten. In der Grundlagendiskussion zur Nachfragefunktion wurde deutlich, dass die Nachfrage in engem Zusammenhang mit den Präferenzen der Individuen, der damit verbundenen Zahlungsbereitschaft für ein Gut und dem dadurch erhaltenen Nutzen steht. Die englischsprachige Abkürzung von *marginal benefit* ($MB$) formalisiert diese Überlegung. Durch die Einfügung von $S$ für *social* und $P$ für *private* wird zwischen gesellschaftlichem und privatem Nutzen eines Gutes unterschieden.

Die Zahlungsbereitschaft einer Person orientiert sich natürlich an der Funktion $MPB(X)$, da fremde Interessen bei der Konsumentscheidung unberücksichtigt bleiben. Durch die Berücksichtigung der *external benefits* kann aber verdeutlicht werden, wie groß der Unterschied zwischen privatem Nutzen und dem gesellschaftlichen Nutzen insgesamt ausfällt. Im Falle der Impfung entspräche die Reduzierung des eigenen Krankheitsrisikos beim Geimpften dem Term $MPB(X)$, während die Reduzierung der Ansteckungsgefahr durch $MEB(X)$ quantifiziert werden kann. Aus der Gesamtsumme von $MSB(X)$ entsteht der Anreiz der Krankenkasse, die Kosten einer Reihe von Impfungen zu übernehmen.

Ein negativer Konsumeffekt würde sich formal nicht unterscheiden. Allerdings erreicht $MEB(X)$ bei negativen Konsumeffekten keine positiven sondern negative Werte, so dass $MSB(X)$ kleiner als $MPB(X)$ ausfällt.

## 10.2. EXTERNE EFFEKTE

Gleichung (10.2) zeigt die spiegelbildliche Perspektive für die Angebotsfunktion auf, die sich an den privaten Grenzkosten $MPC(X)$ eines Unternehmens orientiert. Positive Produktionsexternalitäten führen zu negativen Werten von $MEC(X)$, so dass die gesellschaftlichen Kosten unterhalb der privaten Kosten liegen. Umgekehrt führen negative Produktionsexternalitäten zu positiven $MEC(X)$ und es gilt $MSC(X) > MPC(X)$.

Abbildung 10.1: Positive Konsumexternalität

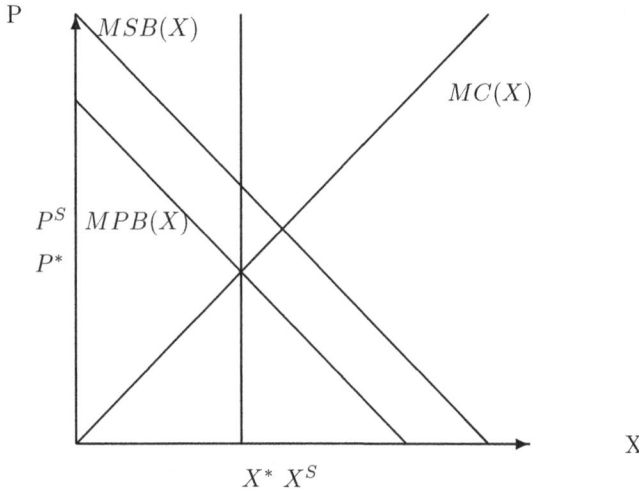

Abbildung 10.1 veranschaulicht die Wirkung einer positiven Konsumexternalität. Die am Markt verkaufte Menge orientiert sich immer an den *privaten* Größen und wird in der Abbildung im Schnittpunkt von $MPB(X)$ mit $MC(X)$ durch $X^*$ und $P^*$ bezeichnet.

Durch den positiven externen Effekt entsteht der Gesellschaft ein größerer Nutzen als dem einzelnen Individuum. Der gesellschaftliche Nutzen wird durch $MSB(X)$ und der Nutzenunterschied durch den vertikalen Abstand (siehe vertikale Hilfslinie) veranschaulicht. Aus der Abbildung geht hervor, dass bei positiven externen Konsumeffekten die privat gehandelte Menge im gesellschaftlichen Sinne zu gering ist ($X^* < X^S$), weil eine zu geringe Zahlungsbereitschaft vorhanden ist ($P^* < P^S$). Die marktlichen Größen $X^*$ und $P^*$ unterschreiten die sozial optimalen Größen $X^S$ und $P^S$.

Abbildung 10.2: Negative Produktionsexternalität

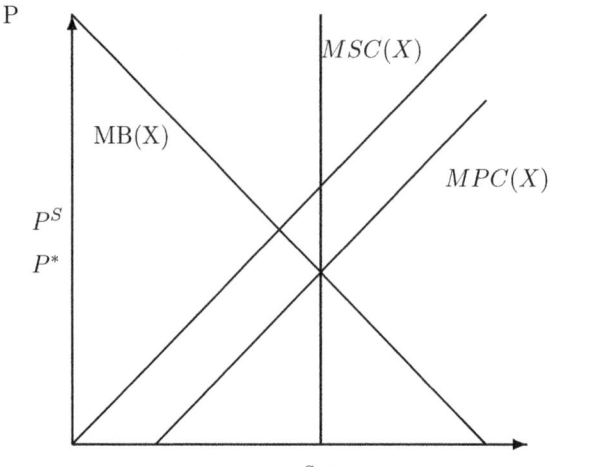

Abbildung 10.2 zeigt eine negative Produktionsexternalität und wird analog zur vorherigen Abbildung interpretiert. Die gesellschaftlichen Grenzkosten $MSC(X)$ übersteigen die privaten Grenzkosten $MPC(X)$ um den externen Effekt, der durch die vertikale Hilfslinie im marktlichen Optimum bezeichnet ist. Es zeigt sich, dass nach gesellschaftlichen Gesichtspunkten ein höherer Preis entstehen sollte und infolgedessen eine geringere Menge verkauft würde. Da der einzelne Unternehmer nur private, nicht aber gesellschaftliche Grenzkosten berücksichtigt, wird am Markt eine Menge angeboten, die aus sozialer Perspektive zu groß ist, weil sie zu günstig angeboten werden kann.

Die Ökosteuer auf Energie lässt sich mittels dieser Abbildung untersuchen. Aus ökonomischer Perspektive sollen Steuern zur Korrektur negativer Externalitäten genau so bemessen werden, dass der externe Effekt ausgeglichen wird. Unternehmen, die wie in der vorliegenden Abbildung 10.2 negative externe Effekte verursachen, sollen so besteuert werden, dass die Steuer die Funktion $MPC(X)$ auf das Niveau von $MSC(X)$ erhöht und so zum sozialen Optimum führt.

Daraus entsteht auch die ökonomische Interpretation der Umweltverschmutzung. Möglicherweise im Kontrast zur ökologischen Zielvorstellung einer möglichst geringen Umweltverschmutzung, definiert die Mikroökonomik ein sozial erwünschtes bzw. deutlicher formuliert *optimales* Niveau an Umweltverschmutzung dort, wo bei negativen externen Effekten $X^S$ gefunden wird. Die Zielvorstellung der Ökonomik ist hierbei nicht ein sachlogisch definiertes, geringes Maß an Umweltverschmutzung, sondern ein Niveau umweltverschmutzender Produktion oder umweltverschmutzenden Konsums, welches unter gegebenen Preis- und Wertvorstellungen der Gesamtheit aller Marktteilnehmer akzeptiert wird.

**Beispiel 10.1 Marktgleichgewicht mit negativen Produktionsexternalitäten**
Die Angebotsfunktion eines Automobilproduzenten laute $MPC(X) = P(X) = 2 + 2 \cdot X$. Es ist bekannt, dass der $CO_2$-Ausstoß jedes produzierten PKW kom-

## 10.2. EXTERNE EFFEKTE

pensiert werden kann, indem ein Baum gepflanzt wird. Diese externen Kosten belaufen sich auf 5 € je Baum. Der Anbieter sieht sich folgender Marktnachfrage gegenüber: $MB(X) = P(X) = 50 - 2 \cdot X$ Dann sollte im ersten Schritt die am Markt verkaufte Menge an PKWs berechnet werden.

$$AT(X) = NE(X) \tag{10.3}$$
$$MPC(X) = MB(X) \tag{10.4}$$
$$2 + 2 \cdot X = 50 - 2 \cdot X \tag{10.5}$$
$$4 \cdot X = 48 \tag{10.6}$$
$$X^* = 12 \tag{10.7}$$
$$P^* = 2 + 2 \cdot X^* = 26 \tag{10.8}$$

Es werden 12 Mengeneinheiten zum Preis von 26 verkauft. Um das soziale Optimum zu finden, sollten die externen Kosten in Höhe von 5 in die Angebotsfunktion einbezogen werden:

$$MSC(X) = MPC(X) + MEC(X) \tag{10.9}$$
$$MSC(X) = 2 + 2 \cdot X + 5 \tag{10.10}$$
$$MSC(X) = 7 + 2 \cdot X \tag{10.11}$$
$$AT(X) = NE(X) \tag{10.12}$$
$$MSC(X) = MB(X) \tag{10.13}$$
$$7 + 2 \cdot X = 50 - 2 \cdot X \tag{10.14}$$
$$4 \cdot X = 43 \tag{10.15}$$
$$X^S = \frac{43}{4} < 12 \tag{10.16}$$
$$P^S = 7 + 2 \cdot X^S = \frac{57}{2} > 26 \tag{10.17}$$

Unter Einbeziehung der sozialen Kosten geht die angebotene Menge von 12 bzw. $\frac{48}{4}$ auf $\frac{43}{4}$ und der Marktpreis steigt auf $\frac{57}{2}$ (vorher 26 bzw. $\frac{52}{2}$).

### Aufgabe 10.3 Positive Produktionsexternalität
Ein Imker habe die folgende (private) Grenzkostenfunktion $MPC(X) = 10 + X$. Je produzierter Honigeinheit steige der Gewinn der benachbarten Orangenplantage um 10 €. Berechnen Sie die marktliche Menge und den marktlichen Preis unter Verwendung der Honignachfrage $MB(X) = 50 - 2 \cdot X$. Welche Menge und welcher Preis wären sozial wünschenswert?

### Aufgabe 10.4 Positive Konsumexternalität
Die (private) Nachfrage nach Impfungen betrage $MPB(X) = 50 - 2 \cdot X$. Es ist bekannt, dass die Krankenkasse mit jedem geimpften Patienten $X$ Kostenersparnisse durch weniger Ansteckungen in Höhe von 10 € erreichen kann. Die Pharmaindustrie biete Impfungen mit folgender Angebotsfunktion an $MC(X) = 20 + X$. Berechnen Sie die marktliche Menge und den marktlichen Preis und stellen Sie die sozial wünschenswerten Werte gegenüber.

# Kapitel 11

# Literatur

Das vorliegende Lehrbuch befasst sich mit Grundlagen und Anwendungen der Mikroökonomik und greift dabei auf gängige theoretische Grundlagen zurück. Wurden Gedanken wesentlich sinngemäß oder wörtlich übernommen, so finden sich im Text entsprechende Fußnoten.

Die folgenden Titel bezeichnen eine Auswahl alternativer Lehrbücher zu den angegebenen Themenbereichen:

Mankiw, G. und Taylor, M.: *Microeconomics*, Thomson, 2006.

Mas-Colell, A., Whinston, M. und Green, J.: *Microeconomic Theory*, Oxford University Press, 1995.

Nicholson, W. und Snyder, C.: *Microeconomic Theory*, 11. Auflage, Cengage Learning, 2011.

Parkin, M.: *Microeconomics*, 8. Auflage, Pearson, 2008.

Pindyck, R. und Rubinfeld, D.: *Mikroökonomie*, 6. Auflage, Pearson.

Varian, H.: *Intermediate Microeconomics*, 8. Auflage, Norton, 2010.

Vogt, G.: *Faszinierende Mikroökonomie*, 3. Auflage, Oldenbourg, 2009.

Wied-Nebbeling, S. und Schott, H.: *Grundlagen der Mikroökonomik*, 3. Auflage, Springer, 2004.

# Index

Oeffentliches Gut, 188
Oekosteuer, 192

Allgemeines Gleichgewicht, 143
Allmende, 187
Analyse
    deskriptiv, 2
    normativ, 2
Angebot, 138

Bertrand-Wettbewerb, 170
Budgetrestriktion, 13, 40

Cournot-Wettbewerb, 172

Dualität, 86, 91, 92

Einkommenseffekt, 67, 68
Elastizität, 58, 62, 124
    Einkommenselastizität, 61
    Kreuzpreiselastizität, 62, 82
    Kreuzpreiselastizität der Faktornachfrage, 126, 127
    Mengenelastizität der Faktornachfrage, 125
    Preiselastizität der Faktornachfrage, 125
    Preiselastizität der Nachfrage, 59
    Produktionselastizität, 127, 128
    Skalenelastizität, 129
Entscheidung, 6
Entscheidungstheorie, 6
Experiment, i
Externalität, 189
Externe Effekte, 186, 189

Finanzwissenschaft, 2
Fixkostendegression, 137

Geldschöpfung, 26
Gewinnmaximierung, 138
gewöhnliche Güter, 66

Giffen-Güter, 66
Gleichgewicht, 143
Grenzgewinn, 19
Grenzkosten, 19, 136
Grenzrate der Substitution, 45, 46
Grenzrate der technischen Substitution, 118, 130
Grenzumsatz, 19
GRS, 45, 46
    intertemporal, 99
    unter Unsicherheit, 103
GRTS, 118, 130

Haushalt, 6
Hicks, 72, 91
Höchstpreis, 148

Indifferenzkurve, 12, 13, 35, 40
indirekte Nutzenfunktion, 93
Individualverhalten, 6
Inferiore Güter, 65
Inflation, 55
Informationseffizienz, 165, 186

Kartell, 168
Kaufkraft, 55
Komparative Vorteile, 21
Komplement, 189
Komplemente, 12, 63, 80, 118, 126, 132
Konsum
    intertemporal, 96
    Unsicherheit, 101
Konsumentenrente, 17, 145
Kosten, 135
    Durchschnittskosten, 137
    Fixe Kosten, 19, 136
    Fixkosten, 19, 136
    Grenzkosten, 19, 136
    Kostentypen, 136
    Stückkosten, 137
    Variable Kosten, 19, 136

Versunkene Kosten, 20
Kostenfunktionen, 135
Kostenminimierung, 115, 135

Lagrange, 42, 44, 96, 101, 116, 117
    Grenznutzen, 45
    Grenzprodukt, 118
    Komparative Statik, 53, 56, 91, 123
    Multiplikator, 44, 117
    Optimalität, 48, 119
Luxusgüter, 65

Makroökonomik, 2
Marktfähigkeit, 186
Marktfähigkeit, 186
Marktunvollkommenheiten, 186
Mautgut, 187
Mikroökonomik, 2
Mindestlohn, 147
Mindestpreis, 147
Monopol, 25, 142, 165, 167

Nachfrage, 30, 44
    aggregiert, 157
    Hicks, 88
    individuell, 157
    kompensiert, 88
    Marshall, 88
    Nachfragefunktion, 30
    Nachgefragte Menge, 30
Normale Güter, 65
Notwendige Güter, 65
Nutzenfunktion, 11, 40

Ökonomisches Prinzip, 6
Ökonometrie, 3
Oligopol
    Cournot, 179
    Stackelberg, 179
Opportunitätskosten, 16

Präferenz, 10
Privates Gut, 187
Produkthomogenität, 186
Produzentenrente, 145
Prohibitivpreis, 31, 160

Reaktionsfunktion, 173, 176
Reservationspreis, 31, 61, 160
Risikoaversion, 105, 106, 112
Risikoverteilung, 105

Roys Identität, 95

Shephards Lemma, 94
Sicherheitsäquivalent, 109
Slutzky, 68
Spieltheorie, 2, 179
Stackelberg-Wettbewerb, 175
Steuerinzidenz, 151
Strategische Interaktion, 179
Substitut, 189
Substitute, 11, 63, 76, 118, 124, 126, 130
Substitutionseffekt, 67, 68

Transitivität, 8, 11

Umsatz, 31
Umsatzfunktion, 31

Versicherung, 102, 104, 109
Vollkommene Information, 8
Vollkommene Wettbewerb, 165
Vollkommener Wettbewerb, 142, 165
Vollständigkeit, 8, 11

Wettbewerb, 164
Wettbewerbstheorie, 164
Wirtschaftskreislauf, 28
Wohlfahrt, 146
Wohlstand, 146

Zahlungsbereitschaft, 8, 16

The manufacturer's authorised representative in the EU is Springer Nature Customer Service Centre GmbH, Europaplatz 3, 69115 Heidelberg, Germany. If you have any concerns regarding our products, please contact ProductSafety@springernature.com

Printed and bound by CPI Group (UK) Ltd, Croydon, CR0 4YY

23/03/2026

02076740-0010